MÉXICO ÉPICO

FRANCISCO JAVIER GONZÁLEZ
ALEJANDRO ROSAS

MÉXICO ÉPICO

Dolores, glorias y hazañas de nuestras leyendas deportivas

Planeta

Investigación histórica/iconográfica y gestión de imágenes: Luis Arturo Salmerón Sanginés
Fotografías de interiores: Hemeroteca Nacional de México UNAM, Fototeca Nacional Secretaría de Cultura-INAH, Archivo Gráfico de El Nacional Secretaría de Cultura-INEHRM, Archivos Nacionales de Países Bajos, Archivo RIA Novosti, ShutterStock, Getty Images, Alamy Stock Photo, Procesofoto, Archivo del Periódico ESTO, Deamstime Stock Photos y cortesía de Karla Wheelock
Diseño de interiores, maqueta y collages: Baya de Oro
Diseño de portada: Planeta Arte & Diseño / Erik Pérez Carcaño
Ilustración de portada: © Getty Images
Fotografías de autores: © Alejandra Carbajal Islas

Bajo el sello editorial PLANETA M.R.
Avenida Presidente Masaryk núm. 111,
Piso 2, Polanco V Sección, Miguel Hidalgo
C.P. 11560, Ciudad de México
www.planetadelibros.com.mx

Primera edición en formato epub: mayo de 2026
ISBN: 978-607-39-4134-1

Primera edición impresa en México: mayo de 2026
ISBN: 978-607-39-3891-4

Impreso en los talleres de Impresora Tauro, S.A. de C.V.
Av. Año de Juárez 343, Col. Granjas San Antonio,
Iztapalapa, C.P. 09070, Ciudad de México
Impreso y hecho en México / *Printed in Mexico*

Para todos los deportistas mexicanos que cambiaron
su vida por un instante de gloria, lo hayan logrado o no.
Para mis nietos, Natalia y Jerónimo; cuando aprendan a leer,
podrán enterarse aquí de que la lucha sin fin es lo que vale
la pena. El otro triunfo desaparece pronto.

FRANCISCO JAVIER GONZÁLEZ

A todas esas figuras del deporte que nos hicieron
contener el aliento; a todos esos cronistas deportivos con
los que crecimos; a mis primos, Alfredo, Óscar, Javier, Gerardo,
y a mis hermanos, Jaime y Rodrigo, por esos tiempos
en que nos reunimos alrededor de los deportes
a escribir nuestros recuerdos.

ALEJANDRO ROSAS

índice

Introducción

De la caída a la redención: el deporte mexicano

«El último minuto también tiene sesenta segundos» es una frase que define al deporte mexicano. Aunque fue una sentencia del gran cronista don Fernando Marcos con dedicatoria al futbol, aplica para toda disciplina deportiva: la sombra de la derrota siempre asoma cuando un equipo o un atleta mexicano ronda el triunfo.

No estamos acostumbrados a la victoria, al oro olímpico, al podio de triunfadores ni a ver el nombre de nuestro país cincelado en el olimpo del deporte; por eso, cuando los éxitos llegan, de sorpresa y a cuentagotas, el júbilo se vuelve un absoluto y solo se escucha un llamado: «Todos al Ángel».

Antes que disfrutar del deporte, los mexicanos lo padecemos: en los mundiales, vemos los juegos de la selección mexicana con el alma en un hilo; tenemos el Jesús en la boca cuando compiten nuestros atletas olímpicos; si nuestro mejor boxeador, beisbolista, nadador, clavadista, ciclista, o cualquier otro, está a punto de alcanzar la gloria, pensamos que, de alguna forma caprichosa, el fracaso se hará presente.

Pero los mexicanos también somos aficionados fieles y leales. Nos apropiamos del «¡Sí se puede, sí se puede!» —grito derrotista que nació en la batalla del 5 de mayo de 1862, cuando nadie daba un quinto por el Ejército mexicano y, sin embargo, ganó—, porque sabemos que nunca se ha podido, pero quizá en esta ocasión el resultado será diferente. Los mexicanos siempre mantenemos la esperanza y entregamos la fe, a sabiendas de que lo más probable es que no haya lugar para un final feliz.

Sobre esto platicábamos con nuestro editor, Gabriel Sandoval, una espléndida tarde en que medió una buena comida, vino, tequilas y cubas —así nacen los grandes proyectos editoriales—, y en la que recordamos varias de las tragedias deportivas que los mexicanos llevamos tatuadas en el alma como marcas de fuego, sobre todo en futbol.

A partir de esa charla, surgió la idea de escribir otro libro juntos: primero, porque creemos que es justo y necesario comenzar a divulgar la historia del deporte mexicano; y segundo, porque si bien nuestra historia ofrece grandes dramas deportivos —terreno fértil para la escritura—, también existe una épica por contar.

Así surgió *México épico*, un acercamiento a la historia del deporte mexicano desde distintas disciplinas: del futbol al beisbol, del ciclismo al automovilismo y al tenis, del box a la lucha libre, de los clavados a la marcha, de la halterofilia al montañismo, del emparrillado al deporte hípico, y de la esgrima a la natación.

Las treinta historias que contiene la presente obra transitan de la dolorosa caída —en los deportes de conjunto en los que pocas veces damos una— a la sublime redención que nos entregan, de vez en cuando, los atletas a nivel individual.

En esta obra se presentan historias de heroínas y héroes —no se les puede llamar de otra forma— llenas de claroscuros y tocadas por el drama, la acción, el esfuerzo personal, la voluntad, la disciplina y, en ocasiones, hasta por la suerte, pero que les arrancaron a los mexicanos un profundo suspiro ante la decepción de la derrota o un grito de alegría por permitirnos saborear la victoria.

En la selección de estas historias pesaron la nostalgia y la memoria. Elegimos desde los recuerdos deportivos que nos marcaron: el partido decisivo, la pelea transmitida por televisión y la narración de cronistas que hicieron época. En la mayoría de las crónicas aquí narradas, fuimos testigos e incluso participamos de algún modo, pero como dice la famosa frase: «ni son todos los que están, ni están todos los que son» y habrá que ir sumando más y más historias.

México épico es un recordatorio de que, si bien en el deporte el último minuto tiene sesenta segundos, también debemos repetir con profunda convicción que «esto no se acaba hasta que se acaba», pues en esos momentos es cuando ocurren los milagros deportivos.

Marzo de 2026

FRANCISCO JAVIER GONZÁLEZ

ALEJANDRO ROSAS

SUBCAMPEONAS DEL
MUNDIAL FEMENIL 1971
AGOSTO DE 1971

F.J.

Una gloria olvidada

MUNDIAL FEMENIL 1971

MÉXICO, SUBCAMPEÓN MUNDIAL FEMENIL EN FUTBOL, AGOSTO DE 1971

Lo que será relatado es, probablemente, el acto de magia más grande en la historia del deporte mexicano. **Pese a que fue visto en vivo por más de 105 000 espectadores, desapareció casi en el mismo momento en que ocurrió,** pues dejó de hablarse de él, por lo que se borró de la memoria colectiva. Este es un intento escrito de rescatarlo del olvido.

Corren los últimos años de la década de los sesenta. En esos tiempos, las amenazas eran constantes para las niñas que querían jugar futbol. Los padres, con una cultura machista que aún se conserva en muchos lugares, pensaban que la tarea de sus hijas en la vida consistía en casarse, cuidar al marido y educar a los hijos.

Alguna escondía sus zapatos de futbol en la mochila para irse a jugar con sus amigos al terminar la escuela. Otra, mejor se llevaba su calzado de calle porque no había ni para gastar en tachones y, menos, dónde esconderlos.

En una ocasión, Yolanda Ramírez tuvo que salir corriendo de la canchita porque su abuela, con una chancla en la mano, la perseguía para darle su merecido.

Allá, en esa otra cascarita, Patricia Hernández al fin encontró respuesta a sus súplicas y entró de cambio unos minutos:

—No dejen entrar a la vieja, ¡sáquenla! —dijo una voz infantil.

El América tuvo cierto día una idea que **abrió espacio a esas niñas que jugaban a escondidas:** formar un equipo femenil con las chicas que pertenecían a la porra. Se apuntaron tantas, que alcanzaron para dos cuadros: el América crema y el América azul. Efraín Ramírez Pérez se encargó de dirigirlas; él era uno de los auxiliares del club.

La fuerza del río abre caminos donde no los hay; del mismo modo, la pasión de las niñas por jugar se contagió a tal grado que se formaron tantos equipos que fue necesario fundar una liga.

Martha Coronado llegó por invitación de sus primas; Yolanda Ramírez, a regañadientes, porque no le iba al América; Silvia Zaragoza, porque lloraba frente a la tele en los Juegos Olímpicos del 68 y le dijo a su madre que quería ser una deportista famosa. Ahí sí hubo aceptación.

—No chilles. Lucha por tu sueño, que yo te apoyo.

Manelich Quintero, un querido periodista que ya falleció, era uno de los reporteros de futbol de *El Heraldo de México* y le llamó la atención lo que estaba sucediendo. Tras recibir autorización del jefe de la sección deportiva, Raúl Sánchez Hidalgo, empezó a publicar notitas sobre el futbol femenil.

Seguramente por eso, un día recibió en la redacción del diario un télex de la Federación Internacional y Europea del Futbol Femenino. Él no tenía ni idea de que existía ese organismo: este era independiente a la FIFA, la cual, por cierto, no aceptaba el futbol de damas.

El mensaje era para invitar a México, a través de Manelich, al primer Campeonato Mundial de Futbol Femenil que se desarrollaría en Italia.

Inicialmente, el profesor Efraín no le creyó, pero entre ambos formaron una selección con las chicas que conocían.

No había dinero ni para balones; además, el equipo debía costearse el viaje.

Las chicas pertenecían a familias sin recursos económicos suficientes, pero encontraron la manera de conseguirlos. Irma Chávez, una de las jugadoras, cuenta que vivía en una ranchería de siete casas y, cuando recibió la convocatoria, organizaron un evento entre todas las familias para solventar el pasaje.

Enrique Borja, quien tenía una tienda de deportes, les donó algunos balones para entrenar. Y así, de pesito en pesito, lograron tomar el avión que las llevaría a Italia.

Manelich y el profe Efraín cooperaron con parte de sus quincenas para comprarles faldas negras y blusas blancas a las jugadoras. Uno de los papás les regaló varios metros de tela del paño más humilde posible: era para lo que alcanzaba.

Alguien que sabía coser les hizo con esa tela unos saquitos con el escudo de México pegado a la altura del corazón y así emprendieron el viaje. La prensa que las despidió bajo un aguacero de película en el aeropuerto capitalino las vio partir uniformadas. Ninguna había abordado antes un avión.

Cada una de las muchachas, cuando pasaron de camino por Roma, lanzó un par de monedas a la Fuente de Trevi, famosa por cumplir deseos. La primera fue para pedir una victoria en el debut. La segunda, como marca la tradición, para regresar a Italia algún día.

Tras visitar la Plaza de San Pedro, fueron hospedadas en una pequeña población llamada Molfetta. **Allí no había cancha de futbol para entrenar,** por lo que improvisaron una en un espacio de tierra. Por las mañanas salían a correr, muy temprano, saludando a los vecinos que se asomaban con curiosidad a sus ventanas. Ellas les cayeron bien y las adoptaron.

Con los nervios a flor de piel, el equipo mexicano tomó al autobús que lo llevaría a Bari para jugar el primer partido. Medio pueblo acompañó a las chicas: juntos hicieron el viaje de dos horas.

El debut fue contra Austria, un país que llevaba veinte años jugando futbol femenil. Sus jugadoras parecían artistas: altas, fuertes, rubias y de enorme carrocería. **Las de México medían entre 1.49 y 1.68 m,** con edades de entre los 15 y los 24 años. La fecha, 6 de julio de 1970.

Las mexicanas temían lo peor, pero en el primer minuto del primer partido en los mundiales femeniles, la Peque Rubio marcó el primer gol para México. ¿Cómo se escurrió entre las atléticas jugadoras austriacas? Es que era rapidísima.

Fue un día de campo. México ganó ¡9-0! Alicia *la Pelé* Vargas hizo cuatro de ellos.

La noticia fue recibida con enorme alegría en Tenochtitlán y la gente salió al Ángel de la Independencia a festejar. Muchos no sabían ni los nombres de las heroínas, pero **el triunfo es un manjar de dioses que nadie se puede perder.**

La victoria les otorgó el pase directo a semifinales por el formato del torneo, jugado por solo siete equipos. Originalmente habían confirmado su participación las jugadoras checoslovacas, pero no consiguieron visas y se quedaron en casa.

El siguiente partido se jugó en el estadio San Paolo de Nápoles contra las anfitrionas. Italia tenía en sus filas a la primera futbolista profesional del país: una máquina llamada Elena Schiavio. El árbitro era italiano y permitió todo tipo de faltas. **El repertorio contenía patadas, empujones, mordidas y pellizcos.** Dicen las crónicas que a México se le marcó un penal en contra por una falta inexistente.

La Schiavio marcó los dos goles y las aztecas, llenas de orgullo y sin arrugarse, hicieron uno poco antes del descanso. El duelo terminó en bronca y con el marcador de 2-1 a favor de las italianas.

Faltaba entonces el partido por el tercer lugar. Inglaterra, que había perdido su semifinal contra Dinamarca, fue el adversario. ¡Otras grandotas!

Se jugó en el Stadio Comunale de Turín. La Pelé Vargas marcó el primer gol antes de saludar a los 3 minutos. Patricia Hernández otro a los 7, y un autogol dio una cómoda ventaja a las mexicanas de 3-0. Las británicas, heridas, reaccionaron y acortaron a 3-2. Partidazo. **Yolanda Ramírez, la portera mexicana, estaba jugando lesionada.** Un golpe en la espalda en el juego contra las italianas la hacía rabiar de dolor. En algún instante del segundo tiempo se tiró al césped porque no resistía más. Manelich Quintero, que la hacía también de fotógrafo, se metió al campo para arengarla.

—¡Aguanta, Yola, aguanta! ¡Tú puedes!

Casi al final del partido, y aún en esas condiciones, salvó un mano a mano con una delantera inglesa que se había escapado a toda velocidad. Hubiera sido el gol del empate.

Cuando el juez pitó el final, Yolanda tuvo que salir en camilla.

Al abrirse la puerta del avión que las condujo de regreso a México, la delegación escuchó música de mariachi. Pensaron que algún famoso venía en el mismo vuelo, hasta que salieron a la escalinata y vieron a una multitud que las había ido a recibir con todo y un grupo espectacular de músicos.

El tumulto rozaba el peligro. **La gente levantó en hombros a las muchachas,** quienes no daban crédito a lo que sucedía. No pudieron saludar a sus familiares en ese momento porque tuvieron que ser retiradas por otra puerta de la terminal aérea.

Hasta ese momento se dieron cuenta de lo que su actuación en Italia había provocado.

La fuerza de los medios se volcó sobre ellas. Les dieron un Heraldo, un premio importante que entregaba el diario del mismo nombre a las mejores personalidades del año en los espectáculos y el deporte, y Carmen Salinas fue nombrada madrina del equipo. Las chicas fueron entrevistadas en radio y televisión, y visitaron las redacciones de varios diarios.

Un personaje importante tuvo la visión de ver más allá de ese momento: Guillermo Cañedo.

Pocos días después, Manelich Quintero recibió una llamada en el periódico: era de la oficina de Cañedo, quien le pedía que fuera a verlo de inmediato si le era posible.

Gozando aún del éxito de la Copa del Mundo de México 1970 que había terminado un mes antes, Cañedo le pidió detalles a Manelich sobre el Mundial Femenil. Al contestarle Manelich que **en noviembre se decidiría en Turín la sede del segundo,** Cañedo le ofreció disculpas por no haberlo apoyado para el viaje a Italia, pero ahora le solicitaba que pidiera que se jugara en México.

La Federación Internacional y Europea del Futbol Femenino aprobó la candidatura mexicana. Jaime de Haro, uno de los promotores más importantes de box y futbol en México, fue nombrado presidente del Comité Organizador.

Ahora el compromiso de parar un gran equipo era mayor. Pese a la gran actuación en Italia, se decidió que Víctor Manuel Meléndez dirigiera a una nueva selección, sustituyendo a Efraín Ramírez. La Federación pensó que estaba más capacitado para un evento que crecería descomunalmente.

Clasificaron cinco equipos además de México como anfitrión y Dinamarca como campeón defensor: Argentina, Italia, Inglaterra y Francia. El torneo se jugó en el Estadio Jalisco y en el Azteca del 8 al 29 de agosto de 1971.

Se diseñó una mascota, Xóchitl, una chica estilizada con coletas que detenía un balón con las manos y que, por supuesto, vestía la camiseta verde y los pantaloncillos blancos. Fue abrumadoramente aceptada.

Se lanzó una convocatoria nacional para observar jugadoras y formar la selección. Fue un éxito. **La República mexicana tenía miles de mujeres deseosas de jugar futbol.**

El grupo final constó de cuarenta seleccionadas, de entre las que se elegirían a las 18 mundialistas. Por la calidad del plantel que viajó a Italia, casi todas ellas se mantuvieron.

El 15 de agosto de 1971 debutó México en su propio Campeonato. Argentina fue el rival.

Las chicas llegaron temprano y se metieron al vestidor para alistar el partido. El preliminar lo jugaron dos equipos femeninos: actrices contra cantantes.

Cuando Verónica Castro marcó el primer gol del duelo, las futbolistas escucharon un estruendo ensordecedor que penetró la puerta de su camerino. Minutos después, constataron lo que el sonido les había anticipado: la tribuna estaba llena. **105 000 personas habían ido a verlas. Fue la primera vez en la historia que un partido femenil reunió a tanta gente. La taquilla fue comparable a la final del año anterior entre Brasil e Italia en la final del Mundial varonil.**

La Peque Rubio, a los 21 minutos, se lanzó a toda velocidad para ganarle a la defensa argentina un pase profundo de Elsa Huerta. Punteó el balón e inflamó tanto la red como la tribuna. ¡Ah, qué felicidad!

Poquito después, a los treinta minutos, Paty Hernández envió un alto disparo a unos 30 m que, tras tomar altura, cayó haciendo un movimiento extraño detrás del brazo vencido de la portera sudamericana. Golazo. Dos a cero. El Estadio Azteca retumbaba.

El partido terminó con el triunfo azteca por 3-1. Y el segundo, contra las inglesas, terminó con un marcador 4-0 con una actuación soberbia de Alicia Vargas que las dobló con precisos pases largos.

La llave abrió la puerta para revivir el enfrentamiento que sacó chispas el año anterior: **revancha contra las italianas.** La escénica Schiavio, que cuando cobraba los tiros de esquina movía las manos como cantante de ópera, volvía a jugar contra México.

—Le temo más al público mexicano que a su equipo. Con eso del chiquitibum pegando saltos en las gradas, parece que el estadio se cae.

La rudeza tomaba una nueva dimensión. Había pique entre ambos equipos.

Carmela Varone, mediocampista notable, puso en ventaja a las italianas, pero Alicia Vargas empleó de nuevo su pase profundo, el cual persiguió la Peque. Schiavio, menos rápida, llegó tarde a la marca y se señaló un penalti.

El estadio quedó en silencio, uno de esos que aturden: lo rompió Patricia Hernández con un espléndido cobro a la izquierda de la portera. Luego, otro penalti. También Paty lo hizo bueno. Las italianas sacaban espuma por la boca. El segundo tiempo se convirtió en un infierno.

Golpes de ambos lados. El técnico visitante fue expulsado por gritarle al árbitro. Faltaba solo un detonante... y llegó.

En un ataque italiano por la banda derecha, Schiavo recibió una falta. El golazo que marcó a segundo poste con un chanflazo endemoniado es de colección. Pero el juez, con el brazo arriba, había marcado tiro indirecto quién sabe por qué. Se necesitaban dos toques y Schiavo marcó de uno solo.

Era el segundo tanto que les anulaban a las italianas. Se sentían robadas y perdieron la cabeza. María Castelli gritó a todas, cada vez más fuerte: estaba descontrolada. En un choque, Zaragoza y Schiavo se encontraron dentro del área visitante y Elena le dijo que le quitara la cara de encima porque se la iba a romper. **La mexicana se adelantó y la descontó con un puñetazo. Ardía Troya.**

Se armó otra vez un broncón de aquellos. Volaron golpes de todo tipo: tacleadas, puntapiés, mandobles... Incluso existe una fotografía en la que se ve a Schiavo lanzando a una jugadora mexicana al piso, librándose de las cinco que la estaban tratando de contener.

Terminó el partido en plena batalla. Una italiana le hizo cinco cortes de manga a los aficionados que ocupaban la cabecera cercana a los vestidores. Hasta que se perdieron de vista por la rampa, se siguieron amenazando y empujando unas y otras. Una italiana salió en camilla, aparentemente desmayada. México ganó y avanzó a la final.

El partido que definiría al equipo campeón se celebró una semana después. Mucho tiempo para que no sucedieran cosas.

En México no se paró de hablar de la selección femenil. La gente se volcó sobre las taquillas.

Manelich Quintero cuenta en el espléndido documental *Tan cerca de las nubes* que **hubo gente que les dijo a las jugadoras que las estaban explotando.** Carmen Salinas, Gustavo *Halcón* Peña y Juan Ignacio Basaguren, que las habían visitado en la concentración, les habrían hecho ver el dineral que estaban produciendo sin que les dieran un solo centavo. Habían grabado comerciales y llenado estadios, estaban por jugar la final y el mundo hablaba de ellas. Tenían que hablar con los directivos.

Como las futbolistas eran *amateurs,* no se contemplaba darles nada. Algunas estuvieron de acuerdo en exigir algo a cambio; otras no estaban convencidas de hacerlo y unas más ni se enteraron en el momento de que cuatro de ellas, ayudadas por un abogado, redactaron una carta dirigida al comité organizador pidiendo dos millones de pesos.

Lo supo la prensa y se armó un gran escándalo. La amenaza era seria. Si no se les garantizaba esa cantidad para repartirla entre ellas, no jugarían la final. En espera de una respuesta, se encerraron en su concentración. No asistieron a los entrenamientos. Pasaron los días sin que los directivos cedieran a lo que llamaban un chantaje. **No les pagarían ni un centavo.**

En la noche anterior a la final, fueron convocadas a un gran salón del hotel de concentración. Estaba atiborrado de periodistas que necesitaban salir corriendo a publicar la noticia. Necesitaban saber si se jugaría el partido.

Ellas leyeron una carta en la que denunciaban el maltrato del comité organizador, pero anunciaron que, por respeto al público que las había apoyado, se presentarían a jugar.

Dinamarca, campeona en 1970 al derrotar a las italianas, repetía en la final.

El contexto de las danesas era muy distinto al de las recatadas futbolistas mexicanas. Algunas habían viajado con sus parejas a jugar el Mundial, eran seguras de sí mismas, y varias practicaban también atletismo y jugaban espléndidamente futbol.

Tal vez por no haber entrenado en la semana, o quizá porque se desconcentraron por el forcejeo con los directivos, las mexicanas jugaron su peor partido.

Cada una quería ganar la guerra sola, de modo que perdían la pelota fácilmente por abusar de la gambeta en lugar de pasarle el balón a la compañera más cercana, y las nórdicas no perdonaron. El marcador: 3-0. Todos, de Susanne Augustesen, delantera de 15 años. Dos de sus goles ocurrieron en la parte complementaria sin que México pudiera corregir los errores de la primera.

Pese a que el equipo se desmoronaba más con cada gol recibido, el público jamás lo abandonó. El «Mé-xi-co, Mé-xi-co» fue incesante y sonoro. Las chicas ya se habían ganado el corazón de la tribuna.

Cuando todo terminó, las jugadoras se acercaron a las gradas para despedirse. Ahí notaron que había muchas mujeres entre los espectadores, también gente mayor. Muchos de los **asistentes les aplaudieron de pie, pero también lloraban.** El golpe fue muy duro, pero la experiencia de llenar cuatro veces el Azteca fue inolvidable e histórica.

El Mundial femenil tuvo que ser el punto de inflexión que cambiara las cosas. Debió ser el detonante para que, desde México, el poderoso mensaje rompiera atavismos, cegueras y cerrazones. No fue así. El epílogo no pudo ser más triste.

Las jugadoras recibieron un bono de 11 000 pesos cada una y fueron recibidas por Carlos Hank González, entonces gobernador del Estado de México, quien les ofreció becas de estudio a ocho jugadoras y terrenos en los que podrían construir sus casas. Por una cosa o por otra, no se llegó a materializar el ofrecimiento.

Las chicas quisieron seguir jugando, impulsar una liga femenil profesional y con ello ayudar a crecer la semilla que habían sembrado. Pero **la propia FIFA les cerró el paso.** Celosa seguramente por el éxito de los dos mundiales femeniles, que no reguló, envió un comunicado a la Federación Mexicana de Futbol. Ordenaba prohibir que cualquier jugadora pudiera entrenar o jugar en un estadio afiliado a la liga. El castigo sería la desafiliación del equipo que lo permitiera, además de una fuerte multa.

Las chicas intentaron continuar jugando partidos de exhibición en plazas secundarias del país o **sobre canchas de tierra y vidrios** en más de un caso. Lo hicieron hasta que se cansaron. La rendición se consumó.

Se dejó de publicar información del futbol femenil en los periódicos. En 1973 se intentó montar un triangular en el Azteca, pero la gente ya no apoyó. La flama se había apagado.

Un campeonato glorioso se tiró a la basura, incluso en la memoria colectiva. Pero quienes lo vivieron, saben que en 1971 se escribió una página de oro, despedazada por la envidia y el machismo.

Para saber más de esta historia y revivir su momento, escanea el código QR.

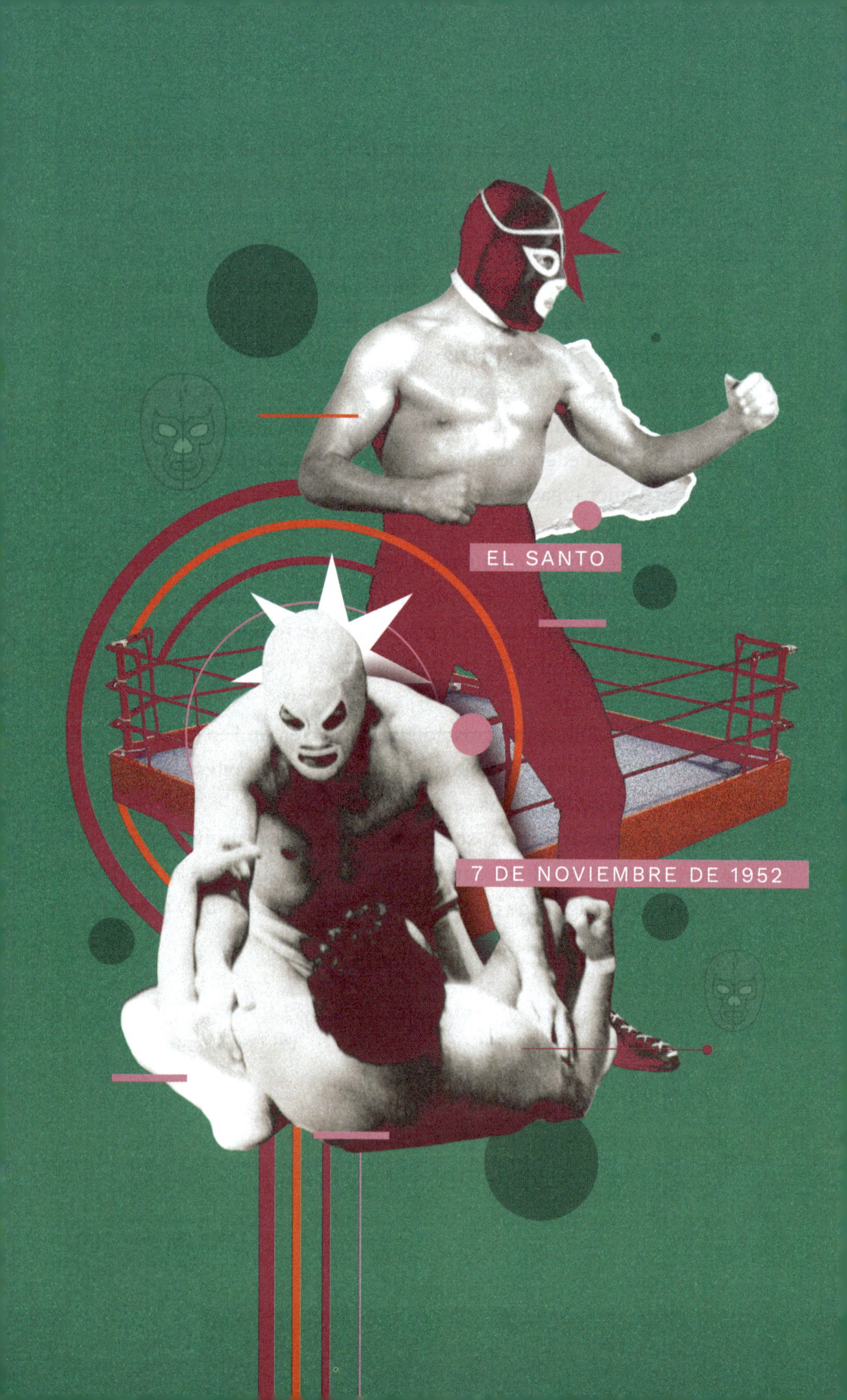
EL SANTO
7 DE NOVIEMBRE DE 1952

A.R.

La lucha del siglo

EL SANTO VS. BLACK SHADOW

«LA ARENA ESTABA DE BOTE EN BOTE»

La noche del 7 de noviembre de 1952, el barrio de La Lagunilla presentaba un movimiento inusitado al grado de que la calle República de Perú era casi intransitable, incluso para la gente que llegaba a pie, con boleto en mano, dispuesta a ingresar a la Arena Coliseo que se levantaba en el número 77.

Parecía romería y no quedaba un solo boleto. Las poco más de 6 000 localidades se habían agotado días atrás. De los miles de personas que se quedaron sin entradas muchas se lanzaron esa noche para ver si conseguían una aunque fuera en la reventa.

La Arena Coliseo se convirtió en un volcán humano. Los gritos, las porras y el bullicio se escuchaban más allá de los muros del foro inaugurado el 2 de abril de 1943 con la lucha estelar entre Tarzán López y el Santo, a quien en esa ocasión le tocó las de perder.

Habían transcurrido casi diez años desde entonces. La gente que no pudo ingresar buscó acomodo en las fondas cercanas, siempre y cuando tuvieran una radio —todavía no era fácil contar con un televisor— para poder escuchar el enfrentamiento más esperado de los últimos tiempos: el Santo, el enmascarado de plata, contra su temible rival: Black Shadow.

1952 fue un año de transición. Unos días más tarde, el 1.° de diciembre, el presidente Miguel Alemán Valdés entregaría el poder y Adolfo Ruiz Cortines protestaría como presidente constitucional con su lema oficial «Orden, progreso y moralidad», que era una crítica velada al despilfarro y la corrupción del gobierno alemanista. El país experimentaba los inicios del llamado *milagro mexicano*: un crecimiento económico sostenido, la expansión de infraestructura urbana, la industrialización y la consolidación de una clase media que comenzaba a consumir cultura popular.

La Ciudad de México se transformaba con sus avenidas modernas, el automóvil se había apropiado de la capital del país y el cine continuaba siendo el entretenimiento más socorrido, pero la televisión ya estaba entre los mexicanos luego de que su primera transmisión oficial se hubiera realizado en 1950 con el IV Informe de Gobierno del presidente Alemán.

En los hogares se escuchaban boleros y radionovelas; en las pantallas cinematográficas brillaban Pedro Infante, María Félix, Jorge Negrete, Dolores del Río, Pedro Armendáriz, Fernando Soler, Miroslava, Gloria Marín y María Elena Marqués, entre toda una pléyade de estrellas. México era el Hollywood de América Latina y, en ese ambiente de ídolos y mitos, la lucha libre emergía como el espectáculo del pueblo: accesible, ruidoso y profundamente simbólico.

Los medios también estaban en plena transformación: aunque la radio era todavía el medio de comunicación más socorrido para escuchar el futbol, el beisbol, el box y la lucha libre, en agosto de 1950, XHTV Canal 4 había comenzado sus transmisiones televisivas y desde 1951 ya era posible ver en la pantalla chica el beisbol de la liga mexicana.

La lucha libre también había sido favorecida por la pantalla chica: en mayo de 1951, Canal 2 comenzó a transmitir, a control remoto desde la Arena Coliseo, las luchas y, meses más tarde, en febrero de 1952, dio inicio el programa sabatino *Las Luchas de Televicentro,* el cual hizo de estos eventos una experiencia colectiva.

Así que aquella noche de noviembre de 1952, la radio, la televisión y los cronistas deportivos de la revista *Box y Lucha,* junto con los periódicos *La Afición* y *Esto,* de la Organización Editorial Mexicana, estaban listos para cubrir los pormenores del esperado enfrentamiento.

EL SANTUARIO DE LA LUCHA: LA ARENA COLISEO

Al comenzar la década de 1950, en punto de las ocho y media de la noche se abrieron las puertas del Instituto Nacional de la Juventud Mexicana. La esquina de Doctor Vértiz y Doctor Río de la Loza era el centro de reunión de varias decenas de niños que, con emoción, esperaban los viernes y sábados para disfrutar las primeras transmisiones de lucha libre por televisión.

«Nos reuníamos cerca de cincuenta niños de la colonia Doctores», recuerda el doctor Jaime Rosas Arceo. «Era muy emocionante ver a la Tonina Jackson, Black Shadow o el Cavernario Galindo aplicando llaves como el tope volador y la tapatía, o mirar al Médico Asesino utilizando su famosa llave a las carótidas. Y como en aquellos días nadie tenía televisión en casa, el Instituto Nacional de la Juventud Mexicana era la única alternativa».

La lucha libre había comenzado en los primeros años de la década de 1930 y hacia 1950 tenía un sinnúmero de seguidores que abarrotaba la Arena Coliseo semana tras semana, y, más adelante, la Arena México. Fue de los pocos espectáculos deportivos que trasladó su fama de su propio foro a la televisión y luego al cine con un éxito sin precedentes. Por sus personajes, por la naturaleza espectacular de la lucha, por el misterioso anonimato que guardaban los enmascarados, la lucha libre ató su destino de una manera definitiva a la historia del espectáculo en vivo.

Si bien los gustos refinados de la sociedad porfirista habían impedido que la lucha arraigara como espectáculo popular desde 1910, la sociedad mexicana conformada después por el movimiento revolucionario era menos exigente y se entregaba con el mismo entusiasmo a una revista cómica que a un concierto de música en Chapultepec, o a las luchas.

Entre 1917 y 1921, el público pudo presenciar varios encuentros de lucha grecorromana que se realizaban en el Tívoli del Eliseo o en la plaza El Toreo. En 1922, en el Parque Unión se presentó el veterano conde Koma, quien había luchado exitosamente en la Ciudad de México en 1909, para enfrentar a dos pugilistas a quienes derrotó con facilidad.

Algunas otras luchas de exhibición se presentaron en México en la década de 1920, pero fue hasta septiembre de 1933 cuando se registró la primera función de lucha libre en la capital del país. El empresario responsable de traer el espectáculo e impulsarlo fue Salvador Lutteroth González, veterano de la Revolución que había militado en las filas de Obregón.

Luego de ver una exhibición de lucha libre en 1929, Lutteroth se las ingenió para traer ese espectáculo a México. No sin esfuerzos, logró acondicionar la Arena Modelo para presentar a los luchadores. El público llenó el lugar el 21 de septiembre de 1933, y las figuras anunciadas —Ciclón Mackey, Leong Tin Kit, Bobby Sampson y Yaqui Joe— se ganaron la ovación del respetable.

En las semanas siguientes, Lutteroth alternó las presentaciones entre la Arena Modelo y la Arena Nacional, y pronto fundó la Empresa Mexicana de Lucha Libre. Luego de un golpe de suerte por el cual ganó 40 000 pesos en la lotería, construyó la Arena Coliseo, que fue inaugurada el 2 de abril de 1943.

En el *ring* de la Arena Coliseo —y tiempo después en la Arena México—, saltando desde la tercera cuerda, en encuentros máscara contra cabellera, a tres caídas sin límite de tiempo o haciendo innumerables llaves en el cuadrilátero, se hicieron famosos la Tonina

Jackson, el Cavernario Galindo, el Médico Asesino, el Santo, Blue Demon, el Huracán Ramírez, el Bulldog, Rolando Vera, Bobby Bonales, Tarzán López, Perro Aguayo, Mil Máscaras, André el Gigante, el Pato Soria, Alfonso Dantés y muchos otros.

Sin embargo, desde las primeras transmisiones de lucha libre por televisión no faltaron las «buenas conciencias» que intentaron moralizar lo que los jóvenes veían. En 1953, la Federación de Asociaciones de Padres de Familia de las Escuelas Secundarias del Distrito Federal le presentaron al presidente Ruiz Cortines un documento donde solicitaban su apoyo para «suprimir las exhibiciones de lucha libre por televisión» porque el ejemplo que daban los «magnates de la fuerza bruta» afectaba a los niños y jóvenes, quienes se aplicaban llaves y saltos a diestra y siniestra.

Pero el temor de tan insigne Federación iba más lejos: temían que «también las niñas, las jovencitas y hasta algunas mujeres maduras gustasen de tan vulgar espectáculo, y mañana la mujer mexicana no sería la abnegada y buena madre, sino la brutal golpeadora».

Para estos grupos, la televisión no era una diversión: representaba «el peligroso abismo que tienden los eternos enemigos» contra la moral y las buenas costumbres. Desgraciadamente, la censura ganó y la lucha libre dejó de transmitirse por televisión desde mediados de los años cincuenta hasta principios de la década de 1990.

MÁSCARA CONTRA MÁSCARA

La pelea del 7 de noviembre de 1952 no podía generar más expectación. Por un lado, se encontraba el Santo, el mejor luchador, el incorruptible, el justiciero, el héroe, el luchador valiente, el defensor de los débiles, quien se había popularizado gracias a la historieta de José G. Cruz, publicada desde agosto de 1952, titulada *Santo. El enmascarado de plata ¡Un semanario atómico!*

Por otro lado, Alejandro Cruz Ortiz, Black Shadow, nacido en León, Guanajuato, era el antagonista elegante, técnico y admirado, apodado el Hombre de Goma por su elasticidad y capacidad de escapar de llaves imposibles. Cruz Ortiz, junto con Blue Demon, había formado Los Hermanos Shadow, y su estilo aéreo y acrobático lo había convertido en uno de los favoritos de las multitudes.

El Santo y Black Shadow ya se habían encontrado en el *ring* en luchas de parejas: el Santo y Gori Guerrero —llamados «la pareja atómica»— contra Black Shadow y Blue Demon, pero la rivalidad escaló hasta convertirse en un duelo personal máscara contra máscara, la apuesta más sagrada de la lucha libre mexicana.

En los días previos al combate, Black Shadow lanzó unas declaraciones incendiarias que calentaron más el ambiente: «De una vez por todas destruiré la ridiculez que encierra el Santo tras su máscara de plata», publicó *El Universal* el 6 de noviembre de 1952.

La crónica del gran comentarista Toño Andere, publicada en *La Afición,* capturó la pasión desatada entonces.

> La noche del 7 de noviembre de 1952, el Santo, el enmascarado de plata, se enfrentó a Black Shadow, ambos ídolos de la afición, en un *match* de máscara contra máscara. Los días previos a la lucha, Black Shadow aseguraba que le quitaría al plateado la máscara con todo y cabeza y afirmó que nadie le quitaría la satisfacción de «descubrir el rostro del campeoncito ese tan antipático». Fue Black Shadow el primero en subir al *ring* luciendo su fastuosa bata negra con vivos en color solferino. Lo acompañaba su hermano, Blue Demon. Luego irrumpió en el cuadrilátero, en medio de ensordecedora algarabía, ese personaje que ha cobrado relieves de fantasía: ¡el Santo! Todo de plata: máscara, zapatos, bata, mallas... Su compañero era Dick Medrano, el hombre que estuvo en su esquina la noche en que destronó a Bobby Bonales. Buena suerte, por lo visto, le significa Medrano en la esquina al Santo. Y con los ojos de 12 000 gentes que estaban en la Arena clavados sobre el *ring* y los ojos de probablemente más de medio millón de personas fijos en las pantallas de televisión, dio principio el encuentro y empezó, por ende, a descorrerse la incógnita.

Ambos luchadores comenzaron la contienda como dos caballeros, intercambiando llaves con destreza científica, hasta que Black Shadow abrió la puerta a la rudeza con un golpe en la cara. El Santo respondió de inmediato y comenzó la guerra.

La primera caída fue para el Santo, quien castigó brutalmente a su rival con azotones contra las cuerdas y lo remató con tijeras voladoras. El réferi Ruddy Blancarte levantó el brazo del plateado en señal de triunfo.

La segunda caída fue para Black Shadow.

> La maravillosa elasticidad de Black le permitió trocar en favorable una situación que le estaba siendo muy adversa —continúa Toño Andere—. Corriendo uno en busca del otro, Shadow se elevó en su clásico tope de propulsión a chorro y lo cuajó en plena quijada del Santo dejándolo tendido, como muerto. El marcador estaba empatado y la Arena explotaba en júbilo. La tercera caída fue un clímax dramático. Ambos aplicaron llaves durísimas y resistieron como espartanos. El Santo soportó un cangrejo eterno y una cuádruple palanca; Black Shadow resistió una llave a caballo digna de Gory Guerrero. El público estaba al borde del delirio. Finalmente, Shadow falló un tope y se estrelló contra el piso de la Arena. El Santo aprovechó y lo sometió con tijeras voladoras y la rana, dejando planas sus espaldas. Cuando Ruddy Blancarte dio la tercera palmada, un sordo alarido se escapó de todos los pechos. ¡Black Shadow había sido derrotado y tenía que quitarse la máscara! Una nube oscura de policías y de fotógrafos de prensa invadió el cuadrilátero.
>
> El Santo trató por su propia mano de arrancarle la máscara a Shadow; pero este no se dejó y, además, Blue Demon rechazó con orgullo la intervención del enmascarado de plata. Al fin el rostro de Black Shadow quedó al descubierto. Se había despejado una incógnita notable de ocho años en la lucha libre. Ahí estaba, a la vista de todo mundo, Alejandro Cruz.

Black Shadow era famoso, pero Alejandro Cruz no, nadie lo conocía. La magia de la lucha libre se encontraba en las máscaras: cuando un luchador la perdía en el *ring*, era arrojado al anonimato, dejaba de ser un héroe para convertirse en una persona común y corriente que solo era conocida por su familia y sus amigos. Esa era la verdadera derrota: convertirse en cualquier hijo de vecino. Sin embargo, Black Shadow continuó en la lucha libre y se ganó la voluntad del público con su rostro al descubierto gracias a su técnica, valentía y talento.

La victoria del Santo lo consolidó como ídolo absoluto, no solo en el *ring*, sino en el imaginario popular. Su figura transitó del *ring* a la pantalla chica, revistas e historietas, y finalmente, en 1958, al cine, donde debutó con la película *Santo contra Cerebro del Mal.*

El Santo pasó a formar parte de la mitología nacional junto a Pancho Villa, Pedro Infante y Cantinflas. La máscara se convirtió en símbolo de justicia y mexicanidad, y las luchas de apuestas se transformaron en eventos estelares que definieron la cultura de la lucha libre mexicana.

La noche del 7 de noviembre de 1952 fue más que un combate: fue un rito colectivo que unió a todos los sectores sociales, que convirtió la máscara en símbolo nacional y que catapultó al Santo al estatus de mito. Aquella noche en la Arena Coliseo no se vivió solo una lucha más: fue el inicio de la época de oro de la lucha libre mexicana.

Para saber más de esta historia y revivir su momento, escanea el código QR.

BELEM GUERRERO
PRIMERA LATINOAMERICANA
GANADORA OLÍMPICA
25 DE AGOSTO DE 2004

F.J.

Salvada por cinco monedas

BELEM GUERRERO Y SU MEDALLA OLÍMPICA

PRIMERA LATINOAMERICANA QUE GANÓ UNA MEDALLA OLÍMPICA EN SU DEPORTE

Belem amarró con un resorte su triciclo a una de las cuatro patas de la televisión y tiró lo más fuerte que pudo. Hasta el tercer intento lo logró, ganándole el reto a su hermana Isabel. Tras derribarlo se armó un caos en esa casa de Ciudad Nezahualcóyotl.

Su familia no tenía dinero para comprar otra televisión, como tampoco alcanzaba para muchas otras cosas. El viejo aparato, ya con el cinescopio roto por el golpe, había servido para entretener a la familia en un barrio bravo que exigía distraerse con cosas que no hicieran daño.

Los Guerrero tenían claro que, para alejar a sus hijos de los malos caminos que abundaban en la colonia, necesitaban poner a su alcance otras cosas que les llamaran la atención. El deporte era una de ellas.

Mamá, como podía, llevaba a sus cuatro hijos a entrenar por las tardes. Isabel y Belem iban a clases de gimnasia; y sus hermanos, Camilo y Daniel, a ciclismo.

A Belem, quien tenía 4 años, no le gustaba que le jalaran el cabello para disfrazarla de Nadia Comăneci. Por ello claudicó y la cambiaron a natación, en la que destacó pronto.

Belem obtuvo un cuarto lugar nacional infantil y la alberca no le desagradaba, pero su edad era muy temprana para decidir quedarse ahí.

Siguió probando **y existió un detonante cuando papá llegó a casa con un par de bicicletas de carreras que había conseguido a buen precio.** Eran usadas y no estaban en las mejores condiciones. Belem se subió a la de su hermano Camilo y sintió un flechazo. Luego tuvo la suya, que duró muy poco porque una de esas tardes la estrelló contra la guarnición de la calle y la rompió.

Eso no fue impedimento para seguir pedaleando pese a que ya enfrentaba un obstáculo: en la década de los ochenta no existían las categorías femeninas, por lo que tenía que competir contra niños. No hubo problema para acostumbrarse a ello; de hecho, le gustaba retarlos.

Las primeras veces nadie puso objeción, pero en cuanto empezó a ganarles, los papás de los niños protestaron.

—Este es un deporte para niños, no para niñas —decían. Pero el padre de Belem, fiero para defender a sus hijos, los ponía en su lugar.

Una vez, uno de ellos cargó del manubrio la bicicleta con todo y niña, y la apartó de los demás.

—¡Ella no juega! —gritó. La pequeña ciclista aguantó, pues exhibía frecuentemente a los demás y la envidia no andaba en burro.

Don Camilo Guerrero, su padre, siempre la apoyó; además, le encantaba ver las premiaciones de las competencias en las que Belem participaba. En una de ellas Belem terminó en el quinto lugar y se colocó a un lado para aplaudirles a los tres primeros. Sorprendida, escuchó que el maestro de ceremonias pronunciaba su nombre y la invitaba a pasar al frente; entonces, le dio un sobre cerrado con cincuenta pesos por haber hecho una carrera muy buena.

Belem, desconcertada y feliz, **buscó con la mirada a su padre, pero no lo encontró. Don Camilo se había alejado del**

podio, con lágrimas en los ojos, conmovido por la dicha de su hija. Él le había dado el sobre al organizador de la carrera para que inventara el premio y se lo diera a su hija. Belem lo supo mucho tiempo después.

Si a los 8 años Belem se subió por primera vez a una bici, ahora tenía un motivo más para no bajarse de ella.

El correr de los calendarios la hizo coincidir con el italiano Giuseppe Grassi, campeón mundial de ruta en 1968 y dedicado después a buscar y entrenar nuevos talentos en México. En cuanto vio competir a Belem, habló con sus padres. Les dijo que tenían un diamante en casa, pero que, para pulirlo, tendría que competir contra las mejores y esas estaban en Europa.

El ciclismo femenil había dado un giro en la década de los ochenta cuando por primera vez se incluyó en el programa de unos Juegos Olímpicos: Los Ángeles 1984. Además, aunque de manera intermitente, se empezó a incluir una versión femenil del Tour de Francia. **Había pasado la época en que una mujer a bordo de una bicicleta se consideraba «pecaminosa», como ocurría en España durante el franquismo.**

La apertura motivó que muchas damas, como Belem, quisieran practicar este deporte.

Giuseppe Grassi, considerando este despertar y las condiciones de Belem, le comentó que podía conseguir un lugar para que viviera en Italia y la inscripción a algunas carreras, pero no podía hacerse cargo del boleto de avión.

Camilo tomó una decisión que mamá Elena apoyó: vender la camioneta de tres y media toneladas que habían obtenido haciendo trueques, la cual les proveía parte de sus ingresos, pero ya verían cómo resolver eso. Se hicieron, con la venta, de 15 000 pesos, que fue lo que costó el pasaje de ida a Roma. Ambos padres le dieron la bendición a Belem y cincuenta dólares.

Ella no la pasó bien. La familia Guerrero Méndez era muy unida y debió enfrentarse a un cambio brutal. Además, **Belem se fue en**

invierno y pasó un frío de película. Ella tenía poco menos de 16 años. Su estancia duró tres meses y aprendió muchísimo de la escuela europea de ciclismo: se percató de todo lo que tenía que trabajar.

La experiencia fue dura pero muy provechosa también a nivel personal. Una noche se extravió por las calles de algún lugar de Italia durante más de ocho horas. Con el frío calándole los huesos, muerta de hambre, sin tener apuntada la dirección de su vivienda y desconociendo el idioma, se aferró a su bicicleta y su instinto para al fin llegar.

Belem rompía las características de una ciclista. Su estatura de 1.60 m y sus piernas cortas y delgadas la alejaban del biotipo clásico, de piernas musculosas y fuertes, con torso delgado. Pero, a cambio, tenía a su favor un carácter bien puesto. Perseverante como pocos, su fuego interno fue el cemento con que construyó sus logros.

Un ejemplo. En 1998 participó en la prueba por puntos del Mundial de Ciclismo de Burdeos, en Francia. La española Dori Ruano y ella tenían ventaja, y peleaban por el primer lugar cuando la campeona ibérica aceleró a fondo. A Belem se le cerró otra competidora y la mandó al piso. Tuvo que ser atendida por los médicos debido a los enormes raspones quemantes que tenía en el brazo y la pierna izquierdos, y tras las tres vueltas de recuperación que marca el reglamento en estos casos, puso el alma en los pedales.

La cabeza le estallaba de dolor y las piernas no le respondían, pero tenía clavada la idea de que podía superarlo.

Alcanzó a quedarse con la medalla de plata, con una ventaja de cinco puntos. Este fue un logro sin antecedentes para una mexicana.

El público en la tribuna le aplaudió de pie por su bravura. Belem estaba orgullosa: era consciente de sus limitaciones, pero también de sus conquistas.

Lloró de emoción, de rabia, de revancha. **Estaba cansada de que la hicieran menos y la vieran raro en un mundo tan**

competitivo como el del ciclismo; también, de que ni las propias autoridades deportivas de México le dieran el lugar que merecía. Estas habían sido pasivas ante una sospecha masiva de dopaje en competencias previas. Fue la Unión Ciclista Internacional la que comprobó la irregularidad de esos resultados y avaló su presencia en el Mundial de Burdeos. En casa no se hizo nada por limpiar su nombre, injustamente salpicado.

Ha de reconocerse que en México existe tanta ilusión por las victorias olímpicas como ignorancia deportiva. Por eso, a la gente el undécimo lugar en el que terminó Belem en los Juegos Olímpicos de Atlanta le parecía poco.

Belem también clasificó a los Juegos Olímpicos de Sídney como primer lugar del *ranking* mundial. Llegó a la competencia muy nerviosa, pero conquistó el quinto sitio: quedó a tres puntos del bronce ante competidoras fantásticas. En las primeras diez posiciones, no había ninguna otra latinoamericana.

Belem tendría su tercera oportunidad olímpica en Atenas, cuatro años más tarde.

EL *TOUR DE FORCE* DE LA MIEL OLÍMPICA

Cursar un nuevo ciclo olímpico significa entrega absoluta, una vez más, durante cuatro años.

Belem llegó a Grecia como la mejor del mundo en la prueba por puntos, y, además, tenía una amplia experiencia en pruebas de ruta, persecución y en la propia prueba australiana.

A diferencia de su preparación para Atlanta y Sídney, en esta ocasión el apoyo de la Conade y de Cima (un fideicomiso de la iniciativa privada para atletas de alto rendimiento) fue determinante. Ahora sí hubo dinero suficiente para acompañarla durante el año previo a los juegos de Atenas: giras, campamentos, equipo multidisciplinario y un entrenador de renombre mundial que sustituyó a Giuseppe Grassi: el cubano Oscar Echevarría.

Pero sabemos que, en la vida, nada está garantizado. La preparación exhaustiva y el cuidado de hasta el menor detalle no aseguró, por ejemplo, que llegara el equipaje, con todo y bicicleta en este caso, a la sede olímpica.

Ni más, ni menos. Belem tenía solamente una bici de ruta para entrenar, además de la ropa que traía puesta. Sus compañeros del equipo le prestaron unos días lo que pudieron hasta que llegaron sus pertenencias.

Ese no fue el único imprevisto, pero de ello nos ocuparemos más adelante.

La delegación vestía un diseño rosa mexicano. Nuestros atletas podrían verse desde un avión aunque estuvieran escondidos en el Partenón.

Un *jersey* de ese color tomó la salida en la prueba de ruta, bajo un calor insoportable, a las tres de la tarde del 15 de agosto: era el de Belem Guerrero, quien, como iba sola, rodaría sin ayuda los casi 119 km del circuito.

Salió en la posición 61, junto a las ciclistas de Guatemala y El Salvador, a quienes también habían enviado hasta la última fila por carecer de compañeras con las que hacer equipo.

Belem tomó esta prueba como entrenamiento para su evento estelar. Aunque llegó a estar en el lugar 13 en algún momento, aún le faltaban tres vueltas al circuito cuando sintió que le faltaba potencia y la amenazaron posibles calambres. No se podía quemar. Se administró y cruzó la meta en el lugar 46, convirtiéndose en la primera ciclista mexicana en terminar el recorrido de una ruta olímpica.

Tuvo diez días para alistarse para la prueba por puntos, pero una sorpresa casi le impidió participar. Faltaban unas cuantas horas para presentarse en el velódromo cuando Daniel, su hermano y mecánico personal, se percató de que la bicicleta pesaba unos gramos menos de los 6.8 kg reglamentarios.

Muy a la mexicana, **Daniel tomó cinco monedas de diez pesos que llevaba en su maleta, las envolvió en cinta de aislar y las pegó en el manubrio.**

Las monedas pesaban los treinta gramos que hacían falta para que la bicicleta fuera aprobada por los jueces. Seguramente alguno de ellos pensó que el añadido era un amuleto y no una solución técnica.

Finalmente, llegó la hora definitiva. Belem montó su bicicleta en la pista de madera del velódromo, con la mirada fija. Pensaba en las cien vueltas que tenía que darle en poco más de media hora.

La estrategia es vital en esta prueba. Cada diez vueltas suena una campana para que las competidoras hagan un *sprint* y crucen la meta. Entonces se otorgan puntos (5, 3, 2 y 1, respectivamente) a las cuatro primeras; y se otorgan otros veinte a quien le saque una vuelta de ventaja al grupo, restándoselos a quien se quedó atrás.

Eran 18 las ciclistas en el óvalo; entre ellas estaban la temible rusa Olga Sliussareva, la colombiana María Luisa Calle, Vera Carrara de Italia y Erin Mirabella de Estados Unidos.

Arrancó la prueba. Hubo momentos en que la pista estuvo copada por todo el grupo. Al sonar la campana, es imperativo lanzarse a toda velocidad para cruzar la línea y rescatar puntos: **no hay que pedir permiso, hay que arrebatar el espacio.**

Katherine Bates de Australia se llevó el primer puesto. Belem, la de rosa mexicano, el segundo embalaje para ganar cinco puntos. Sonó la registradora y la tribuna hirvió. Le siguió la colombiana, respirándole en la espalda.

Ambas siguieron de frente tratando, con todas sus fuerzas, de sacarle una vuelta al grupo. De hacerlo, quien cruzara primero la línea se llevaría 20 puntos. La batalla era doble: Belem contra Calle, y ambas contra las demás.

La española Gema Pascual se desprendió para impedirlo: venía de atrás para ganar el tercer embalaje y ahora era ella quien sumaba cinco unidades.

Diez vueltas más, trepidantes, y ahora era Calle quien había entrado en primero. Guerrero era su sombra: entró en segundo y pescó tres unidades más.

El griterío fue ensordecedor. El ciclismo de pista electrifica a cualquiera, pues la tensión es máxima y dispara la adrenalina. Belem no se llevó nada en el siguiente embalaje.

Parecía que la mexicana perdía la energía que la rusa Sliussareva inyectaba a sus dos piernas, ahora máquinas de pedalear. La europea luchaba, se fugaba y empezó a sumar; luego fue alcanzada.

Iban setenta vueltas y no había nada seguro. Quedaban tres oportunidades nada más. La pequeña mexicana seguía sin mover la suma e iba alternando su posición con Calle mientras aún no sonaba la campana. A la señal, cada una se lanzó por sí misma, pero la colombiana estaba fatigada y dejó de pedalear con el ritmo que había impuesto. Octavo giro. Belem se volvió a ir en blanco.

Faltaban dos vueltas. Ahora o nunca. La rusa se lanzó con toda su furia y entró en primera posición, asegurando el oro, con 19 puntos acumulados. Tras ella, cruzaron la meta Ulmer de Nueva Zelanda, Mirabella, y Belem, quien empató con 12 puntos a Calle en segundo lugar. Faltaba una vuelta y el aire quemaba.

Era un final de locura: todo o nada. Belem y Calle pedalearon codo a codo en una feroz competencia. Todas pensaban en la medalla. Katrin Meinke de Alemania y Yoanka González de Cuba les impedían el paso. Guerrero parecía quedarse atrás.

A Belem se le redobló lo Guerrero a la altura de la última curva. Rodó a toda velocidad por la parte interior de la pista y, con potencia inusitada, rebasó a sus adversarias, pero María Luisa Calle no se dejó. Luchó con el alma en el manubrio para no ceder el cuarto lugar que ya tenía en las manos. Belem ganó pulso y dejó a Calle atrás.

Ciudad Neza estalló. Una de las suyas había ganado la medalla de plata por dos puntos de diferencia. El velódromo de Marusi no paraba de saltar. El final había sido épico.

Una comitiva de trescientos nezatlenses se dio cita en el Aeropuerto Internacional de la Ciudad de México para recibir a Belem. En el Palacio municipal hubo fiesta. La gente le llevó mariachi a su casa y Belem fue admirada por fin. Ya no era la ciclista que no lo parecía, sino una medallista olímpica forjada en la colonia.

Recibió su segundo Premio Nacional de Deportes de manos del entonces presidente de la República unos meses más tarde.

Una mañana, entrenando en las calles de Neza, la arrolló un autobús. El asunto no pasó a mayores, pero posiblemente eso influyó en una difícil decisión: un día antes de recibir la invitación para asistir a los Juegos Olímpicos de Beijing, anunció su retiro a los 34 años de edad, cuando aún tenía cuerda para seguir triunfando un par de temporadas más.

La personalidad de Belem la llevó a buscar siempre la excelencia. Tuvo diferencias con algunos de sus entrenadores, como el cubano Oscar Echevarría, con quien rompió relaciones en 2006 después de un accidente porque, al momento de ser arrollada, ni él ni su médico la estaban acompañando.

Lo mismo había sucedido cuatro meses antes, cuando sufrió un percance en una carrera nocturna celebrada en Chihuahua. Tampoco la acompañaban Giuseppe Grassi, quien había vuelto a entrenarla, ni su doctor. Entre ambas lesiones, **sumó dos fracturas en la clavícula derecha y le tuvieron que colocar 14 tornillos.**

Belem se mantuvo siempre ligada al ciclismo. Fundó y dirigió una escuela en Santiago Tianguistenco, en el Estado de México, y ha sido entrenadora del equipo mexicano de fondo femenil.

Pese al machismo, las limitaciones económicas y los golpes, la misión estaba cumplida. La tercera fue la vencida, como en sus tirones al televisor con el triciclo, como el número de intentos para lograr ser medallista olímpica mexicana.

Para saber más de esta historia y revivir su momento, escanea el código QR.

CHAVEZ
JULIO CÉSAR CHÁVEZ

A.R.

El mejor libra por libra

JULIO CÉSAR CHÁVEZ

Sintió que la muerte merodeaba en el *ring* del Hotel Hilton de Las Vegas: era la noche del 17 de marzo de 1990; y Julio César Chávez enfrentaba la pelea más difícil y dramática de su vida contra el estadounidense Meldrick Taylor.

Habían transcurrido 11 episodios y el campeón mexicano estaba exhausto. A un *round* de finalizar la pelea, Taylor había tirado el doble de golpes que Julio César.

—Fue un gran desgaste pelear a su ritmo, era catastrófico, muy cansado —recordaría Chávez tiempo después—. Él me pegaba diez golpes, yo le daba cinco. Él me pegaba veinte, yo le asestaba diez.

Aunque los golpes de Julio César habían sido más potentes y precisos, el mexicano iba abajo en las tarjetas de los jueces, quienes decidirían el resultado de la pelea si no llegaba el nocaut para alguno de los dos contrincantes.

En la esquina contraria no la estaban pasando mejor. A lo largo de los 11 episodios, Meldrick Taylor había recibido los mejores golpes del sonorense, el castigo había sido constante y su rostro lucía desfigurado.

—Llegué al doceavo *round* agotado —recuerda Julio César—, ya valiéndome madres el resultado, si perdía o ganaba. Lo que quería era que el combate se acabara, porque sentía que me iba a desmayar, que iba a vomitar. Si lo hubiera hecho arriba del *ring,* me hubiera muerto. Me pega un derrame cerebral.

Julio César era apenas cuatro años mayor que su rival, pero mientras que en 1990 Meldrick apenas tenía seis años peleando como profesional, Julio César ya cumplía una década en el boxeo del más alto nivel. Ambos llegaron invictos: Chávez con 66 victorias y Taylor con 24.

DE PODER A PODER

Originario de Ciudad Obregón, Sonora, Julio César Chávez (1962) debutó en 1980 y ganó sus primeras 87 peleas. No tardó en ganarse el mote de que era el mejor boxeador mexicano libra por libra, heredero indiscutible de las glorias de Salvador Sánchez, fallecido prematuramente cuando el sonorense llevaba dos años en el box profesional.

Antes de su pelea con Taylor, Julio César ya había obtenido dos títulos mundiales: el primero en 1984, en la categoría superpluma del Consejo Mundial de Boxeo (CMB) contra Mario *Azabache* Martínez; y el segundo en 1987, cuando ascendió a la división de peso ligero para enfrentar al campeón de la Asociación Mundial de Boxeo (AMB), Edwin Rosario, a quien le cerró la boca a golpes, luego de que declarara que derrotaría a Chávez y lo regresaría a México en un ataúd.

Durante los siguientes tres años defendió su título exitosamente y derrotó a todos los retadores de su categoría; quiso entonces demostrar que también podía dominar en la categoría de los superligeros y no se equivocó: le arrebató el título del CMB a Roger Mayweather.

La carrera de Meldrick Taylor había sido meteórica y contundente. Originario de Filadelfia (1966), no dejó lugar a duda que su futuro estaba en el box profesional cuando, a los 17 años, obtuvo la medalla de oro en los Juegos Olímpicos de Los Ángeles 1984. Ese mismo año dejó el boxeo *amateur,* y en 1988 obtuvo el título de peso ligero de la Federación Internacional de Boxeo, el cual defendió en cuatro ocasiones.

La mesa estaba puesta: dos organismos del boxeo, dos campeones con arrastre popular, millones de dólares de por medio. ¿Qué seguía? **La pelea del siglo, un enfrentamiento de poder a poder: Julio César Chávez contra Meldrick Taylor por la unificación del título.** El ganador sería el campeón indiscutible, el jefe de jefes, el mero mero de la categoría de los superligeros. La historia los citó en Las Vegas el 17 de marzo de 1990.

HASTA EL ÚLTIMO *ROUND*

El problema con las películas de Rocky fue que nos hicieron creer que, en una pelea de box, cada *round* era una guerra sin cuartel que se definía en el último segundo del último *round.* Difícilmente hay peleas así, pero la de Julio César Chávez contra Meldrick Taylor rebasó por mucho la ficción.

Para promocionarla, los publicistas le pusieron un nombre que parecía el título de una película de acción: «Thunder and Lightning» (Trueno y Relámpago). Chávez era el trueno: fuerte y contundente; Taylor era el relámpago: rápido, técnico y brillante.

Comenzó la pelea y Taylor salió a mostrar su velocidad: sus combinaciones eran precisas y rápidas, y su juego de piernas parecía el de un adolescente: se movía como el viento, haciendo difícil que Chávez lo alcanzara. Para el octavo *round,* las estadísticas eran brutales: 269 golpes conectados por Taylor contra 137 de Chávez. El estadounidense ganaba por puntos a cuatro *rounds* de concluir la pelea.

Pero los golpes de Julio César, si bien eran menos, cada uno estaba cargado de dolor y destrucción. Taylor acumulaba daño en su cuerpo, su rostro se desfiguraba y gotas de sangre caían sobre la lona del *ring*. Julio César fue paciente y certero, pero le había faltado contundencia para acabar con la pelea por nocaut.

Al terminar el onceavo episodio, Taylor seguía arriba en las tarjetas de dos de los tres jueces que miraban minuciosamente la pelea. En su esquina, Julio César estaba exhausto: tenía que salir a entregar el resto y buscar que sus puños vulneraran la defensa de Taylor para noquearlo. Se antojaba imposible.

El estadounidense solo necesitaba aguantar tres minutos: debía evitar un intercambio de golpes directo, bailar un poco sobre el *ring* y mostrarse escurridizo para llevarse la victoria, pero dejó el banquillo para pelear el último *round* como si fuera el primero.

Ambos boxeadores salieron al último episodio en busca de la inmortalidad. No hubo cuartel. Taylor no escatimó y los dos peleadores intercambiaron golpes como si no hubiera un mañana. El público gritaba con euforia. Chávez había logrado conectar tres certeros golpes en el rostro de su rival, pero Meldrick se negaba a caer, parecía de acero.

A 17 segundos de que sonara la campana, Julio César lanzó un derechazo que envió a Taylor a besar la lona. El réferi Richard Steele comenzó la cuenta de protección; pese a todo, el estadounidense logró levantarse, pero su mirada estaba perdida. No pudo responderle al réferi cuando le preguntó si estaba bien y dos segundos antes de que sonara la campana final de la pelea, el réferi la detuvo y Chávez ganó por nocaut técnico.

Dos titanes se habían enfrentado en Las Vegas y combatieron 12 episodios. Al final, Taylor tenía las costillas rotas, los pómulos desintegrados y la nariz fracturada: lo trasladaron de inmediato al hospital. El equipo de Julio César lloraba de emoción, pero también estaba preocupado por su hombre y consideró pertinente llevarlo a la clínica, pero el sonorense alcanzó a decirles:

—Espérense. Llévenme a mi cuarto y báñenme con agua helada. Si no me recupero, me llevan al hospital.

A la media hora apareció Chávez, agotado pero sonriente, y con una caguama bien helada en mano. Y le dijo a su gente:

—Ahora sí, vámonos a pistear.

El triunfo de Julio César no estuvo exento de polémica. Sus detractores sostenían que el réferi no debió parar la pelea, pero el tiempo le dio la razón: además de las costillas fracturadas, al momento de llegar al hospital, Taylor sangraba al orinar.

«El corazón venció a la técnica», anunciaron los diarios del día siguiente. José Sulaimán, presidente del Consejo Mundial de Boxeo, declaró:

—Julio no ganó solo una pelea, le devolvió al mexicano la fe en sí mismo.

Pasado el tiempo, en alguna entrevista Julio César Chávez expresó:

—Esa pelea contra Meldrick Taylor fue la más dura, la más difícil de mi carrera. Era un peleadorazo.

PAGO POR EVENTO

Con su victoria, Julio César Chávez se convirtió en una leyenda viviente y en poco tiempo se transformó en el boxeador mexicano más mediático conocido hasta entonces. Todo estaba cambiando.

Al comenzar la década de 1990, el país vivía una transformación sin precedentes: el inicio del sexenio de Carlos Salinas de Gortari marcó el tránsito de una economía cerrada y proteccionista hacia el libre comercio y hacia el oscuro y tenebroso neoliberalismo.

México abrió sus fronteras, eliminó barreras arancelarias y los productos extranjeros que antes solo podían encontrarse en bazares y tianguis a través del contrabando y la falluca ahora estaban en los anaqueles de los supermercados y tiendas departamentales al alcance de los mexicanos.

El Gobierno anunció que México avanzaba hacia el primer mundo. La bandera del sexenio fue el Tratado de Libre Comercio con Estados Unidos y Canadá (TLC). El país entró de lleno a la globalización y lentamente comenzó a cambiar la mentalidad de los mexicanos: de pronto dejamos de vernos el ombligo para aceptar que éramos parte de la comunidad internacional y que vivíamos un proceso de modernización.

Se abrieron las salas de cine con butacas numeradas y proyecciones sin intermedio; se le quitaron tres ceros a la moneda; comenzaron los famosos «Hoy no circula» y «Un día sin auto»; llegaron los pepsilindros, los tazos y el supernintendo; se vendieron los primeros celulares del tamaño de tabiques; desapareció Boletrónico y surgió Ticketmaster; regresaron los conciertos masivos en 1991 —prohibidos durante años—, y en 1993 se presentaron Michael Jackson, Madonna y Paul McCartney con diferencia de unos días.

En la Ciudad de México se inauguraron el Hard Rock Café, Planet Hollywood y el Fashion Café, del cual eran socias las grandes modelos del momento: Naomi Campbell, Claudia Schiffer y Elle Macpherson.

En ese contexto, Julio César Chávez fue alcanzado por la modernidad, la publicidad y la mercadotecnia. Sus representantes entendieron que el mundo y el país cambiaban a pasos agigantados y trabajaron para convertirlo en un boxeador mediático. En 1993 logró reunir 132 274 aficionados en el Estadio Azteca que fueron testigos de su victoria por nocaut sobre Greg Haugen, quien había declarado que el mexicano solo le ganaba a taxistas de Tijuana.

Gracias al auge de los servicios de cable, Julio César Chávez también fue protagonista de la primera pelea de un mexicano transmitida en directo por el sistema de pago por evento (PPV, en inglés *Pay Per View*). Por entonces, otro de los grandes boxeadores era el portorriqueño Héctor *Macho* Camacho, quien hablaba bien con los puños y a quien también se le quemaba la lengua por provocar, amenazar e insultar.

Los promotores encontraron una mina de oro y anunciaron la pelea entre Julio César Chávez y el Macho Camacho para el 12 de septiembre de 1992 en Las Vegas. Pero había un pequeño detalle: Televisa no transmitiría la pelea por señal abierta: lo haría a través de Cablevisión y en pago por evento.

—El pago por evento era nuevo en México —recuerda el cronista Eduardo Camarena—. El que quería el servicio necesitaba comprar un decodificador que se llamaba *tocom*. Entonces tuvimos una reunión ejecutiva en Cablevisión: «Si vamos a llevar esta pelea por PPV necesitamos comprar los decodificadores y vendérselos a la gente. ¿Cuántos compramos?», dijo alguien. Y yo pregunté: «¿Cuántos suscriptores hay?» y recuerdo que me dijeron: «300 000». Entonces sugerí que compraran 30 000, el 10% de nuestros suscriptores, y agregué: «Pienso que se van a vender. Chávez es un fenómeno ahora y el Macho nos cae gordo, es farolón y todo». El caso es que no me hicieron caso y compraron solo 6 000 decodificadores que se agotaron en un día. Quisieron comprar más pero ya no había tiempo.

Ninguna pelea había desatado tanta expectación como la que Julio César sostuvo con el Macho Camacho. No faltaron las protestas y el desencanto porque el box, fuera nacional o internacional, siempre había sido transmitido en televisión abierta por Televisa y ahora había llegado el día en que el box dejaría de ser gratis.

Corrió el rumor de que el presidente Salinas de Gortari le pediría al Tigre Azcárraga que por el bien de los mexicanos abrieran la señal, pero fue solo un rumor: Salinas estaba ocupado con su Programa Nacional de Solidaridad y con las negociaciones del TLCAN.

Con todo y protestas, la respuesta del público no dejó lugar a dudas: la gente estaba dispuesta a pagar lo que fuera por ver en directo a Julio César Chávez. Quienes pudieron adquirir los decodificadores para casa invitaron a familiares, amigos y conocidos a ver la pelea mientras que en las cantinas, restaurantes y bares que adquirieron su paquete era imposible conseguir una reservación desde una semana antes de la pelea.

Yo tendría por entonces 23 años y, junto con mis amigos, logré reservar en uno de los primeros *sport bar* de aquellos tiempos, el famoso Yuppie's Sport Café que se encontraba en la calle de Hamburgo en la Zona Rosa. La modernización iba acorde con el nombre del bar, pues su nombre era un acrónimo de *Young Urban Professional People* —joven profesional urbano, o sea el godín *nice* de entonces—. El café estaba totalmente decorado al estilo estadounidense, con su buena barra y una carta muy gringa: hamburguesas, *hot dogs,* costillas BBQ, papas, nachos y toda esa oda a la gastronomía que seduce a los aficionados del deporte.

Julio César Chávez paralizó todo un país el sábado 12 de septiembre de 1992. La Ciudad de México parecía un pueblo fantasma. La gente buscó asilo televisivo para ver al campeón mexicano derrotar al Macho Camacho. El sonorense nuevamente hizo historia, pero su leyenda en realidad había comenzado dos años antes, cuando demostró, frente a Meldrick Taylor, que con televisión abierta o sin ella era el mejor boxeador mexicano libra por libra.

Para saber más de esta historia y revivir su momento, escanea el código QR.

HUGO SÁNCHEZ
9
9
MEJOR FUTBOLISTA
MEXICANO DEL SIGLO XX
9

F.J.

Goles entre el amor y el odio

HUGO SÁNCHEZ

MEJOR FUTBOLISTA MEXICANO DEL SIGLO XX

¿Saben por qué triunfó Hugo Sánchez en su carrera futbolística? Por soberbio. Por creerse el mejor. Por confiar en sus posibilidades más que nadie. **De uno de los pecados capitales hizo una virtud.**

En algún lado empezó la historia que fue tejiéndose hasta convertirlo en el futbolista mexicano más grande de todos los tiempos.

A diferencia de otros deportistas, Hugo no pasó hambre ni frío, pues vivía en la colonia Jardín Balbuena, un barrio de clase media cerca del aeropuerto de la Ciudad de México.

Su padre era mecánico automotriz y le recomendó a uno de sus clientes, que trabajaba en los Pumas, a sus hijos mayores, Horacio y Héctor, para que ingresaran a las categorías juveniles.

Como así sucedió, Hugo aprendió a caminar tropezándose con balones, pues su padre también jugaba futbol aficionado; su madre Isabel practicaba volibol; y su hermana era gimnasta.

Dos de ellos fueron olímpicos en los Juegos de Múnich en 1972: Horacio en la portería de la selección de futbol y Hermelinda en gimnasia artística. Fue ella quien le enseñó al pequeño Hugo a ejecutar las ruedas de carro con que festejaría sus 516 goles oficiales como profesional. Eso tiene detrás otra historia desconocida.

Pero no nos adelantemos. Tengamos la paciencia que tuvo Hugo para llegar donde debía.

Los fines de semana, sus hermanos lo llevaban a Ciudad Universitaria para que los viera jugar. Le encantó el ambiente y se imaginó desde ese momento con la playera de los Pumas.

Le pidió a su mamá Isabel que lo metiera a jugar en los equipos infantiles, pero Hugo no tenía la edad suficiente para tomar, sin compañía, los tres camiones que tardaban dos horas en llevarlo a Ciudad Universitaria (CU).

—Cuando termines la primaria, lo hacemos —le prometió ella.

A los 11 años, alternando la secundaria con las largas travesías para ir a CU, entró al equipo del que se enamoró para siempre.

Cuando Horacio regresó de Múnich, Hugo le pidió que lo presentara con Joaquín Badillo, presidente del sector *amateur*. Este era un personaje que descubría talentos y los desarrollaba para que participaran en torneos juveniles. Junto con sus entrenadores, Diego Mercado y Alfonso Portugal, era responsable de la selección olímpica en esos tiempos vedados a los profesionales.

Si dos integrantes de la familia participaron en Múnich, Hugo se propuso asistir a los juegos de Montreal, cuatro años después.

La selección *amateur* lo recibió de inmediato, dadas sus enormes condiciones. Él era rápido, valiente y tenía una capacidad de remate letal y una voluntad de acero. Con ese equipo viajó por todo el mundo.

Maravilló a propios y extraños en los torneos juveniles más importantes de Europa: Cannes y Toulon en Francia, y Viareggio en Italia.

No existían los mundiales juveniles y el torneo de Toulon —hoy llamado Maurice Revello— reunía a los mejores equipos del planeta. Con sus buenas artes, Badillo consiguió la primera invitación a participar. Las demás llegaron en automático gracias a la calidad del equipo.

La selección preolímpica de Hugo, Víctor Rangel, Héctor Tapia, Bardomiano Viveros, José Luis Caballero y varios nombres que fueron ilustres con el tiempo, acudió a esos torneos de 1974 a 1976.

En el torneo de 1975, México fue campeón y Hugo Sánchez, líder de goleo y mejor jugador del torneo. **A los 17 años adquirió el seudónimo que le acompañaría toda la vida: el Niño de Oro.**

Contado por el propio Hugo, se supone que así lo nombró la prensa francesa. Pero la realidad, poco conocida, es otra.

Gustavo Ramos Galán, legendario periodista del diario *Esto*, cubría las giras del equipo y fue quien lo bautizó así, en acuerdo con el goleador.

—Pero voy a publicar que la idea fue de los periódicos europeos, porque si saben que te lo puse yo, nadie nos va a pelar. Ya ves lo malinchistas que somos.

Razón tenía.

La selección *amateur* llegó al punto final del camino: los Juegos Olímpicos de Montreal, en 1976; los mismos en los que Nadia Comăneci se hizo inmortal.

Sabiendo de su pronta disolución, los equipos de primera división se disputaron a los jugadores sin el menor miramiento. Les llegaron ofertas por todos lados y les hicieron perder el foco más importante en ese momento: su participación olímpica.

México perdió contra Francia 4-1, empató con Guatemala e Israel, y volvió a casa. Lo más rescatable para nuestra historia es que dos astros nacientes, Michel Platini y Hugo Sánchez, marcaron gol en el partido que los opuso.

De regreso a casa, los jugadores de la selección ya eran libres y podían firmar contrato con quien quisieran. Se armó la de San Quintín. Como muñecos de trapo, eran metafóricamente jalados de un brazo por un club y del otro por uno distinto. Hugo no entró en ese juego, pues sabía que Pumas era su casa y no la cambiaría por nada.

Cinco años fueron los que jugó ahí. Fue campeón dos veces, ganó un título de goleo y, un par de veces, en las vacaciones se iba a jugar con Leonardo Cuéllar al San Diego Sockers en la ambiciosa —y posteriormente quebrada— liga de Estados Unidos en la que jugaron Pelé, Beckenbauer, Cruyff, George Best y otras grandes luminarias internacionales.

Hugo acumuló experiencia y, dados sus éxitos, fue muy importante para la calificación al Mundial de Argentina 1978.

José Antonio Roca logró una eliminatoria impecable, invicta y también casera (los partidos se celebraron en la Ciudad de México y Monterrey) con una base de jugadores sumamente joven.

Los Roca Boys llegaron al Mundial con grandes expectativas. Sus giras internacionales y resultados en encuentros amistosos alentaban al respetable público.

Pero la actuación fue desastrosa. La inexperiencia pasó factura y el mundo de juguete se desplomó. Hugo fue el jugador más joven del torneo, con 19 años.

México obtuvo el último lugar en el mundial. Perdió sus tres partidos; uno de ellos contra Alemania, por 6-0.

Si Hugo no se fue antes a Europa, fue porque su madre le dijo que **mientras no tuviera un título universitario, no le daría permiso de dejar la escuela.** El goleador triunfaba en Pumas mientras por las tardes estudiaba odontología en la Universidad Nacional Autónoma de México. Pensemos que asistía a clases regularmente.

Jugar en Europa era muy complicado en ese tiempo. Si Hugo jugó en San Diego dos veces durante sus vacaciones, fue para aparecer en otra vitrina.

Bora Milutinović, su técnico en Pumas, lo apoyaba en todo. Alguna vez le pidió a uno de sus paisanos serbios que incluyeran a Hugo en un juego de la selección Resto del Mundo.

—Necesitamos un lateral. ¿De qué juega este muchacho? —le preguntó el organizador

—Precisamente es lateral —mintió Bora.

Hugo, desconocido internacionalmente, viajó con la consigna de hacerse pasar como lateral y aprovechar cualquier momento para hacerse notar. Lo cumplió a carta cabal.

Estaba por cobrarse un tiro libre a favor de Resto del Mundo. Cruyff y Beckenbauer se ponían de acuerdo para cobrar, cuando Hugo llegó por atrás y los madrugó a los dos, convirtiendo un golazo al ángulo. Celebró con su inconfundible machincuepa ante la sorpresa de todos. Fue una de sus armas características para ser diferente.

La gente empezó a preguntar quién era.

Cuando Pumas goleó a Cruz Azul en la final de 1980-1981, se sabía que era el último partido de Hugo antes de reportarse con el Atlético de Madrid, club que lo había contratado.

El inicio de su historia con los colchoneros fue muy duro. Resulta que quien lo había pedido como refuerzo fue José Luis García Traid, entrenador del equipo. Pero cuando Hugo llegó a España, no alcanzaron ni a saludarse, pues lo habían despachado y puesto en su lugar a Luis Cid Carriega, quien pese a debutar al goleador, no lo quería demasiado.

En esa época, el límite de extranjeros era de tres por equipo. No existía la costumbre de tratar con foráneos y la tribuna era un ejemplo. Hugo fue insultado, maltratado y jugaba muy pocos minutos, pero él lo tomaba con filosofía.

—Hasta mi madre se siente orgullosa por ser famosa en el mundo entero —decía sobre las mentadas.

Tal tormenta se juntó con otra: la selección mexicana asistió a la eliminatoria para el Mundial de España 82. Se jugó en Honduras y entregaba dos boletos. El Tricolor, descolorido, terminó en tercero.

Alfonso Cabeza era el presidente del Atlético de Madrid. Aparecía más en las revistas del corazón que en la oficina y recibió de regreso a Hugo con los tacos por delante. Le dijo que era muy caro y jugaba poco; que, **si quería mantenerse en el equipo, debía renunciar a la mitad de su sueldo.**

El futuro Pichichi le pidió un bolígrafo y le preguntó dónde tenía que firmar. No iba a regresar fracasado a México: se había ido a España para triunfar. Lo de menos era que no se respetara un contrato firmado. A cambio de quedarse, Hugo aceptó.

Un rayito de sol alumbró el oscuro panorama. García Traid volvió al equipo y empezó a darle cabida al delantero que había solicitado. Hugo tomó vuelo y sus goles cayeron por racimos.

Un año después, Alfonso Cabeza salió del club y regresó a la presidencia Vicente Calderón, quien se enteró de todas las jugarretas que le habían hecho al delantero mexicano.

Cuatro temporadas jugó ahí, hasta que en 1985 fue transferido al Real Madrid, donde redondeó su gran historia con cinco títulos de liga y cuatro Pichichis —trofeo otorgado al máximo goleador de la Liga—, además del que ya había logrado con el Atlético.

Tras su primera temporada con el Real Madrid, se reportó para jugar con México en el Mundial 86, al que llegó resentido de una patada de cárcel que le dio Pierre Littbarski en la final de la Copa UEFA unos días antes. **Llegó rengueando, pero llegó campeón.**

La relación entre Hugo Sánchez y la selección mayor de México es agridulce. Marcó solamente un gol en Copas del Mundo y el segundo a Bélgica en México 86.

En el Mundial de Argentina 78, Hugo era muy joven. En la eliminatoria para el de España 82 falló un gol sobre la hora que le hubiera dado el pase a México. Para Italia 90, la selección fue expulsada por el caso de los cachirules al haber alterado actas de nacimiento para un torneo con límite de edad. En el 86... le tocó cobrar un penal contra Paraguay en el último minuto. El marcador estaba empatado a uno. Ante una tribuna llena que lo aclamaba, Hugo tomó el balón y lo colocó en el manchón penal.

Roberto Fernández, portero rival, se colocó sobre la línea. Un comercial de Coca-Cola, que parecía visionario, se recreó en la mente de quienes estábamos ahí. Hugo, antes de un delicioso sorbo a la célebre bebida, anotaba el penal y conseguía el triunfo. Lo veíamos en la televisión una y otra vez. La historia estaba empatando ficción y realidad. Era perfecto. O casi…

Hugo tomó impulso, pateó con determinación la pelota para mandarla abajo, a la derecha del arquero.

Fernández se tendió con felinos reflejos que le hicieron honor a su apodo y lo atajó. Le decían el Gato.

El estadio se quedó helado. **El comercial fue retirado del aire en ese mismo instante,** la tribuna cantó enojada «Hu-go ta-ru-go» y el juego terminó empatado.

Con esa misma soberbia que lo hizo grande, tuvo una puntada.

—Yo no fallé el penal, lo detuvo él, y esas son cosas distintas.

Hugo siguió su vida triunfadora y el Tri la suya, pensando que un día sí se podría. Pero tampoco fue posible en el Mundial de Estados Unidos en 1994. México fue eliminado por Bulgaria y Hugo se negó a entrar de cambio en una posición distinta a la que dominaba.

Pero la trayectoria del mejor goleador mexicano, con éxitos rotundos en el plano internacional, no se puede medir por sus goles en Copas del Mundo.

Sus números hablan. Él es una figura de alcance mundial. Hugo Sánchez es polémico, inconforme, voluntarioso y al mismo tiempo está orgulloso de lo que ha construido en la vida; es amante de México y excelente padre y esposo.

No se le han hecho los homenajes suficientes ni una avenida principal lleva su nombre, como alguna vez lo sugirió.

Hugo Sánchez vivirá eternamente, aunque lo hará en un pedestal lejano al de los simples mortales. El futbol lo ha hecho eterno desde hoy y su nombre resonará por siempre.

Para saber más de esta historia y revivir su momento, escanea el código QR.

RICARDO RODRÍGUEZ
PRIMER AUTOMOVILISTA
MEXICANO EN LA F1

A.R.

Tragedia en cuatro ruedas

RICARDO RODRÍGUEZ Y EL GP DE MÉXICO 1962

La gran noticia deportiva en 1962 fue que en noviembre se correría el primer gran premio de la Fórmula 1 en territorio mexicano. Inaugurado apenas tres años antes, el Autódromo de la Ciudad de México estaba listo para recibir a la máxima categoría; además, el evento contaba con el nada despreciable apoyo presidencial: Adolfo López Mateos amaba el automovilismo.

La noticia fue recibida con gran entusiasmo, no obstante que las letras pequeñas del contrato establecían que solo sería una carrera de exhibición, no daría puntos para el Campeonato Mundial de Pilotos y de Constructores, y tampoco participarían todas las escuderías ni todos los pilotos que peleaban el campeonato. Los organizadores tuvieron casi un año para calentar el ambiente a medida que el campeonato mundial avanzaba.

Era una carrera *de chocolate*, pero a nadie le importó que el primer Gran Premio de México no contara para el Campeonato Mundial de Pilotos y de Constructores: el entusiasmo se desbordó, la expectación fue inmensa y la presencia de los autos de la máxima categoría en tierras mexicanas fue el gran acontecimiento de 1962.

Cuando se anunció que la Fórmula 1 vendría a México, tres mexicanos alzaron la mano, tres pilotos con talento que gozaban de reconocimiento internacional y que estaban a la altura de disputar la carrera con cualquiera de los pilotos que peleaban por el campeonato de 1962.

Ricardo Rodríguez (1942-1962), el primer mexicano en F1, había debutado en el automovilismo en 1957 a los 15 años de edad. En 1959 corrió las 24 horas de Le Mans al lado de su hermano Pedro, competencia que luego de un gran inicio no pudieron concluir por fallas mecánicas; pero al año siguiente Ricardo llegó al podio como segundo lugar en la misma competencia.

Su talento natural era tan evidente que Ferrari lo llamó para participar en el Gran Premio de Italia (1961) y, cuando lo firmó como uno de sus pilotos, la noticia fue ampliamente celebrada en México —es el único piloto mexicano que ha corrido para la famosa marca en campeonatos oficiales—. En 1961 quedó en el lugar 12 en el Campeonato Mundial de Pilotos y en 1962 le demostró a Ferrari que había hecho bien al contratarlo: obtuvo el segundo lugar en el Gran Premio de Pau —de exhibición—, cuarto en Bélgica y sexto en Alemania.

Con su auto al límite, con la insolencia del piloto que quiere devorarse la pista, ese año se accidentó en el circuito de Zandvoort en Países Bajos, pero en mayo los dioses del automovilismo lo acompañaron en su victoria en la Targa Florio con Ferrari —conocida como Giro de Sicilia, una de las carreras más importantes en Italia fuera del campeonato de F1—. A sus 20 años era un joven con muchos arrestos, temerario y hasta cierto punto imprudente.

Enzo Ferrari, *il comendatore*, llegó a decir:

—Es un muchacho impulsivo que conduce con una temible despreocupación y un despilfarro de energía física sin parangón. Si consigue contener su fogosidad y afinar su estilo, su éxito será muy significativo.

Pero a pesar de los promisorios resultados de Ricardo, lo cierto es que, ese año, la escudería de Maranello andaba por los suelos, por lo que Enzo Ferrari decidió no participar ni en Estados Unidos ni en Sudáfrica, y mucho menos presentarse al Gran Premio de México que tan solo era de exhibición.

Ricardo no se quedó nada conforme con la decisión de su escudería e hizo todo lo que estaba a su alcance para competir en el gran premio mexicano. No le fue difícil encontrar apoyo y consiguió que la escudería Lotus le prestara un automóvil. Solo faltaba el permiso de Ferrari para correr con Lotus por esa única ocasión, el cual obtuvo, aunque a regañadientes. Ya no había duda: Ricardo Rodríguez participaría en el Gran Premio de México.

EL GRAN PREMIO DE MÉXICO (1962)

En los últimos días de octubre, los aficionados comenzaron a leer en la prensa deportiva diversos encabezados: «Llegaron los bólidos», «Ya están aquí los grandes del automovilismo». En los cafés, en las cantinas y en las sobremesas familiares no se hablaba más que de autos y se escuchaban nombres que ya eran grandes figuras como Jim Clark, Jack Brabham, John Surtees y Bruce McLaren, además de los hermanos Rodríguez y Moisés Solana.

Así, 109 pilotos se inscribieron en todas las categorías que se correrían en el autódromo ese fin de semana largo debido al puente de Día de Muertos que comenzaba el jueves 1.° de noviembre.

—Hoy empiezan los entrenamientos del Gran Premio. Ya estamos listos. Y esta mañana se romperá el círculo de nuestra curiosidad al conocer sobre la marcha a las grandes figuras del automovilismo mundial —señalaba Altoco en su columna «Acelerando» de *El Universal.*

Para los aficionados que no pudieron alcanzar un boleto, Canal 4 anunció que transmitiría todos los detalles e incidencias de la competencia, las prácticas, las pruebas de clasificación y el Gran Premio —del 1 al 4 de noviembre— gracias al patrocinio de Ford Motor Company «y sus 118 concesionarios en toda la república».

Era el primer día de entrenamientos y la pista se abrió desde las 10 de la mañana. Los pilotos se mostraron maravillados con el circuito. Uno de ellos señaló a *El Universal*:

—No creíamos encontrar un autódromo tan bello y con tan excelente pista como la que tienen ustedes. En Riverside [Gran Premio de Estados Unidos] y otros lugares donde se celebran famosas carreras de automóviles ya quisieran poseer un lugar tan precioso como el que tienen para este tipo de espectáculo.

De acuerdo con el programa, las escuderías de la F1 comenzaron sus prácticas libres a las tres de la tarde y tendrían dos horas y media para probar y conocer el circuito. Esa tarde corrieron Surtees, Seidel, Rodríguez y Solana, entre otros. Muchos carros no salieron ni siquiera a dar una vuelta de reconocimiento, pues el trabajo en *pits* era arduo y todavía debían resolver detalles para la puesta a punto de las máquinas.

LA TRAGEDIA

Ricardo Rodríguez llegó muy temprano al autódromo la mañana del 1.° de noviembre de 1962. Se colocó su uniforme azul claro, marca Dunlop, y preparó su casco amarillo. La noche previa había asistido al Club Roda y comentó que el Lotus en el que iba a correr tenía menos revoluciones que los que traían los pilotos ingleses.

—Le agarraré el modo —expresó antes de darle un sorbo a su refresco y despedirse de los periodistas argumentando que tenía que dormir bien, pues al día siguiente, 1.° de noviembre, «habrá que hacer muchas cosas».

Corría el rumor de que luego del Gran Premio, a pesar de ser una promesa del automovilismo, a sus escasos 20 años, Ricardo se retiraría de las pistas. Al menos eso le había confesado al doctor

Manuel Iglesias, presidente del Club Automovilístico Roda unos días antes:

—Es muy probable que esta sea mi última carrera —dijo—. Siento que no estoy haciendo la vida hogareña que yo quisiera al lado de mi esposa porque a lapsos más o menos cortos tengo necesidad de ir a correr a Europa.

Ciertas o no las intenciones de Ricardo, el hecho es que se percibía emocionado de correr en México, en la máxima categoría, y enfrentarse en la pista a pilotos de la talla de Clark, Surtees, McLaren o Brabham, con quienes había competido en otros circuitos. Ricardo abordó el Lotus XXIV para comenzar a practicar en el circuito mexicano. Le dio dos giros a la pista, se dirigió a *pits* y después bajó del auto: se veía molesto. La potencia no era la que esperaba y pensó que con ese motor difícilmente podría obtener un buen lugar en el Gran Premio.

Alrededor de las cinco de la tarde, luego de los ajustes necesarios a su auto, Ricardo volvió a la pista y logró imponer la marca de dos minutos y cuatro segundos. Era la primera jornada de prácticas y quedó satisfecho con las vueltas realizadas. Decidió retirarse del autódromo —la sesión estaba por concluir a las 17:30 h— para asistir a un coctel organizado en honor de los pilotos, pero se enteró de que John Surtees había salido a la pista y había batido su récord por un segundo, cronometrando su mejor vuelta en dos minutos y tres segundos.

Como si no hubiera un mañana, Ricardo subió de nuevo al Lotus —hay quienes dicen que animado por su papá; otros que a petición de sus mecánicos; otros más, que por decisión propia en un arrebato muy a su estilo—.

El reloj marcaba las cinco de la tarde con algunos minutos. El auto salió de los *pits* y comenzó a girar; luego de una primera vuelta, Ricardo regresó a *pits* para decirle a sus mecánicos que el sistema de carburación «fallaba en alta». Los mecánicos finalmente dieron con el problema: eran las espreas, las cuales cambiaron de inmediato.

Ricardo subió de nuevo al coche, dio una vuelta más, pasó por *pits* e hizo una señal a los mecánicos para indicarles que el problema estaba resuelto. Luego aceleró, tomó la recta a gran velocidad y giró para dirigirse hacia la curva de la horquilla que obligaba a los pilotos a reducir los cambios a primera velocidad. Tras pasar la zona de las *eses* se enfiló hacia la curva peraltada a más de 160 km por hora e inesperadamente perdió el control del automóvil. En una fracción de segundo, el auto se estrelló contra la valla de contención.

—Inexplicablemente vimos —señalaron dos trabajadores del autódromo— cómo su carro se coleaba yéndose sobre las bandas de fierro en el lado alto del peralte y se estrellaba tremendamente, volando en pedazos y arrojando al piloto, cuya cabeza se incrustó materialmente debajo del cinturón de seguridad. El coche rebotó contra la banda poniente y luego, como un relámpago, se azotó contra el cerco oriente, envuelto en llamas.

Ricardo sobrevivió solo unos minutos al brutal impacto, pero al llegar al Hospital de Balbuena ya había fallecido. Eran las 17:20 h.

Apenas unos minutos después del accidente, el hospital era un hervidero de gente; fue necesario que las autoridades enviaran un destacamento de policías para impedir que reinara el caos. Periodistas, gente de otras escuderías y fanáticos del Chamaco Rodríguez llenaron las calles aledañas al hospital.

La familia Rodríguez estaba inconsolable. Don Pedro y doña Concepción de la Vega, padres del piloto; Sara Cardoso, la joven esposa y ahora viuda de Ricardo; Pedro Jr., hermano y también promesa del automovilismo, eran asistidos por médicos del propio hospital: la desesperación, el dolor inenarrable y la angustia llevada a extremos inimaginables los devoraba. El llanto y las oraciones llenaban los pasillos del hospital. No había nada que hacer. Ricardo estaba muerto.

Después de realizar la autopsia, las autoridades entregaron el cuerpo a la familia. Fue una noche larga y extenuante. Don Pedro mandó acondicionar la sala de la casa familiar para velar el cuerpo de su hijo.

La gente se retiró del hospital de Balbuena y, hacia la medianoche, una multitud se arremolinó frente al número 121 de la calle Calderón de la Barca en Polanco.

Fue la noticia a ocho columnas del 2 de noviembre: «Conmoción por la trágica muerte de Ricardo Rodríguez», «Ricardo murió en la plenitud de su gloria deportiva», «Al entrenar para su última carrera, se mató Ricardo Rodríguez». Durante horas, la gente siguió llegando al domicilio familiar para despedir a Ricardo.

Cerca de las 13:30 h se presentó el presidente Adolfo López Mateos. Se veía consternado: para nadie era un secreto el cariño que le guardaba a la familia Rodríguez y la admiración que sentía por el joven piloto. Su rostro no era la del jefe de Estado que cumplía una obligación oficial, era la del amigo conmovido por la tristeza. Hizo una guardia de honor junto con el padre del piloto.

Pasadas las cuatro de la tarde llegaron los empleados de la agencia Gayosso. El féretro fue colocado en la carroza fúnebre y se formó una larga fila de automóviles. El cortejo avanzó sobre la calle de Horacio rumbo al Panteón Español y de manera espontánea la gente hizo una valla para despedir al piloto. Se escuchaban aplausos y gritos que iban marcando el paso de la caravana:

—¡Viva Ricardo Rodríguez!

—Muchas casas tenían en sus fachadas moños negros —señala el *Excélsior*— y los inquilinos salieron a la calle para formarse en hileras y esperar a que pasara el cortejo. Muchos lo siguieron a pie hasta el Panteón Español. Era conmovedor ver al pueblo silencioso y acongojado cuando pasaba la carroza con el féretro y el cadáver de Ricardo.

El cuerpo fue sepultado en la cripta de la familia Rodríguez. La gente comenzó a retirarse del lugar cuando caía la tarde del 2 de noviembre. **Y con los últimos rayos de sol, que iluminaron el féretro, el piloto mexicano ya era parte de la historia.**

LAS SOMBRAS DE LEGADO

Después de la muerte de Ricardo, su hermano **Pedro Rodríguez (1940-1971)** pensó en retirarse del automovilismo, pero pudo más la pasión, la adrenalina y la emoción: era un piloto hecho para la lluvia, y en 1963 estaba de nuevo con las manos al volante. Llegó a la F1 en 1963 y corrió para Ferrari y Lotus, entre otras escuderías.

Su primera victoria llegó en 1967 en el Gran Premio de Sudáfrica, y como nadie esperaba que ganara con su Cooper-Maserati, los organizadores no tenían el *Himno nacional mexicano* para la premiación, así que en su lugar tocaron la canción «South of the Border».

A partir de ese momento, Pedro llevó en su maleta un disco con el himno nacional. Corrió en 54 grandes premios entre 1963 y 1971, y alcanzó dos victorias y siete podios, además de ganar otras competencias como las 24 horas de Daytona, las 24 horas de Le Mans y obtener triunfos en las categorías Can-Am, Nascar, *rallies* y hasta carreras sobre hielo en Estados Unidos.

Por desgracia, le tocó seguir el destino de su hermano y falleció el 11 de julio de 1971 en una competencia menor en el Norisring, en Nüremberg, Alemania, al incendiarse su auto luego de chocar contra el muro de contención debido a la ponchadura de un neumático.

Moisés Solana (1935-1969) también tenía buenas cartas credenciales como piloto, además de practicar Jai Alai —por ello le decían el Piloto-pelotari—. Debutó en la última edición de la Carrera Panamericana en 1954, a los 19 años, y participó en la carrera inaugural del Autódromo de la Ciudad de México en 1959, aunque —al igual que Pedro Rodríguez— decidió no participar en el primer Gran Premio de F1 en México como una forma de respeto por la muerte de Ricardo Rodríguez, pero lo hizo al siguiente año y tuvo muchos güevos para competir con el número 13; ha sido el único piloto en correr un Gran Premio con el cabalístico número de la mala suerte.

A lo largo de la década de 1960 compitió en la Fórmula 1, en la categoría de prototipos y casi en todos los grandes premios de México de los años sesenta. El 27 de julio, Solana participó en la celebración de una carrera de poca importancia en Valle de Bravo. Ahí encontró la muerte al impactarse con un McLaren en una barrera de concreto. Parecía una ironía del destino terminar sus días en Valle de Bravo luego de haber corrido en los circuitos más importantes y peligrosos del mundo: era el tercer piloto mexicano caído en el asfalto.

A México le costó reponerse después de esa tríada fantástica y gloriosa que no alcanzó a encumbrarse porque la muerte les mostró la bandera a cuadros. Hoy nos queda el autódromo legendario y, muchísimos años después, apareció otro mexicano que ha construido su propio legado: Checo Pérez.

Para saber más de esta historia y revivir su momento, escanea el código QR.

URUGUAY 1930
MÉXICO EN SUS PRIMERAS
COPAS MUNDIALES
ITALIA 1934

F.J.

¿Servimos para jugar futbol?

VISTAZO A LA HISTORIA DE LA SELECCIÓN NACIONAL

MÉXICO EN SUS DOS PRIMERAS COPAS DEL MUNDO: URUGUAY 1930, ITALIA 1934

México se ha apuntado a las grandes citas del futbol cuantas veces ha podido, sin importar que el esfuerzo haya sido mayúsculo.

Su primera gran travesía fue para llegar a Ámsterdam, a los Juegos Olímpicos de 1928. Desde ahí, los resultados no han coincidido con los deseos. Perdió 7-1 contra España y emprendió el largo viaje de regreso.

Dos años después se jugó la primera Copa Mundial de Futbol en Uruguay. La costumbre de alistar al equipo lo mejor posible antes de la gran fiesta del balón inició ahí. México, al ser uno de los 13 países inscritos para participar, debió hacer algunos sacrificios.

En ese entonces, los jugadores de la selección nacional rompían la concentración para ir a sus trabajos y, ya merendados, regresaban a ella. ¿De qué iban a vivir si no? Así que comenzaron con la lista de cometidos.

El primero de ellos consistió en acortar el torneo de Liga mayor, que se jugó a una sola vuelta, para dedicarle tiempo al Mundial. Juan Luqué de Serrallonga, entrenador del Club España, fue nombrado técnico nacional.

Nacido en Girona, Luqué había sido portero del Cádiz y el Sevilla en su país y viajó a México como refugiado de la Guerra Civil española, aquí abrazó la carrera de entrenador.

La lista inicial fue de 33 convocados que se concentraron en las instalaciones del Necaxa con una rutina establecida: **se levantaban a las seis de la mañana, desayunaban a las ocho y salían a su trabajo a las nueve. El futbol era *amateur* y, por lo tanto, no era su medio de vida. Terminada la jornada laboral, volvían a la concentración a las ocho de la noche.**

Sostuvieron dos partidos de práctica contra el Asturias y el España antes de abordar en Nueva York, vía Veracruz, el barco que los llevaría a Río de Janeiro y después a Montevideo. La travesía duró 26 días, incluyendo las jornadas necesarias en tierra para esperar el siguiente barco.

Los futbolistas salían a cubierta para estar siempre en movimiento: saltaban la cuerda, trotaban un poco, hacían gimnasia **y jugaban con pelotas amarradas a un mástil para evitar que cayeran al mar.** Básicamente, las cabeceaban entre sí y les daban pequeños toques con los pies.

Como las lluvias no habían permitido que se secara el concreto del nuevo estadio Centenario, se medirían contra Francia en el de Pocitos, propiedad del Peñarol. Sobre el lodazal y bajo un aguacero incesante, el escenario para una estampa épica estaba preparado. Ambos equipos inaugurarían el primer Mundial de Futbol.

Fieles desde siempre a creencias y simbolismos, los futbolistas mexicanos se reunieron en su albergue de Villa Lesica en torno al entrenador para escuchar su arenga antes de salir al estadio.

Palabras más, palabras menos, los testimonios de la época le atribuyen a Luqué haber dicho: **«Antes de decirles quiénes confor-**

man la alineación, quiero pedirles que se olviden de que tienen novias, hermanos, familiares y amigos. Tengan en mente solo una palabra: México. Veinte millones de mexicanos están rezando por nuestro triunfo y les solicito, sean creyentes o no, un minuto de silencio por la Virgen de Guadalupe, que también está elevando una plegaria por nuestra victoria».

Mientras transcurrían los devotos sesenta segundos, Luqué de Serrallonga se acercó a un fonógrafo que él mismo había transportado y puso un disco del *Himno nacional.*

Ya en el estadio, dio a conocer su oncena y, antes de salir a la cancha, evocó el triunfo del general Zaragoza en la batalla del 5 de mayo de 1862, aludiendo sin decirlo al equipo francés.

Acto seguido, reprodujo nuevamente el himno y les hizo besar la bandera mexicana. **Los jugadores salieron al campo bebiéndose sus lágrimas y dispuestos a todo.**

Dieciocho minutos después, **Lucien Laurent fue el anotador del primer gol de los mundiales y Óscar Bonfiglio, arquero mexicano, el primero en recibir uno.**

Poco después, una disputa de balón entre Nicho Mejía y el arquero francés Thepto produjo la lesión de este último. El arquero no pudo continuar el partido y, como el reglamento no contemplaba cambios, los galos jugaron casi todo el partido solo con diez miembros. La ventaja numérica sirvió de poco: México perdió 4-1 y corrió suerte similar en los dos siguientes partidos. Chile le colocó un 3-0, y Argentina, futuro finalista, lo venció 6-3. A casita, que llueve. Literalmente.

La pobre actuación en el Mundial se combinó con triunfos habituales de los equipos extranjeros que hacían giras por México.

Se puso en la mesa **una pregunta de fondo que hasta la fecha no se puede responder: ¿servimos para jugar futbol?**

La siguiente oportunidad de saberlo fue en el Mundial de Italia, en 1934. Ya no se jugaría por invitación. El interés había crecido y hubo que pactar eliminatorias.

La Concacaf no existía y, pese a que sus días desastrosos estaban por venir, hizo falta su autoridad. Los directivos de ese tiempo aceptaron una serie mañosamente favorable a Estados Unidos.

Se decidió lo siguiente: Cuba y Haití jugarían en Puerto Príncipe tres partidos. El equipo que ganara dos de ellos se mediría contra México en otra serie de tres. El vencedor clasificaría al Mundial. El Tri del pasado se llevó las tres victorias sobre los cubanos triunfadores de la fase anterior por 3-2, 5-0 y 4-1. Había razones suficientes para festejar.

Pero, por alguna razón, los primos del norte no se inscribieron a tiempo para jugar la eliminatoria y forzaron las cosas en la mesa. Un directivo de la Federación Estadounidense de Futbol —de apellido Campbell, radicado en La Habana— convenció a Jules Rimet de aceptar la entrada tardía de papeles de registro.

Sin oposición de los mexicanos de pantalón largo que se peleaban el poder desde esos tiempos ancestrales, se determinó que México y Estados Unidos jugarían en Roma, a partido único, el boleto de la zona para el Mundial.

Ah, ¡entonces ya era una cuestión de orgullo!

—Pues que nos los echen —decían los aficionados aztecas, optimistas y empáticos con el equipo nacional.

Para llegar a Roma, se cruzaron los homenajes con los kilómetros: otra vez la travesía fue eterna.

La selección salió en tren de la Ciudad de México hacia Veracruz y pararon en Orizaba, donde se les ofreció una fiesta. En el puerto, vestidos como marineros con saco cruzado color azul, pantalón y gorra blancos, abordaron el buque Orinoco.

Antes de hacerse a la mar, besaron uno a uno la bandera nacional y partieron bajo las notas de *Las golondrinas* que la multitud cantaba con emoción.

Parecería que algún enemigo diseñó la ruta: Veracruz-La Habana-Bermudas-Vigo-Santander-San Sebastián-Southampton, Inglaterra-Boulogne sur Mer, Francia.

De ahí, tomaron un tren hacia París y luego otro a Roma. Llegaron 12 días antes del partido contra Estados Unidos peleados severamente con la báscula: todos los jugadores tenían sobrepeso. Felipe *el Diente* Rosas, por citar un ejemplo, había subido 6 kg en el viaje. Sin embargo, tuvieron tiempo de mejorar su condición física, hacer un poco de turismo y visitar al Papa.

Llegó el día del partido, el cual se jugó en el Estadio Nacional del PNF con la presencia del *duce* Benito Mussolini, la princesa Mafalda y los embajadores de México y Estados Unidos en Italia.

Este juego fue el primero que paralizó a las principales ciudades de México. Fue todo un acontecimiento.

El periódico *El Nacional* y la estación XEFO se aliaron con la agencia de noticias United Press International (UPI) y la empresa cablegráfica Western Union para transmitir el juego.

En los estudios de la radio, Pablo Buendía, secretario de redacción del diario, recibía los cables que cada minuto enviaba UPI. Con ellos, **iba armando la narración del partido que, además de los receptores de radio, era compartida a través de grandes altavoces en lugares públicos de distintas ciudades de la República.** Uno de ellos estaba afuera del Palacio de Bellas Artes. La gente se agolpaba para escuchar con detalle lo que sucedía.

Pero el gozo se fue al pozo. Aldo Donelli, delantero alto y poderoso de Estados Unidos, se despachó con cuatro goles. Manolo Alonso y Nicho Mejía hicieron los de México. No había más: 4-2. ¿Y ahora?

El siguiente barco que podía tomar la delegación mexicana para regresar a casa zarparía un mes después de la inesperada eliminación.

No llevaban dinero para afrontar el problema y el equipo tuvo que conseguir algunos partidos en Europa para hacerle frente a los gastos. Jugaron dos en Suiza, uno en Países Bajos y otros en España.

Varios jugadores mexicanos llamaron la atención y recibieron ofertas para quedarse. Carlos Laviada lo hizo en el Oviedo, y tanto

Manuel Alonso como Luis *Pirata* de la Fuente firmaron con el Racing de Santander. **Fueron los primeros futbolistas nacionales exportados a Europa.**

El Pirata también fue tentado por una empresa italiana que lo quería contratar como galán de cine.

El estallido de la guerra civil española motivó el regreso de todos ellos a México.

Los demás volvieron en cuanto zarpó el barco, un mes después de la derrota frente a Estados Unidos.

Sobre las olas recordaron el nostálgico vals de Juventino Rosas, lanzando al mar la pregunta que de nuevo no pudieron responder: ¿servimos los mexicanos para jugar futbol?

Nos la dejaron de tarea.

Para saber más de esta historia y revivir su momento, escanea el código QR.

SORAYA JIMÉNEZ
MEXICO
HETERÓFILA GANADORA DE
LA MEDALLA DE ORO EN SÍDNEY
SEPTIEMBRE 2000

A.R.

La mujer de oro

SORAYA JIMÉNEZ

LAS MUJERES MEXICANAS PUEDEN CON EL PESO DEL MUNDO

En el año 2000 soplaron vientos de cambio sobre México. Fue un año de muchas primeras veces. No llegó el fin del mundo con el error del milenio (Y2K), pero sí se le vino el mundo encima al PRI: por vez primera en su historia, que inició en 1929, perdió la presidencia de la República a través del voto.

Pero los vientos de cambio que auguraban mejores tiempos para el país —lo cual no sucedió— también soplaron sobre una mujer que entró por la puerta grande al Olimpo del deporte mundial y escribió su nombre con letras de oro en los Juegos Olímpicos de Sídney: Soraya Jiménez pasó a la historia como la primera mujer mexicana en obtener una medalla de oro.

México siempre ha tenido mujeres de armas tomar que lo mismo cargaron una carabina al hombro en tiempos de guerra, que marcharon para defender su derecho al voto o lucharon para abrirse espacios en la política, el arte, la ciencia, la cultura y el deporte.

Las atletas mexicanas han competido en Juegos Olímpicos desde 1932, pero su camino hacia la justa deportiva mundial siempre ha sido cuesta arriba, ya sea por falta de apoyos o porque las federaciones de las distintas disciplinas están tocadas por la corrupción o porque la presidenta de la Conade —Ana Gabriela Guevara— en su momento se atrevió a decirles a las atletas de nado sincronizado que «vendieran calzones o Avon» para obtener recursos.

En los Juegos Olímpicos de México 68, Enriqueta Basilio fue la primera mujer de la historia en llevar la antorcha olímpica y encender el pebetero del Estadio Olímpico. En esa misma justa deportiva, María del Pilar Roldán, medalla de plata en esgrima, y María Teresa Ramírez, bronce en natación, fueron las primeras mexicanas en ganar una presea olímpica.

Sus logros fueron el pase de lista de las atletas mexicanas y un grito contundente: «¡Aquí estamos!». Resultaba oprobioso que, unos años antes, la atleta María Estela *la Pajarita* Piña no fuera reconocida por sus triunfos en la pista, sino que la prensa hiciera hincapié en si su peinado se mantenía intacto cuando competía.

Soraya Jiménez no llegó a Sídney 2000 por casualidad. Su historia es la de la rebeldía frente al «no se puede» y la del esfuerzo y la tenacidad. Nacida en 1977, en Naucalpan, Estado de México, desde pequeña aprendió a vivir entre gimnasios, sacrificios y sueños. En su casa se respiraba deporte, pero nunca le atrajo el *ballet* o la gimnasia rítmica, sino que quiso jugar basquetbol hasta que descubrió su verdadera pasión: levantar pesas. Tenía entonces 11 años.

«Es un deporte para hombres», «Te vas a lastimar la espalda» seguramente escuchó en más de una ocasión. **Pero con esa terquedad que solo tienen los campeones, Soraya hizo oídos sordos.** En México no había una cultura de la halterofilia y mucho menos una rama femenina. Era un deporte de nicho, practicado en gimnasios modestos, con barras gastadas y discos que habían visto mejores tiempos.

Soraya tenía algo que no se compra ni se enseña: una voluntad feroz. Su entrenador, Manuel Luna, lo contaba así:

—Soraya tenía una fuerza natural impresionante. Pero lo que más destacaba era su carácter. No se rendía nunca.

Soraya entrenaba hasta el límite: se lesionaba, se recuperaba y volvía a las andadas. Vivía entre vendajes, magnesio y sueños olímpicos.

Hacia finales del siglo XX, Soraya era la única mujer que practicaba la disciplina con miras a competir internacionalmente. Se encerró en el gimnasio y sus manos se llenaron de callos, pero mantuvo su voluntad de hierro.

Nadie creía que una mexicana pudiera destacar en halterofilia, ni siquiera la Federación Mexicana de Levantamiento de Pesas, que le negó todo tipo de apoyos o se los otorgó a cuentagotas bajo un argumento que ya era cliché:

—Las pesas no son un deporte apto para mujeres —como le dijo René de la Serna, por entonces secretario técnico de la Federación. Soraya enfrentó todo tipo de grillas y el machismo en su máxima expresión, pero aguantó candela.

Nunca se rindió y en todo momento contó con el apoyo de su papá, José Luis Jiménez, quien se entregó con la misma pasión al sueño de su hija y obtuvo para ella el apoyo económico de Grupo Uribe, la gasera donde trabajaba.

A través de internet, entraron en contacto con el entrenador búlgaro Georgi Koev, quien llevó a Soraya a un nivel de excelencia. Soraya incluso pudo establecerse un año en Bulgaria donde entrenó con los grandes de la halterofilia. A sus 23 años obtuvo su boleto para competir en Sídney 2000 en la categoría de 58 kg. Era la primera vez que las mujeres participarían en halterofilia en Juegos Olímpicos.

LA MUJER DE ORO

El 18 de septiembre del 2000, México tenía esperanzas y un nudo en la garganta. Era de madrugada y millones de mexicanos estaban despiertos a pesar de que eran las primeras horas de un lunes laboral. La gente esperaba que apareciera en la pantalla aquella joven de ojos intensos y sonrisa honesta que saldría a desafiar a la historia.

El Centro de Convenciones y Exposiciones de Sídney estaba a reventar. Soraya llegaba sin reflectores que la iluminaran; salvo los especialistas en la disciplina, nadie a ciencia cierta sabía de su capacidad. En los días previos, la prensa internacional había señalado: «México tiene una competidora fuerte, pero no arranca como la favorita, antes está la competidora coreana o la china». Con cierta prudencia, los cronistas mexicanos comentaban: «Soraya llega bien, pero la competencia será durísima».

Cuando Soraya apareció en pantalla, con su uniforme verde y su mirada fija, el país entero se acomodó en el sillón. **Era ese tipo de momentos que se recuerdan toda la vida: ¿dónde estabas?, ¿con quién?, ¿qué sentiste? Porque Soraya no solo iba a competir: iba a cambiar la historia y nadie lo imaginaba.**

La joven mexicana subió al foro, respiró profundamente, se persignó, tomó la barra con sus manos y la levantó con seguridad: 95 kg. Pronto se adueñó de la competencia. En la prueba de dos tiempos fue aumentando el peso hasta que llegó el momento de asestar el golpe definitivo al cargar 127.5 kilogramos.

Soraya tomó la barra con ambas manos, tomó aire y en su primer movimiento la llevó a su pecho, luego vino el esfuerzo definitivo: alzó la barra por encima de su cabeza durante algunos segundos que se hicieron una eternidad hasta que los jueces aprobaron su hazaña. Entonces, Soraya dejó caer la barra, y lanzó el grito de la victoria. Había derrotado a la favorita, la coreana Ri Song-Hui. Era un hecho: el *Himno nacional mexicano* volvería a escucharse en un foro olímpico tras 16 años de ausencia.

—Es como un sueño —expresó Soraya con euforia, emocionada y conmovida—. Aunque sé que he trabajado para ello, sabía que tenía que llegar al 110% y superé las expectativas.

Ante la pregunta que le hizo el reportero Julio Ramírez de *La Afición*: «¿Qué le aconsejarías a las mujeres mexicanas?», la medallista respondió:

—Que practiquen algún deporte. Hay que luchar por los objetivos de este deporte en México, que con mi triunfo pueden tener un camino muy diferente.

Ese 18 de septiembre fue un día de fiesta nacional. Llovieron las felicitaciones y el propio presidente Ernesto Zedillo se comunicó hasta Sídney:

—El presidente me dijo que estaba muy orgulloso de que yo haya podido conseguir la medalla, que había sido un gran mérito y me preguntó si me sentía contenta por ser la primera mujer en ganar un oro olímpico.

El propio presidente electo, el que había derrotado al PRI, Vicente Fox, también la llamó e hizo énfasis en lo que vendría con el cambio:

—Entramos con el pie derecho a los Juegos Olímpicos y al siglo XXI. Esto debe servir de ejemplo para todo México.

Al día siguiente, los titulares eran una oda a la fuerza femenina: «¡Diosa de Oro!», «Soraya de México», «La mujer que levantó a México». La prensa internacional no daba crédito: ¿una mexicana medalla de oro en pesas? Era como si un noruego ganara el mundial de danzón. «Historic gold for Mexico» estableció la BBC de Londres; «A stunning upset» fue la cabeza de *The Guardian* y «Soraya Jiménez makes history».

La medalla de oro de Soraya fue un parteaguas en la historia de las atletas mexicanas en Juegos Olímpicos. Hasta antes de su triunfo, las mujeres solo sumaban dos medallas en su haber —ambas obtenidas en México 68—, pero a partir de su triunfo en Sídney comenzó una cosecha de medallas insólita. Desde los juegos olímpicos del 2000 y hasta los del 2024, no ha habido una sola justa olímpica en la que las mujeres mexicanas no hayan obtenido una presea.

En Atenas 2004, Ana Guevara obtuvo plata en atletismo; Belem Guerrero, plata en ciclismo; Iridia Salazar, bronce en taekwondo. María del Rosario Espinoza es la única mexicana que ha ganado tres medallas en tres juegos olímpicos distintos: oro en Beijing 2008, bronce en Londres 2012 y plata en Río 2016.

En Beijing 2008, Tatiana Ortiz y Paola Espinosa ganaron bronce en clavados y Damaris Aguirre bronce en halterofilia.

En Londres 2012, Alejandra Orozco y Paola Espinosa consiguieron plata en clavados; Aída Román, plata, y Mariana Avitia, bronce en tiro con arco; Laura Sánchez, bronce en clavados; y Luz Acosta, bronce en halterofilia.

En Río 2016, María Guadalupe González obtuvo plata en atletismo.

En Tokyo 2020, Alejandra Valencia ganó el bronce en tiro con arco mixto; Gabriela Agúndez y Alejandra Orozco, bronce en clavados; y Aremi Fuentes, bronce en halterofilia.

En París 2024, Ana Paula Vázquez, Ángela Ruiz y Alejandra Valencia obtuvieron el bronce en tiro con arco, y Prisca Awiti, plata en judo.

Nadie le puede escatimar a Soraya su lugar en la historia, sobre todo por abrir las puertas para que las atletas mexicanas se apropiaran de los Juegos Olímpicos en el siglo XXI.

DESCANSA EN PAZ, SORAYA

El oro olímpico no fue el final feliz de la historia que comenzó en Naucalpan. A su regreso de los Juegos Olímpicos, Soraya enfrentó lesiones graves, cirugías, problemas respiratorios, presiones mediáticas y expectativas imposibles de cumplir.

A pesar de las 14 operaciones en su pierna izquierda y la pérdida de un pulmón, siguió intentándolo, **porque para Soraya la vida era eso: un levantamiento de pesas constante.** Nunca perdió la sonrisa, la honestidad ni la pasión por el deporte.

—Lo volvería a hacer. Todo. Porque ese momento en Sídney valió la pena —solía repetir.

Soraya falleció repentinamente en 2013, a los 35 años. Un infarto se llevó a la atleta, pero dejó el mito. Su carrera no fue solo de medallas, sino de resistencia. Fue la mujer que enseñó que la palabra *débil* no tiene género y que el peso más difícil de cargar no es el de la barra, sino el de los prejuicios sociales. Dejó un legado inmenso: abrió la puerta para que miles de niñas mexicanas se atrevieran a soñar con otras disciplinas que «no son para niñas».

Aquel 18 de septiembre del 2000, Soraya Jiménez no solo levantó 225.5 kg totales. Levantó la fe de un país en su porvenir. Levantó la historia de las mujeres mexicanas en el deporte. Levantó la idea de que se puede, aunque nadie lo crea, aunque falten recursos, aunque sobren dudas. Su oro no fue solo una medalla: fue un mensaje. Un mensaje que sigue vigente: «Las mujeres mexicanas pueden con todo. Incluso con el peso del mundo».

Para saber más de esta historia y revivir su momento, escanea el código QR.

OSMAR OLVERA
CLAVADISTA
GANADOR DE 2 MEDALLAS
OLÍMPICAS EN PARÍS 2024

F.J.

La obsesión de triunfar

OSMAR OLVERA

PRIMER CAMPEÓN MUNDIAL MEXICANO EN TRAMPOLÍN DE 1 Y 3 M

Esta es la historia de una familia muy normal que dejó de serlo porque a uno de sus integrantes se le metieron unos chinos entre ceja y ceja.

Claro, los padres tuvieron algo que ver porque sembraron la semilla. Mayanin Ibarra, la madre de familia, practicó gimnasia y atletismo; además, fue medallista nacional y actualmente es maestra de educación física.

El padre, Sergio Olvera, es uno de los corredores más espectaculares que ha conocido la Liga de Futbol Americano en México. Leyenda de las Águilas Blancas del Instituto Politécnico Nacional, cuando terminó su elegibilidad se enroló en 1997 con los Barcelona Dragons, equipo fundador y único español de la NFL Europa. También ahí se coronó y fue el jugador más valioso. Fue después un exitoso entrenador en jefe y pertenece al Salón de la Fama del Futbol Americano en México.

El gen del deporte ha vivido siempre en casa de los Olvera. Antes de entender las charlas de sobremesa, uno de sus hijos, Osmar, ya había tenido su iniciación. Aprendió a nadar a los 2 años, sin que le fuera suficiente meterse a la alberca. Le encantaba salirse del agua para tirarse de nuevo. Algunas de sus primeras palabras las utilizó para pedirle a su padre que lo parara sobre sus hombros y lo lanzara desde lo más alto que pudiera. Tal era su felicidad al tirar piruetas en el aire antes de sumergirse que sus padres lo inscribieron para practicar clavados. A los 4 años aprobó una prueba en el Centro Nacional de Desarrollo de Talentos Deportivos.

Osmar entrenó regularmente hasta que cierto día recibió una noticia que le cambiaría la vida: su entrenador, Adair Mata, había sido llamado por Iván Bautista, cabeza del programa de clavados del Consejo Estatal para el Fomento Deportivo de Jalisco (CODE), para reforzar su cuadro de entrenadores.

En México existen dos escuelas de alta calidad para formar clavadistas: una en la capital y otra en Guadalajara.

Aldair era consciente de las grandes dotes de Osmar y, ante la posibilidad de llevarse a sus alumnos más destacados, lo invitó a irse con él, pues durante los 4 años que lo había entrenado, avances habían sido portentosos y su futuro en los clavados era promisorio.

Ese sí que fue un trago difícil de pasar para un niño de 8 años, pues Osmar siempre había sido muy apegado a sus padres, pero sobre todo a su mamá.

No había de otra: Mayanin tenía su empleo y las obligaciones propias de una jefa de familia. Si Osmar se trasladaba a Jalisco, tendría que hacerlo solo.

El traidor camino se bifurcaba en direcciones opuestas: tuvo que decidir entre su familia y el deporte a una edad en la que nada le garantizaba dedicarse a los clavados.

Aldair se llevó a cinco de sus alumnitos: tres hombres y dos mujeres. Vivirían en departamentos proporcionados por el CODE, cerca de la alberca, y con una acuciosa supervisión, como correspondía a niños tan pequeños.

De los fuereños, Osmar era el menor. Aunque había otros más pequeños en la escuela, ellos pertenecían a familias tapatías.

Después de mes y medio, la añoranza era irresistible. Entre los entrenamientos y la escuela, las ocupaciones lo tenían entretenido, pero luego llegaba la noche, en la que habitan todo tipo de monstruos.

Osmar lloraba desconsolado. Su madre sufría al otro lado del teléfono. La situación necesitaba ser resuelta y la psicóloga del CODE tomó la iniciativa. Habló con Sergio y simplemente le dijo:

—Usted es *coach.* Háblele fuerte a su hijo y dígale lo que tenga que decirle.

Eso ocurrió en el verano de 2012. Con el aplomo de un entrenador de futbol americano, Olvera habló con Osmar.

—Tú me pediste hasta el cansancio estar allá, así que aguanta de aquí a fin de año. Esa es tu prueba: exígete más. Si no lo logras, te regresas, pero lo tienes que intentar.

Al buen entendedor, pocas palabras. Osmar dejó de tachar en su calendario los días faltantes y se acostumbró a su nueva vida: ya no quiso regresar a la Ciudad de México.

Sus padres iban a verlo cada 15 días; pero, además, las familias de varios de sus compañeros clavadistas le tendieron la mano y fue haciendo una red de conocidos que también lo acompañó y protegió.

Ese 2012 marcó en otro aspecto la incipiente trayectoria de Osmar. El joven siguió por televisión los Juegos Olímpicos de Londres, particularmente, claro está, las competencias de clavados.

No se perdió ningún detalle de la exitosa actuación de la delegación mexicana, que obtuvo tres medallas: Paola Espinosa y Alejandra Orozco en sincronizados desde la plataforma, Germán Sánchez con Iván García en la misma prueba en la rama varonil; mientras, Laura Sánchez ganó la de bronce en trampolín individual.

Gran cosecha, pero ¿por qué ningún oro? Pues porque los chinos no dejaban casi nada a los demás. De las ocho competencias del programa olímpico, ellos ganaron seis y en las otras dos obtuvieron plata.

Osmar se convirtió a partir de ahí en una enciclopedia. Buena parte de su tiempo libre lo ocupó en estudiar los videos de los chinos y de todos, de los actuales y de las figuras del pasado. Guardó en su mente sus fortalezas y debilidades.

«Quiero ser como los chinos», pensó. «Son el rival a vencer. Son muy buenos, pero también son de carne y hueso».

Se prometió no descansar, sino hasta competir contra ellos y verse en el escalón más alto del podio, escuchando el *Himno nacional mexicano.* Esa imagen se convirtió en su obsesión. Se obligó a pensar en ellos en cada entrenamiento y en cada competencia, casi en cada respiración.

Los triunfos fueron sucediéndose muy pronto. En la Olimpiada Nacional de 2019 ganó las seis medallas de oro en disputa.

Osmar avanzaba con paso firme hacia su objetivo, pero pronto su camino volvería a bifurcarse. Aldair Mata fue contratado en Canadá y lo invitó nuevamente a marcharse con él. Pese al intento, Osmar no lo logró y dejó el CODE para regresar a la Ciudad de México y enrolarse en la selección nacional que dirigía quien propulsaría su carrera hasta el infinito: Ma Jin.

Su nueva entrenadora fue una clavadista en su natal China desde los 7 hasta los 17 años, cuando una caída de varios metros durante un entrenamiento la dejó ciega temporalmente al golpearse la cara. Se tuvo que retirar, pero tres años después ya era entrenadora de clavados titulada por la Universidad de Beijing, donde diseñaba programas para los futuros campeones chinos.

En 2003 llegó a México gracias a un programa de intercambio entre ambos países. Sufrió porque no hablaba una sola palabra en español, ni tampoco en inglés, pero se adaptó gradualmente a nuestra cultura. Tras más de veinte años, ya dice groserías, come tacos y tiene espíritu de mexicana, tanto que ha rechazado importantes ofertas de otros países —Estados Unidos, uno de ellos— porque es feliz en México, pese a las infaltables grillas directivas y a la falta de apoyo, de lo que no se ha escapado.

Ma Jin es exigente pero cercana a sus alumnos. Célebre es su mantra: «Si no alcanzas el 10, no puedo decir que lo hiciste bien».

La conexión entre Osmar y su nueva entrenadora fue inmediata. Ahora había que lograr el pase a los Juegos Olímpicos de Tokio 2020, aplazados un año por la pandemia de COVID-19. Lo hicieron.

Osmar era el deportista más joven de toda la delegación: tenía 17 años y era la mascota del equipo. El primer contacto olímpico le generó un choque emocional: por un lado, estaba en la máxima competencia del mundo; por otro, eran los juegos de la pandemia, sin gente en las tribunas y con encierros forzosos llenos de controles abrumadores que impedían la convivencia.

Su estreno fue difícil porque vivió muchas emociones que no había experimentado: una de ellas, la presión.

Osmar no sintió nervios cuando subió la escalera para tirar su primer clavado, pero cuando escuchó su nombre en los altavoces y sonó la señal para ejecutarlo, una tonelada de peso le aprisionó la espalda. La tribuna estaba vacía, pero sabía que millones de ojos en todo el mundo lo estaban viendo por televisión.

Lo hizo muy bien en las preliminares, pero terminó en el lugar 14 de 29 competidores. No estaba mal, pero quedó desencantado. Se dijo a sí mismo, recordando las enseñanzas de sus padres, que lo podía hacer mejor.

Miró la premiación con una mezcla de admiración y recelo. Los chinos, ¡otra vez los chinos!, se llevaron el oro y la plata. Siyi Xie y Zongyuan Wang, nombres que dominaba por completo, sonreían en lo alto del podio enseñando sus medallas. Regresó a México con un hambre irresistible por entrenar más y más. La espina estaba clavada.

Los cuatro años que trascurrieron para la nueva cita olímpica vieron a Osmar haciendo dos cosas: devorar medallas y pedir que su entrenadora, Ma Jin, lo acompañara a París.

Los enfrentamientos entre las autoridades deportivas de México se hicieron tristemente célebres. Por asuntos administrativos, excesos de las federaciones y pocas ganas de arreglar las cosas, fueron afectados atletas de varias disciplinas. En algunos casos, se cerró la llave de las becas y el dinero para giras de preparación.

Osmar no tuvo que preocuparse mucho por ello: ha sido un deportista generalmente bien apoyado. El estado de Nuevo León le da una partida: pese a ser capitalino, le ha tendido la mano. Esta es una práctica surrealista y común en el deporte mexicano. El Ejército le brinda otra cantidad. Y así va sumando.

Su lucha, más bien, fue abogar por su entrenadora, quien no estaba considerada por la Conade dentro de la delegación.

Es cierto que los lugares para *staff* en los Juegos Olímpicos están contados y no pueden asistir los entrenadores de cada deportista. Pero en el caso de Ma Jin, su presencia era indispensable para Osmar por motivos tanto deportivos como personales. La mejor entrenadora de México era al mismo tiempo su segunda madre. Unas semanas antes del viaje a Francia, se autorizó que lo acompañara.

El jueves 8 de agosto de 2024, con 12 participantes y tras haber terminado en quinto lugar en la fase preliminar y en cuarto en las semifinales, Osmar se alistaba en los vestidores para volver a competir.

Cuando subió al trampolín de 3 m en el Aquatics Centre de París, Olvera era el segundo participante más joven, solamente superado por Tyler Carson de Estados Unidos, cuatro días menor que él. Pese a tener 20 años apenas cumplidos, ya necesitaba un baúl para guardar las medallas que había cosechado en su incipiente pero fructífera trayectoria.

Unos meses antes, en febrero de 2024, le dio una buena probada a la miel de la victoria sobre clavadistas chinos. En el Campeonato Mundial de Doha, le ganó el oro al veterano Shixin Li, de 34 años. Eso lo convertía en el primer campeón mundial varonil nacido en México. Paola Espinosa, ganadora del oro en el Mundial de Roma 2009 en plataforma, había sido la primera mujer.

Dos detalles importantes: la gran conquista de Osmar en Doha fue en trampolín de un metro —que no es prueba olímpica— y Li representaba a Australia desde 2019 y ya no a China, con la que había obtenido las primeras dos de sus cinco preseas en el campeonato mundial.

Los resultados en París avalaron el esfuerzo del equipo mexicano de clavados. Osmar obtuvo la medalla de bronce en trampolín individual de 3 m, debajo de —¿saben quiénes?— Siyi Xie y Zongyuan Wang. ¡Los mismos tipos que habían dominado el podio en Tokio!

Eso no quitó gloria alguna al mexicano: ya era medallista olímpico.

El 2 de agosto, último día de competencias en la fosa de clavados, el propio Zongyuan volteó a ver, casi horrorizado, a Daoyi Long, su mancuerna en clavados sincronizados de 3 m. Osmar Olvera y Juan Manuel Celaya habían tirado un clavado espléndido con un grado de dificultad mayor que el de ellos por una décima: el de dos vueltas y media al frente con dos giros.

Los instantes que tardaron los jueces en dar a conocer su calificación fueron eternos. Los dos clavadistas chinos aplaudían por cortesía, pero tenían la mirada perdida. Se les estaba apareciendo el coco.

Finalmente, ellos ganaron por una diferencia de 2.07 puntos. Nada, eso equivale a nada. Fue la menor distancia que hubo en las ocho pruebas olímpicas, contemplando las femeniles y las varoniles. La diferencia entre el oro y la plata es en promedio de 20 a 40 puntos.

La camiseta pesa. O en este caso, los trajes de baño. En un deporte de apreciación, la fama influye en algunos jueces. Y aunque México se ha ganado un lugar entre ellos, China rebasa por la derecha. Esa plata supo a oro. Un metal cada vez más cercano…

Fue la presea olímpica número 16 para México en saltos ornamentales y con ello se confirmó como el deporte más exitoso en su historia.

El momento dorado de Osmar llegó en agosto de 2025, en el Campeonato Mundial de Singapur. Allí volvió a encontrarse con Zongyuan en el trampolín.

Osmar había presentido esa mañana que su gran día había llegado por fin. Antes de la competencia habló a México con Sergio, su padre:

—Prepárate, Hulk. Hoy vamos a escuchar el himno nacional.

Osmar —o Wolverine, como le dicen en lenguaje juguetón— estaba de muy buen humor.

En el penúltimo salto, Olvera tiró uno de esos clavados que casi solamente él y Zongyuan son capaces de realizar: cuatro vueltas y media al frente, con 3.8 grados de dificultad.

Logró unanimidad en las notas de los jueces: seis calificaciones de 9 y otra de 9.5. El clavado perfecto.

—Casi perfecto —le diría su entrenadora.

Con el último, de 3.9 y marca registrada de Osmar, necesitaba mantener la ventaja obtenida en el primer lugar. Así lo hizo. Cuando cruzó la línea del agua, empezó el festejo. Al sumergirse, con el impulso de su caída, las cámaras subacuáticas registraron su sonrisa, su agitar de brazos, el triunfo anhelado en el rostro. Había ganado oro contra su más temido y frecuente adversario; chino, por cierto

Se escuchó el *Himno nacional mexicano* en la premiación y también la petición de Osmar:

—No dejen ir a Ma Jin. Con el cariño no se come.

Para Osmar es tan importante su entrenadora que lo primero que hizo en su momento de mayor gloria hasta ese instante fue abogar por ella, pues sabía que una vez más le estaban haciendo ofertas tentadoras de varios países.

La respuesta llegó desde la Presidencia de la República.

—Se hará lo necesario —contestó Claudia Sheinbaum.

La entrenadora está feliz donde está. Su esposo es mexicano, su gente está aquí. Solamente querría estar más tranquila. Ma Jin quisiera tener un seguro de gastos médicos mayores con una mejor cobertura de la que tiene.

—Ya me estoy haciendo mayor y no tengo la misma fuerza de antes —dice.

A sus 21 años, Osmar vivió su momento más feliz, aunque no se pudo ver en México: ninguna televisora había comprado los derechos de transmisión.

A su regreso, todos los medios importantes lo entrevistaron. Noticieros, programas de deportes, de entretenimiento. Televisión, radio, prensa, plataformas, pódcast. Invitaciones por todos lados. No se negó a ninguna.

Osmar es generoso y se ha convertido en un héroe visible.

—No todo es futbol —recordó tras la premiación en Singapur con la medalla de oro en el pecho. Y es verdad.

Las metas no se terminan. Ahora quiere ganarle el oro olímpico en Los Ángeles a quien se le ponga enfrente.

Osmar no puede estar lejos del agua ni en sus contadas vacaciones. Tras una semana de entrevistas en todos los medios importantes de México y unos días en las fabulosas playas de Xcaret, volvió a los entrenamientos con la mente puesta en la victoria. Tal como lo ha hecho religiosamente desde los 4 años.

Para saber más de esta historia y revivir su momento, escanea el código QR.

JOSÉ EFRÉN VILLEGAS,
EL JAMAICÓN
JUGADOR DE FUTBOL CON
NOSTALGIA POR MÉXICO

A.R.

«Qué lejos estoy del suelo donde he nacido»

EL SÍNDROME DEL JAMAICÓN

Si algo tiene el mexicano, en general, es un indescriptible apego al terruño, por ello no es una casualidad que la famosa *Canción Mixteca* sea un referente de la nostalgia.

> ¡Qué lejos estoy del suelo donde he nacido!
> Inmensa nostalgia invade mi pensamiento.
> Y al verme tan solo y triste cual hoja el viento.
> Quisiera llorar, quisiera morir de sentimiento.

¿Qué mexicano que viaja al extranjero por una corta o larga temporada, ya sea de vacaciones, por trabajo o por estudios no se topa de pronto con una añoranza irrefrenable por México? ¿Qué mexicano, a las primeras de cambio, no extraña el picante, una buena salsa, las tortillas, los frijoles o alguno de los tantos antojitos o platillos de la gastronomía mexicana?

Desde hace casi setenta años ese triste sentimiento tiene un nombre, *síndrome del jamaicón,* y no surgió de sesudas investigaciones psiquiátricas o psicológicas, o de estudios sociológicos o antropológicos, ni siquiera de las obras que trataron de explicar la mentalidad del mexicano como *El laberinto de la soledad* de Octavio Paz o *El perfil del hombre y la cultura en México* de Samuel Ramos, sino que surgió en las canchas del futbol mexicano a causa de un jugador que hizo época en el balompié nacional y al que apodaban el Jamaicón.

Aunque se cuenta que le pusieron ese mote porque tenía su pelo crespo como el de un jamaiquino o porque de niño lloraba mucho —lo cual no tiene sentido—, en la actualidad el término *jamaicón* no se refiere a ninguna de esas dos ideas, pero el *Diccionario del español de México* ya le otorgó dos acepciones:

> **1** s. m. Sentimiento de nostalgia por las cosas de la propia tierra que padece quien está lejos de ella: «Cada tanto me da el *jamaicón* y empiezo a pensar qué hago tan lejos de mi casa, de la gente que quiero».
>
> **2** adj. y s. Que tiene este sentimiento: *andar de jamaicón,* «¡He descubierto que soy la más *jamaicona* del mundo, señor embajador! Mucho más de lo que quería admitir».

Cualquiera que sea el caso, que ruede el balón de la historia.

EL CAMPEONÍSIMO

José Efrén Villegas Tavares nació el 20 de junio de 1934 en La Experiencia, Jalisco. Tenía un talento natural para el futbol y comenzó su carrera deportiva jugando para el Club Deportivo Imperio en la liga *amateur* de Jalisco, y a los 15 años fue seleccionado de su estado para disputar el Campeonato Nacional de Futbol.

A principios de los años cincuenta, el Club La Piedad lo contrató por 600 pesos mensuales, pero «le hicieron de chivo los tamales» con su salario: nunca le pagaron, por lo que dejó el equipo a los seis meses y comenzó a trabajar en una fábrica de telares, cerca de su casa en La Experiencia, pues de algo tenía que vivir.

Pero el destino le tenía reservada una larga y exitosa carrera en el futbol y no en la industria textil. No pasó mucho tiempo antes de que algunos directivos del Club Deportivo Guadalajara lo buscaran para ofrecerle 250 pesos si se sumaba a sus filas. Villegas no lo pensó dos veces: dejó de ser proletario, se puso los tacos, el *short* y la camiseta de las Chivas y durante los siguientes veinte años jugó para el Rebaño Sagrado.

En el terreno de juego, Villegas demostró ser un espartano: era el líder de la defensa, organizaba, orquestaba y sabía meter la pierna con firmeza. Además, mientras otros jugadores se lesionaban con frecuencia, Villegas parecía de hule, pues resistía las entradas arteras, el juego ríspido y la zancadilla necesaria, por lo que se consagró como el segundo jugador con más minutos jugados en la historia de las Chivas, al acumular 38 332 en 432 partidos de liga.

Villegas fue parte fundamental de la época de oro de las Chivas, los años en que el equipo fue conocido como el Campeonísimo, pues de 1956 a 1965 obtuvo siete títulos de Primera División, seis títulos de Campeón de Campeones, una copa México y una copa de campeones de la Concacaf. Fue la época en que el Guadalajara ganó todo lo habido y por haber.

En la liga mexicana, Villegas fue uno de los mejores defensas de la historia del futbol nacional. En 1958 hizo la hombrada en un pentagonal que se llevó a cabo en la Ciudad de México: las Chivas se enfrentaron al famosísimo y temible Botafogo de Brasil. A Villegas le tocó marcar a uno de los grandes futbolistas del momento, Garrincha, y le impuso un marcaje tan incómodo que el brasileño no pudo mostrar ni siquiera algunos chispazos de su magia. Las Chivas se llevaron la victoria con un marcador de 2-0.

Al acercarse el Mundial de Futbol de Suecia en 1958, nadie puso en duda que uno de los jugadores imprescindibles en la selección nacional era Villegas: con 24 años, debía ser el líder de la defensa mexicana que enfrentaría a Suecia, Gales y Hungría en la primera ronda del torneo.

EL SÍNDROME

La selección viajó a Europa en avión unas semanas antes de que iniciara la Copa del Mundo para jugar algunos partidos de preparación. Los seleccionados se mostraban animados y confiados en hacer un buen papel.

Por entonces no era común que los equipos mexicanos salieran al extranjero salvo contadas ocasiones, así que ninguno de los jugadores estaba fogueado ni tenía experiencia internacional, ni roce con jugadores de las ligas europeas. Lo único que podían prometer todos era su entrega y buena disposición; todos, menos José Villegas.

En el momento en que los mexicanos aterrizaron en Portugal, donde se llevaría a cabo uno de los primeros encuentros de preparación, Villegas se transformó por completo: era como si lo hubieran cambiado por otra persona. El clima europeo previo al inicio del verano, la extraña alimentación lusitana, los paisajes tan diferentes a los de la Guadalajara de sus amores y la nostalgia que se respira en las calles de Lisboa socavaron su estado de ánimo: Villegas se deprimió.

Cuenta Carlos Calderón en su *Anecdotario del futbol mexicano* que en Portugal se cocinó —nunca mejor dicho— lo que se conocería como el *síndrome del jamaicón*. El técnico era don Ignacio Trelles —otra leyenda del futbol mexicano—, quien llevaba a sus 22 muchachos rumbo a la VI Copa Mundial, en Estocolmo, para poner en alto el nombre de México, en momentos en que el país mostraba al mundo las bondades económicas del milagro mexicano; pero la economía nacional era una cosa y el futbol otra por completo distinta.

En Lisboa, los anfitriones lusos le ofrecieron una cena de gala a la selección mexicana: manteles largos, cubiertos relucientes y gastronomía local que cualquier turista habría envidiado. Para 21 de los 22 jugadores y todo el cuerpo técnico, el viaje al Mundial era toda una aventura, así que, dispuestos a pasarla bien, comieron y bebieron sin preocupaciones.

De pronto, alguno de los seleccionados se percató de que el lugar de Villegas estaba vacío. Con un ánimo eminentemente paternalista, por su dureza y disciplina, Trelles se dio a la tarea de buscar a su defensa estrella hasta que lo encontró, llorando por los rincones, como la muñeca fea.

—¿Ya cenaste muchacho? —preguntó Trelles.

La respuesta fue una oda al nacionalismo mexicano más diáfano y puro del que se tenga registro:

—¿Cómo voy a cenar si sirven pura comida de rotos? Yo quiero mis chalupas, mis sopes, mi pozole… no estas porquerías que ni de México son.

Tiempo después, sus compañeros contarían que lo encontraban sentado, con la mirada perdida, y cuando le preguntaban qué le pasaba, respondía con voz melancólica:

—Es que extraño a mi gente. Extraño los tacos, el chile, las risas… Extraño a mi México.

Así, entre la vajilla fina, las sardinas portuguesas y el antojo patrio, nació el gran mito y se acuñó el término del *síndrome del jamaicón.* El problema nunca fue la nostalgia o la tristeza que invadía a Villegas, sino su magro desempeño en la cancha.

El indomable líder de la defensa de las Chivas se transformó en un jugador inofensivo ante los atacantes europeos. Villegas nunca estuvo a la altura de su capacidad demostrada en territorio nacional, particularmente en la perla tapatía. La leyenda quedó escrita: los mexicanos podían contra el mundo entero siempre y cuando jugaran en México.

Cuatro años después, al acercarse el Mundial de Chile 1962, la escena se repitió. El Jamaicón nuevamente fue llamado a la selección nacional que viajó a Londres para enfrentar a la escuadra inglesa en su proceso de preparación para la Copa del Mundo. Como el director técnico, Nacho Trelles, estaba buscando su 11 ideal, decidió probar al Piolín Mota en la portería en lugar de alinear a Antonio *la Tota* Carbajal, el gran portero que jugó cinco copas del mundo.

En vísperas del partido, el Piolín estaba muy nervioso, pues sabía que la Tota era insustituible. Para tranquilizarlo, Trelles le expresó con absoluta seguridad:

—No te preocupes, ahí está el Jamaicón: no dejará pasar ni el aire.

Al aire no, pero a los ingleses sí, al menos las suficientes veces como para ganarle a México 8-0, ocho goles que cruzaron la defensa mexicana como Pedro por su casa. Después, el propio Villegas declararía que extrañaba a su mamacita, que llevaba días sin birria y que la vida sin patria ni plato típico simplemente no tenía sentido.

La historia se mezcla con la leyenda, muchas veces de una manera exagerada, pero lo cierto es que el Jamaicón nunca se sintió a gusto jugando en el extranjero: la nostalgia pesó más. No padecía de ninguna enfermedad, pero le resultaba insoportable estar lejos de su terruño.

Con los años, el término *síndrome del jamaicón* empezó a usarse más allá del futbol. Los psicólogos lo mencionan para describir lo que sienten las personas que emigran o viven fuera de su país y no logran adaptarse porque extrañan su cultura, su idioma o su comida. En tono de broma, también se usa para hablar de cualquier viajero mexicano que se queja porque no encuentra salsa picante en el extranjero. Pero en el fondo, **el síndrome refleja algo más profundo: el amor por lo propio y la dificultad de adaptarse a lo ajeno.**

A pesar de sus fallidas participaciones en dos mundiales, José *el Jamaicón* Villegas siguió jugando con el Guadalajara y se convirtió en una leyenda del futbol nacional. Murió en 2021, a los 87 años, pero su historia sigue viva: cada vez que un mexicano dice «me dio el *síndrome del jamaicón*», está recordando al defensa tapatío que solo necesitaba un plato de frijoles y el calor de su tierra para sonreír.

Para saber más de esta historia y revivir su momento, escanea el código QR.

DANIEL BAUTISTA,
SAN LUIS POTOSÍ, 1952
13
13
MARCHISTA

F.J.

Atraco en el túnel

DANIEL BAUTISTA

PRIMER MEXICANO EN CONQUISTAR UN ORO OLÍMPICO EN ATLETISMO

La familia Bautista vivía en un predio conocido como El Agarrón, el cual debía su nombre a que la gente llegaba y agarraba el pedazo de terreno en el que construiría su casita de madera.

Este era un barrio lleno de problemas. Digamos que era alegre, pero había más peleas que terrenos disponibles; y también drogas y prostitución. Daniel Bautista, desde pequeño, vio a adultos drogándose.

Pero el barrio tenía otra característica: su gente era solidaria. Daniel solía andar descalzo, pero cuando hacía frío no faltaba alguien que le regalara un par de zapatos usados.

Todos en casa tenían que ayudar un poco. Si se habían mudado de El Salado, en San Luis Potosí, a Monterrey, era porque aspiraban a tener un futuro menos incierto, el cual se lograría trabajando.

Daniel ya lustraba zapatos a los 6 años. Cobraba entre cincuenta y sesenta centavos por boleada, y en un buen día juntaba hasta tres pesos que entregaba a sus padres.

Esto ocurría por las tardes, porque las mañanas las dedicaba a estudiar. **Como no había suficiente dinero para irse en camión, caminaba. De ida y de vuelta a la escuela, todos los días.** Disfrutaba hacerlo.

Su hermano mayor, Lucio, trabajaba en una constructora que formó un equipo para correr los fines de semana. Lucio se especializó en 5 000 y 10 000 m. Alguien tenía que cuidarles la ropa a los participantes y el elegido fue Daniel, quien para entonces ya tenía 7 años. Le gustó tanto que también él empezó a correr.

Llegaron los Juegos Olímpicos de Roma y en algún televisor Daniel vio a un africano ganar el maratón. Iba descalzo, como él. Eso no fue problema, venció a todos. **Se aprendió su nombre: Abebe Bikila. Bautista se empezó a imaginar a sí mismo en un escenario olímpico.**

Ya estaba enganchado con el atletismo, así que siguió corriendo. **Después de un entrenamiento, vio ganar la plata olímpica en México 68 al sargento José Pedraza. Se emocionó muchísimo y decidió, justo en ese instante, dejar de correr: ahora quería ser marchista.**

Bautista alternaba su trabajo con el atletismo. Lo entrenaba Daniel Garza Moreno en un grupo en el que conoció a Raúl González, quien estudiaba en la Facultad de Matemáticas. Ambos tenían la misma edad.

Daniel trabajaba como agente de tránsito en un crucero de Monterrey. Su sueño de clasificar a los Olímpicos de Múnich no se cumplió, pero sí el de Raúl González, quien con alguna frecuencia lo visitaba en el crucero para charlar un poco. El futuro doble medallista olímpico en Los Ángeles 1984 había logrado la marca.

Fue González quien le habló a Jerzy Hausleber, entrenador nacional de marcha, de las grandes habilidades de un muchacho que trabajaba como policía vial en Monterrey.

En 1973, el polaco convocó a todos los marchistas del país con el fin de evaluarlos. A través de Raúl, Daniel Bautista le pidió una carta para, con ella, solicitarle permiso al director de tránsito de Monterrey, quien se lo concedió. Cuando acudió al primer entrenamiento, se encontró con su gran ídolo: el sargento Pedraza. Se le quedó viendo fijamente a los ojos y le dijo:

—Quiero ser mejor que tú, y para lograrlo, tengo que ganar la medalla de oro.

Pedraza le devolvió una mirada penetrante y se rio.

A pesar de aquel desaire, el desempeño de Daniel convenció a Hausleber y se quedó en la selección. En 1975, implantó una nueva marca mundial durante una gira por Europa, específicamente cuando se encontraba en Polonia, la tierra de su entrenador. La prensa mundial volteó a verlo.

La mira estaba puesta en los Juegos Olímpicos de Montreal del año siguiente, y Jerzy, por primera vez, no les dio vacaciones en Navidad a sus marchistas. Les dijo:

—Si dejamos de caminar 50 km diarios, le estamos dando ventaja a los europeos. Así que llamen a sus casas y digan que no cenarán con sus familias.

Daniel extrañaba mucho a los suyos, así que le pesó, como al resto del equipo, pasar esa fiesta lejos de ellos.

Hausleber lo notó y cambió de decisión: les dejó libre el 31 de diciembre para que se reunieran con sus familias.

Daniel llegó a Monterrey y habló con su novia; Dolores Ortiz, de lo duro que la estaba pasando.

—Pues hay que casarnos —le dijo ella. Aunque él tenía ganas, el presupuesto para la boda era limitado pues las marcas mundiales no daban dinero, y el capital de Bautista era de solo cincuenta pesos.

—Con eso tenemos, ¿para qué más? —apoyó la novia.

Se fueron al registro civil y luego a casa de los Bautista.

—Mamá, nos acabamos de casar —le informó Daniel—. Esta noche la paso aquí y mañana temprano me voy a México. Ahí le dejo a mi esposa.

La casa no tenía piso, luz eléctrica, baño ni otros servicios básicos, pero Daniel tenía mucha confianza en sí mismo.

Unas semanas más tarde, calificó para participar en los Juegos Olímpicos y su familia, como pudo, se las arregló para ir a despedirlo al aeropuerto de la Ciudad de México.

El 23 de julio de 1976, con otros 37 marchistas de 21 países, Daniel Bautista tomó la salida de los 20 km de caminata de los Juegos Olímpicos de Montreal.

Tomó rápidamente la punta. En el contingente de fuga peleaban tres alemanes y tres mexicanos. Todos los demás iban quedando atrás. Después de 6 km, Raúl González se empezó a rezagar y, en el 12, el tabasqueño Diego Colín fue descalificado; por lo tanto, Daniel ya no podía participar en equipo; se quedó sin él. Reimann, Frenkel y Stadtmüller de la República Democrática Alemana le echaron montón. **Quisieron tronarlo, como se dice en el argot, pero el mexicano aguantaba. No tenían la resistencia para alcanzarlo.**

Al percatarse de que no podían con él, intentaron intimidarlo con insultos y escupitajos.

Faltando 2 km, Bautista dio dos jalones y, al apretar, les dijo adiós. Se dirigió al estadio con ventaja para dar la última vuelta. Lo supo hasta que caminaba en la rampa de entrada; volteó hacia atrás y no vio a nadie: iba solo.

Al aparecer por la puerta, el público lo recibió con un alarido. Daniel se sintió caminando sobre nubes. **Cruzó la meta, se arrodilló, se puso un sombrero de charro que alguien le acercó y en agradecimiento, en pleno éxtasis, dio una vuelta más al estadio con la gente vuelta loca, aclamándolo.**

Su tiempo de 1 h 24 s 406 cs impuso una nueva marca olímpica.

Sonó en la premiación el himno nacional. **Era la primera medalla de oro para el atletismo mexicano en toda la historia.** Bautista se resistió a llorar y lo consiguió; Hausleber, no.

—Yo pasé una guerra mundial. Soy hombre, tuve una vida difícil, pero no te escapas de las lágrimas —dijo el entrenador polaco.

Daniel fue llevado al control antidopaje, y después de nueve vasos de agua, tuvieron que acercarle una cerveza para que pudiera orinar. La prensa mexicana lo llevó a un convivio. Se desveló y por fin se fue a descansar, exhausto física y emocionalmente.

Unas horas después, a las seis de la mañana, lo despertó el profesor Hausleber para irse a caminar.

—Pues qué, ¿no gané ayer? —refunfuñó Bautista.

—Sí, eso fue ayer —le contestó Jerzy—. Pero hoy empiezan los Juegos de Moscú. —Se fueron a entrenar.

A su regreso a México, el Gobierno federal le mandó un auto descapotable para recogerlo en el aeropuerto y llevarlo a Los Pinos. Rehusó hacerlo de esa manera. Condicionó la visita a trasladarse en el autobús, junto con sus compañeros de la delegación.

Al día siguiente, miles de personas acudieron al aeropuerto de Monterrey para saludarlo. La multitud quería tocarlo.

Con el oro en el cuello, Daniel planeaba una sencilla boda religiosa con Dolores; sin embargo, el Gobierno se enteró y le organizó una gran ceremonia por la Iglesia, además de repetir la fiesta civil, a la cual acudieron grandes personalidades como Mario Vázquez Raña, dirigente olímpico en aquel entonces; Eulalio González Piporro; y el actor David Reynoso.

Cuatro años después, Daniel Bautista estaba seguro de ganar los Juegos de Moscú. Su ciclo olímpico había sido extraordinario: mantuvo gran superioridad sobre sus adversarios en cualquier competencia.

La prueba de 20 km se llevó a cabo el 24 de julio de 1980; era un día soleado, pero con alto índice de humedad porque había llovido en la víspera.

Como siempre le gustó, Bautista tomó la delantera en los primeros metros. Le agradaba asumir el mando de la competencia.

Las condiciones hacían la prueba muy dura, pero Daniel se mantuvo en primer lugar durante gran parte del trayecto. Le seguían Anatoly Solomin, de la Unión Soviética, y el italiano Maurizio Damilano.

Faltaban 1 700 m para llegar a la meta y Hausleber, acompañado de Ernesto Canto, corrieron a la puerta del estadio para animar a Daniel en sus últimos metros.

Ya ahí, Hausleber hizo cuentas con el cronómetro que siempre tuvo en el cerebro.

—Deben faltar cincuenta segundos para que lleguen —le comentó a Canto.

Pasaron esos 50, luego 55, el minuto…

—Algo pasó —dijo, preocupado, el entrenador.

No se equivocaba.

Antes de llegar al estadio olímpico, **había que internarse en uno de los túneles que atraviesan el río Moscova. En ese lugar se interrumpía la señal de televisión.**

Daniel entró a él con dos amonestaciones. Y ya no salió de ahí. Fue descalificado. También quedó fuera Solomin, a quien el juez mexicano le mostró la paleta roja.

Las autoridades de la marcha eran muy estrictas por un antecedente: después de su triunfo en Montreal, una fotografía daba cuenta de que Bautista había flotado en su última vuelta. Es decir, había dejado de tener contacto con el piso un instante. Aunque todos los marchistas lo hacen, hasta involuntariamente, se cuestionó que los jueces no sancionaran con amonestación —y descalificación a la tercera vez— como debieron hacerlo. La caminata es un deporte de apreciación.

Eso hizo que los jueces llegaran a Moscú con la navaja afilada y los nervios de punta. **Siete marchistas fueron descalificados durante la prueba. Tres de ellos peleaban la punta a 5 km de la meta.** Eso favoreció a Maurizio Damilano, quien se llevó la medalla de oro.

Nos quedamos siempre con la idea de que Daniel Bautista fue víctima de un atraco en el túnel. Era superior a los demás y la única manera de no ganar era por una descalificación. No hubo toma en vivo ni repetición del momento en que fue expulsado de la competencia.

Unos minutos después de ello, anunció su retiro.

Se pensó que era consecuencia de la rabia que sentía, pero lo hizo efectivo. Se alejó durante un año de todo. Del deporte, de su familia, de sus amistades.

Sufrió una incontrolable depresión que lo hizo rozar el alcoholismo. Iba a trabajar porque era muy responsable, pero estaba ido, según confesó años después.

Clavado en su corazón estaba el hecho de que, **sin el triunfo, las autoridades deportivas lo habían abandonado. No le dieron ni para el autobús: los apoyos se habían terminado. Alguna vez empeñó su medalla olímpica.**

—Con esto no se come —declaró con una tristeza conmovedora.

En 1983 nació su primera hija, tan deseada. Ella lo volvió a encarrilar. Cinco años después llegó Jorge, el segundo, con una deficiencia pulmonar muy grave que le hizo sufrir lo indecible. Daniel y Dolores pasaron largas jornadas en el hospital. Al final todo salió bien.

Daniel fue el tercero en nacer. Los Bautista ya tenían la familia que habían soñado y dieron lo mejor por ella.

El exmarchista dedicó parte de sus esfuerzos a rescatar niños de barrios conflictivos a través del deporte.

—Si llegas con una caguama, todo mundo se la toma. Si llegas con marihuana, todo mundo se la fuma. Si llegas con un balón, todo mundo se pone a jugar futbol —decía.

Ese es el legado de Daniel Bautista. Un niño que salió del lodo para tocar el cielo y volvió al origen para salvar a los demás.

Para saber más de esta historia y revivir su momento, escanea el código QR.

SALVADOR SÁNCHEZ
BOXEADOR

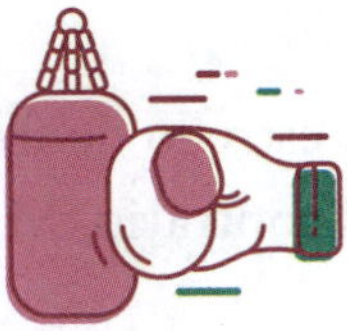

A.R.

El que hablaba con los puños

SAL SÁNCHEZ

EL HÉROE QUE SE FUE PRONTO

Solo habían transcurrido 23 días desde la contundente victoria de Sánchez en el Madison Square Garden de Nueva York frente a Azumah Nelson. A sus 23 años, ya no tenía que demostrarle nada a nadie: era campeón mundial de peso pluma del Consejo Mundial de Boxeo (CMB), título que había defendido en nueve ocasiones. Contaba en su haber con 44 victorias —32 por nocaut—, una derrota y un empate.

En la madrugada del 12 de agosto de 1982, cerca de las 2 de la madrugada, cuando estaba por cumplirse un año de su victoria sobre Wilfredo Gómez —considerada la mejor pelea de su carrera—, Salvador subió a su Porsche 928 blanco y partió rumbo a Querétaro.

La hora era inmejorable para pisar a fondo el acelerador —aunque las carreteras mexicanas sean las peores del mundo— y durante algunos minutos disfrutó la sensación de conducir libremente su auto deportivo a más de 200 km por hora. Pero nunca llegó a Querétaro: al intentar rebasar un vehículo se estrelló de frente contra un camión Torton que venía en el carril contrario. Murió instantáneamente.

Por entonces, Sánchez era el gran ídolo de México, el héroe que el país necesitaba, la inspiración que urgía en momentos en que la crisis económica asolaba a los mexicanos y la esperanza en el porvenir se perdía.

Con la caída de los precios del petróleo desde 1981, los sueños de grandeza de López Portillo se habían esfumado: el despilfarro, la corrupción y las obras faraónicas de su administración evidenciaron la soberbia presidencial. Los mexicanos ya no aprenderían a administrar la abundancia, tendrían que aprender a sobrevivir en tiempos de crisis.

Por eso Salvador Sánchez, con su juventud, su mesura ante los medios, sus puños de hierro y sus victorias en el cuadrilátero, le había dado color al futuro que se pintaba de negro para todo el país.

Su meteórica carrera hacia la cima coincidió con el auge y debacle del sexenio de López Portillo. Aunque debutó como boxeador profesional a los 16 años, el 4 de mayo de 1975 —todavía durante el gobierno de Echeverría—, su paso imbatible por la categoría de peso pluma coincidió con la bonanza petrolera y con el desencanto social.

México entero lloró su muerte, súbita, inesperada, desconcertante, cuando el futuro lo esperaba sonriente. Su nombre encontró lugar junto a los pugilistas más populares: José *Toluco* López, Raúl *Ratón* Macías y Rubén Olivares el Púas. En 1996, la revista *The Ring* lo colocó en el número 26 de los 100 mejores boxeadores de la historia.

SUPERHUMANO

Sal Sánchez era hijo de campesinos que trabajaban la tierra en Santiago Tianguistenco, en el Estado de México, donde nació el 26 de enero de 1959. Como la mayoría de los boxeadores que alcanzaron la fama en México, Sal era netamente un hijo del pueblo y surgió desde abajo, entre carencias, preocupaciones familiares y la esperanza de que el futuro mejorara para su familia.

Le apasionaba la lucha libre y pensó seguir ese derrotero hasta saltar de la tercera cuerda, pero el entrenador Agustín Palacios Rivera descubrió sus cualidades pugilísticas. Su pegada no era la del boxeador que derriba a su oponente de un solo golpe, era aún más peligrosa: precisa y constante porque gozaba de una condición física asombrosa, con una capacidad de recuperación sin igual; además, tiraba todos los tipos de golpes conocidos hasta demoler la resistencia de sus rivales.

El boxeador Roy Jones lo confirmó:

—Nadie tenía el cardio que tenía Salvador Sánchez: lucía igual en los asaltos 1 y 2 que en los 13 y 14.

Bert Sugar, historiador del boxeo escribió:

«Ese muchacho estaba atrapado en el cuerpo de un superhumano».

Sal peleaba los 180 segundos de cada *round*, no bajaba los brazos, daba golpe tras golpe, no tomaba ni un descanso y, además, tenía un juego de pies privilegiado: era un boxeador completo.

El 4 de mayo de 1975 debutó como profesional en Veracruz, noqueando a Al Gardeno en tres asaltos. Desde sus inicios mostró su sello: agresividad controlada, resistencia, un *jab* certero y la capacidad de castigar arriba y abajo con la misma eficacia.

Su ascenso fue fugaz, aunque en el camino tuvo una derrota por decisión en la categoría de peso gallo, lo cual llevó a su entrenador a subirlo a la categoría peso pluma que parecía hecha para él por la naturalidad con que se desempeñaba. Su nombre empezó a resonar en los medios deportivos, que lo veían como una auténtica promesa del boxeo mexicano.

El 2 de febrero de 1980, en Phoenix, Arizona, con apenas 21 años, enfrentó a Danny *Coloradito* López. Fue un combate largo e intenso que se resolvió en el episodio 13 con un nocaut técnico. Esa noche Sal se coronó campeón mundial de peso pluma del Consejo Mundial de Boxeo. La victoria lo colocó en la élite del boxeo y le abrió las puertas de la fama.

Nunca perdió el título que ganó esa noche. Durante los siguientes dos años lo defendió en nueve ocasiones enfrentando a rivales de gran nivel: Rubén Castillo, Juan Laporte, Roberto Castañón, Pat Cowdell, Jorge García, entre otros.

Cada defensa suya era un espectáculo de técnica y resistencia. Pero la pelea que lo consagró, la que lo llevó a niveles insospechados fue el enfrentamiento con Wilfredo Gómez, una pelea que desde que fue anunciada generó una expectación pocas veces vista.

LA LEYENDA

A Wilfredo Gómez lo apodaban el Bazooka, pues el puertorriqueño era considerado uno de los mejores boxeadores en la categoría supergallo a principios de la década de 1980. Era un artista del nocaut y, tras haber derrotado a varios boxeadores mexicanos a los que hizo besar la lona, decidió subir de categoría para pelear con Sal Sánchez. La pelea fue pactada para el 21 de agosto de 1981, en Las Vegas, lugar al que llegó el puertorriqueño con 32 peleas ganadas por la vía rápida.

Nadie negaba la calidad boxística del Bazooka, pero tan admirable era su pegada como irritante su lengua: no sabía mantenerse callado y era un echador que de pronto parecía más un buscapleitos callejero que un boxeador profesional, aunque sus dichos, amenazas y bravuconadas vendían y calentaban el ambiente; además, lo dicho por su boca lo sostenía con los guantes.

Una vez confirmada la pelea con Salvador Sánchez —quien defendería una vez más su título pluma de la Comisión Mundial de Boxeo—, Wilfredo se lanzó al *ring* de las declaraciones con todo su arsenal. En una de tantas entrevistas declaró que lo noquearía en el octavo asalto; en otra quiso intimidarlo:

—Más vale que te tomes una foto antes de la pelea porque después de que te agarre vas a quedar irreconocible. —También lo llamó «don nadie» y dijo que era un boxeador débil.

A pesar del ímpetu juvenil, Sal era un boxeador mesurado que no caía en provocaciones, no hablaba de más y lo que tenía que mostrar lo guardaba para sacarlo en el momento en que sonara la campana del primer *round* en cada pelea. Tenía una gran técnica pugilística y una inteligencia admirable al subir al *ring*: cada pelea la planteaba como si fuera una partida de ajedrez.

—Sal peleaba lanzando señuelos a sus oponentes —escribió Bert Sugar—, atrapándolos con contragolpes bien articulados luego de que ellos lanzaran su ataque, a menudo cambiando por completo el destino de la pelea. Peleando con total desapego, este púgil pensante podía mantener control de sus emociones, de la pelea y de sus oponentes en todo momento.

Las declaraciones del Bazooka no hicieron mella en el ánimo de Sal: ni se sintió intimidado ni evidenció preocupación ni mucho menos miedo.

La única vez que habló sobre Wilfredo Gómez lo hizo en una entrevista:

—Es un peleador muy bueno, aguanta y boxea bien, pero creo que yo soy mejor. Además es un tipo odioso, muy hablador, me cae muy mal. Existe una rivalidad entre él y yo porque habla demasiado, porque nunca se calla y porque en cualquier conferencia de prensa siempre aprovecha para decir que es mejor que yo.

No pudo haber mejor escenario que el Caesars Palace de Las Vegas. La noche del 21 de agosto de 1981, Sal llegó con 40 victorias, un empate y una derrota, mientras que el Bazooka lo hizo con 32 victorias, todas por nocaut. En el escenario no cabía ni un alma.

La pelea pactada a 15 *rounds* no tuvo más que ocho.

A la mitad del primer *round*, cuando todavía se estaba acomodando el público en sus butacas, Sal mandó a la lona a Wilfredo *Bazooka* Gómez y, tras levantarse este, no le dio respiro. El mexicano había salido dispuesto a no quedarse con un solo golpe de su arsenal.

La pelea se extendió hasta el octavo *round* y fue narrada para la televisión mexicana por el ya entonces famosísimo Toño Andere, uno de los mejores cronistas de box que ha tenido México. En un tono cargado de emoción, pero sin perder objetividad, Andere narró a los televidentes los pormenores de cada *round*, los golpes que tiraba Wilfredo, la respuesta de Sal Sánchez, la fortaleza de ambos boxeadores y también dejó testimonio del extraordinario trabajo que hizo el mexicano para llevarse la victoria.

Toño Andere narró así el octavo *round*, que fue el definitivo:

—Ahí están frente a frente, en este que es ya el octavo *round* de la pelea. Ataca con toda su fiereza Wilfredo Gómez..., ahí conectó una larga y potente izquierda, pero como tantas veces hemos dicho, Salvador ha demostrado tener la capacidad de aguante necesaria para el calibre de un hombre que ha ganado 32 peleas por nocaut. Hábil defensa exhibió ahí Salvador Sánchez. Wilfredo Gómez anda desesperado, desbordado, sabiendo que el nocaut es su única posibilidad en esta pelea. Salvador Sánchez no tiene que confiarse, no debe de aflojar por ningún motivo; al contrario, tiene que apretar y no tiene que dejarle la iniciativa a su retador puertorriqueño... Cuando suelta las manos, Salvador Sánchez domina la escena y pone en lastimeras condiciones a Wilfredo Gómez. Eso es lo que tiene que hacer: tiene que soltar las manos y en ningún momento dar facilidades. Salvador Sánchez hace mucho más daño con sus pegadas que Wilfredo con las suyas...

Wilfredo Gómez fue a la lona y Andere dijo:

—¡Y se va a tener que parar la pelea! El réferi interviene... le va a aplicar la cuenta de protección a Wilfredo, pero ya no se para... ya no sigue la pelea. Ha ganado, por nocaut técnico en el octavo episodio, el mexicano Salvador Sánchez.

El Caesars Palace parecía territorio mexicano. A lo largo de la pelea no se dejó de escuchar un grito de guerra: «Mé-xi-co, Mé-xi-co, Mé-xi-co».

Cuando el réferi anunció el nocaut técnico, se escuchó una estruendosa ovación para Sal Sánchez. La victoria fue celebrada como un triunfo nacional. Los cronistas deportivos hablaron de «catarsis emotiva», pues al fin un mexicano había vencido a Wilfredo Gómez. Esa noche, Sal Sánchez se convirtió en leyenda. Y para la historia quedó una frase de Toño Andere: «En el boxeo se habla mejor con los puños que con la boca».

LA ÚLTIMA PELEA

El 21 de julio de 1982 —23 días antes de su muerte—, Sal se presentó en el Madison Square Garden de Nueva York para defender, una vez más —aunque sería la última— su título de campeón de peso pluma. Fue su última pelea y, por la intensidad, ahora es vista como su gran legado.

El retador oficial, Mario Miranda, se había lesionado y con apenas dos semanas de antelación apareció un nombre desconocido: Azumah Nelson, de Ghana. Sus números eran los de un novato: 13 victorias de las cuales 10 habían sido por nocaut. Nadie daba un centavo por el ghanés, ni siquiera el público que extrañamente no llenó el Garden.

Pero Nelson estaba decidido a aprovechar lo que la suerte le había puesto al alcance de su mano: el título peso pluma, así que desde el primer asalto salió a boxear con ferocidad y determinación. Sorprendido por la ofensiva de su rival, Sal tardó varios episodios en entrar en ritmo. Al finalizar el cuarto *round*, confesó:

—Pega duro y tiene manos muy rápidas.

La pelea se convirtió en una danza brutal a corta distancia. Sánchez conectaba con su técnica depurada y Nelson respondía con la misma intensidad. En el séptimo *round*, Sánchez finalmente conectó un gancho de izquierda con el que mandó a la lona a Nelson. Cuando la cuenta de protección llegaba al 8, el ghanés estaba listo para continuar y volvió a la carga. Su determinación era de otro planeta.

La segunda mitad del combate fue una guerra de desgaste. Nelson, que nunca había peleado más de diez *rounds*, estaba agotado.

Al terminar el noveno asalto, confundido, Azumah caminó hacia la esquina del mexicano. El campeón, en un gesto de caballerosidad, lo guio hacia su propio banquillo. El público aplaudió conmovido.

El africano llegó al último *round*, el 15. En su esquina sabían que no había un mañana así que le dijeron:

—Es ahora o nunca, ve por él. No dejes nada.

Nelson salió a inmolarse, a buscar el milagro con la fe de los desesperados. Lanzó golpes, con el abandono de quien ya no tiene nada que perder, buscando ese nocaut redentor.

Sal Sánchez, que parecía haber encontrado un quinto aire, vio la oportunidad en ese instante en que Nelson bajó la guardia, así que le conectó un derechazo brutal sobre el rostro seguido por un gancho de izquierda devastador. Azumah se desplomó, pero desafiando toda lógica, volvió a incorporarse. El campeón se lanzó sobre su contrincante para terminar la obra y luego de conectarlo varias veces, el réferi intervino y detuvo el combate. La victoria era para el mexicano. El Madison Square Garden era un manicomio de emociones: alivio, júbilo y respeto por el hombre que había caído con honor.

Veintitrés días después sobrevino el accidente mortal. La noticia conmocionó al país entero. Los periódicos titularon: «Muere el campeón», «Se apaga un prodigio», «México llora a Sal Sánchez», «Sal pierde por nocaut en pelea con la muerte». Su fallecimiento dejó vacante el título pluma del CMB que nadie pudo arrebatarle.

La gente del pueblo y los familiares, amigos y paisanos de Santiago Tianguistenco lo despidieron como a un héroe. En 1991 fue incorporado al Salón Internacional de la Fama del Boxeo. Apodado el Bruce Lee del boxeo, la Quijada de Hierro y el Águila Invencible, Salvador Sánchez dejó de ser historia para convertirse en leyenda.

Para saber más de esta historia y revivir su momento, escanea el código QR.

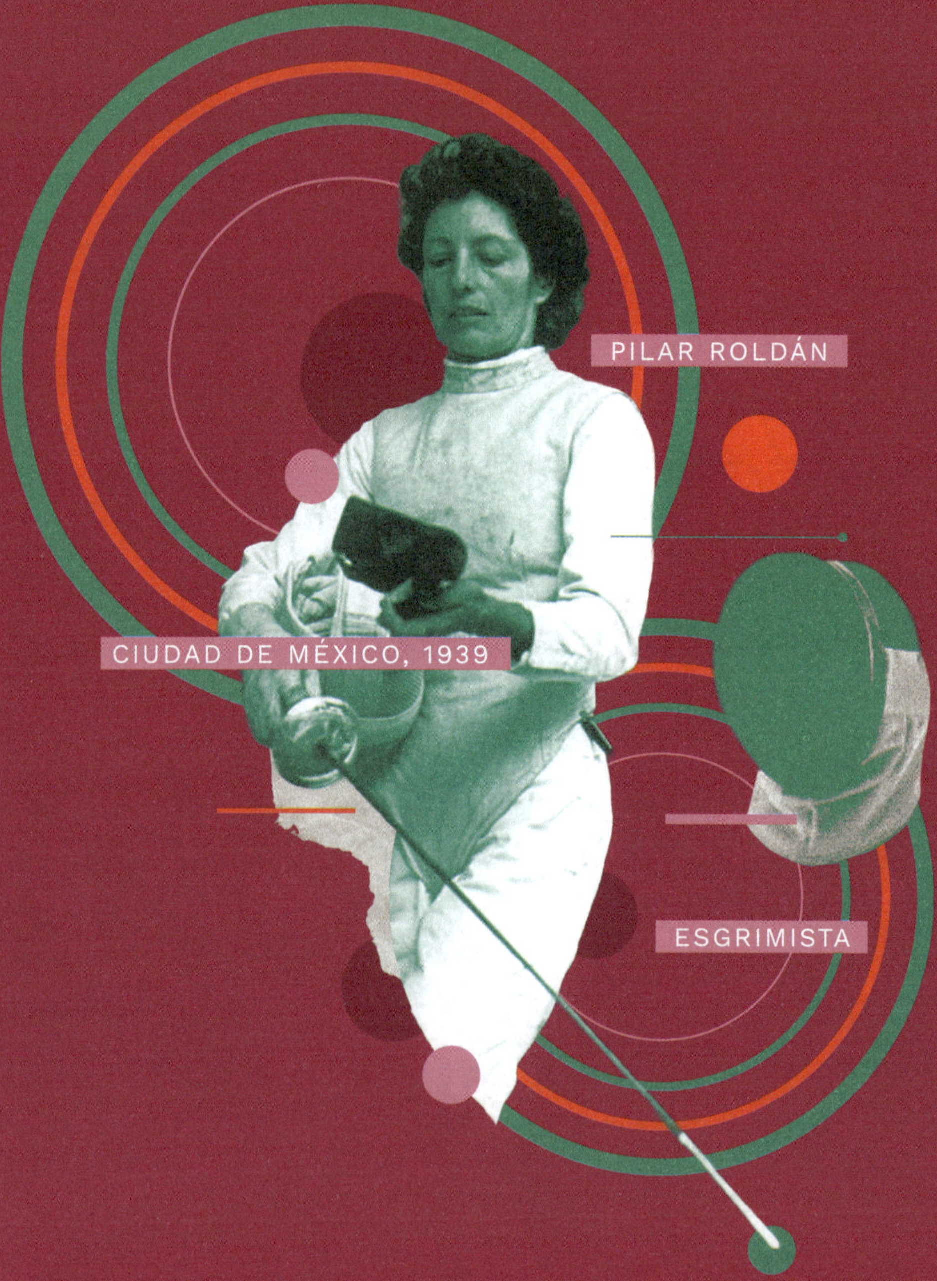
PILAR ROLDÁN
CIUDAD DE MÉXICO, 1939
ESGRIMISTA

F.J.

El enemigo estaba en casa

PILAR ROLDÁN

PRIMERA MUJER MEXICANA QUE CONQUISTÓ UNA MEDALLA OLÍMPICA

A Pilar Roldán la hicieron más feliz sus hijos y sus nietos que su medalla olímpica: esa se pierde, se olvida, queda en un cajón.

—Pregúnteles a los jóvenes quién fui yo, qué hice. No tienen idea. Han pasado muchas generaciones de ahí a la fecha —dice. Pero se le olvida que este país también tiene memoria, y que su hazaña no puede borrarse.

Cierto es que existe un nombre más familiar. El de Enriqueta Basilio, la primera mujer que encendió un pebetero olímpico, ni más ni menos que el de México, en 1968. Fue velocista y antes de competir ya había pasado por ello a la historia.

El plan original era que lo encendiera Pilar, la esgrimista estrella, la chica maravilla. Se lo propuso otro espadachín, Eduardo Hay, jefe de protocolo de esos Juegos Olímpicos y miembro del Comité Olímpico Internacional.

Pilar declinó.

—Ni me pongan —le dijo—. Yo voy a competir poco después y no quiero subir tantas escaleras. Qué tal que me caigo. Consíganse una corredora.

Queta Basilio lo era y se hizo famosa por ello. No le importó a Pilar: pensaba que tenía más mérito ganar una medalla que subir tantos peldaños con la antorcha en la mano.

La de Pilar fue una familia de deportistas, y su mamá en particular fue pionera. Cuando las oportunidades para que las mujeres practicaran alguna disciplina de alto rendimiento eran mínimas, María Tapia, su madre, fue siete veces campeona nacional de tenis y quíntuple medallista centroamericana. A los 13 años ganó su primer torneo nacional. Tenía una ventaja: la casa de su padre —el abuelo de Pilar— tenía una cancha de tenis y ahí aprendió a jugar.

Ángel Roldán, el Güero, papá de Pilar, también fue seleccionado mexicano para la Copa Davis en 1934.

Con esos antecedentes, no fue extraño que Pilar Roldán tomara una raqueta y jugara tenis desde los 6 años. Pero, al poco tiempo, **se topó con un libro que le cambió la vida: *Los tres mosqueteros*, de Alejandro Dumas. La obra la impactó. Poco después se estrenó la película en la que Gene Kelly interpretaba a D'Artagnan y entonces quiso saber todo sobre la esgrima.**

Les pidió a sus padres que la inscribieran a una escuela. Dio la casualidad de que uno de los mejores entrenadores del mundo, el italiano Eduardo Alajmo, había decidido radicar en México y Pilar fue una de sus primeras alumnas. Ella tenía 13 años y corría el año 1953.

Los Roldán tenían recursos económicos y contrataron a Alajmo para que le diera clases particulares a Pilar. Instalaron en su casa de San Ángel una pequeña pista de esgrima con todo lo necesario para su práctica y, contagiado por el entusiasmo de su hija, el propio Ángel se sumó a las lecciones.

Pilar siguió practicando tenis porque le daba fuerza en los brazos y rapidez para desplazarse, pero ya no para competir, sino como parte de su entrenamiento. La esgrima le afinaba los reflejos y afianzaba la seguridad en sí misma.

Su madre no le perdonó del todo que hubiera dejado el tenis, pero los avances de Pilar eran notables con el florete.

Después de año y medio de clases, Alajmo le dijo que ya estaba lista para competir a otro nivel. En noviembre de 1954 la inscribió a un torneo de segunda fuerza y, en efecto, la chica ganó todos sus duelos; a los ocho días ganó también el de primera fuerza; y, en noviembre de 1954, fue registrada al selectivo para los Juegos Panamericanos de 1955.

Ganó un lugar y con ello ocurrió algo peculiar: su madre participó en tenis, y Pilar junto con su padre, en esgrima. Vaya que aprendió pronto el señor. Solo faltaba su hermana Lourdes, quien ya era campeona infantil, pero muy joven para participar en el certamen.

Pilar no tenía experiencia internacional, pero terminó en cuarto lugar; perdió ante la venezolana Ingrid Sanders, lo que la hizo llorar sin consuelo durante varios días. Encontró refugio en su padre:

—¿Pensaste que nunca ibas a perder?

Sin medalla, se encendieron aún más sus deseos de continuar.

Sus grandes cualidades eran su talento natural y su disciplina inquebrantable; con ello se distinguió con diferencia sobre sus compañeras de generación, tanto así que a los 16 años clasificó para los Juegos Olímpicos de Melbourne, en 1956. Se convirtió en la segunda esgrimista mexicana en la historia olímpica, tras la aparición de Eugenia Escudero, quien participó en los Juegos de Los Ángeles en 1932. Así, cuatro días después de cumplir los 17 años, desfiló con la delegación mexicana al lado de Joaquín Capilla, uno de los mejores clavadistas de todos los tiempos y encargado de portar la bandera tricolor en el desfile de naciones. Pilar llegó a semifinales.

En esa justa olímpica se estrenó el sistema eléctrico para detectar los toques. Los atletas eran conectados a un cable que les pasaba por la espalda, dentro del uniforme, y se enredaba a un carrete que los dejaba correr y regresar sobre la pista. Se necesitaba medio kilo de presión sobre el chaleco eléctrico de malla para que sonara el timbre.

Ese fue un gran avance, porque antes dependía de la opinión de cuatro jueces que veían a ojo de buen cubero los combates y decían si había toque sobre el pecho del adversario, o no. Si las opiniones estaban empatadas, la del presidente de los jueces tenía el voto de calidad.

Para entonces, la vida de Pilar estaba consagrada a la esgrima. Su padre, entusiasmado y apoyador, le costeó y acompañó a muchas giras en las que se medía con las mejores.

A los Olímpicos de Roma en 1960 llegó como campeona nacional de México y también de Estados Unidos debido a su participación en torneos abiertos en los que llegaban a las fases decisivas cincuenta esgrimistas, de suelo mexicano, y más de cien de la Unión Americana.

Su preparación para los Olímpicos de Roma incluyó una gira por Europa: allí compitió en seis torneos contra los amos de la esgrima. Uno de ellos fue contra puras campeonas nacionales de aquel lado del charco. Ya tenía un lugar y era respetada en todas partes.

Pilar terminaba muerta de cansancio por tantos combates, pero el resultado fue magnífico: ganó tres de esos torneos.

Había sido un fogueo espléndido que, sin embargo, incomodó a los directivos mexicanos que no ponían ni un centavo de su bolsa.

El ya citado doctor Eduardo Hay era muy amigo de su papá y quien la había iniciado en la esgrima. Él había incluido en el equipo a algunas amistades y le había dicho a Pilar que no podría ir a la gira por Europa antes de los Juegos Olímpicos porque tenía que salir de México con el resto de la delegación.

Ella se negó, tomando el riesgo de no ser la abanderada de la delegación, y, cuando las cosas se pusieron más exigentes, amenazó con no asistir a los Olímpicos de Roma: nada le podía impedir viajar a la gira por Europa.

Ese combate también lo ganó Pilar. **El clavadista Álvaro Gaxiola recibió de manos del presidente de la República la bandera y la llevó a la capital de Italia, donde se la entregó a Pilar para el desfile inaugural. Fue la primera abanderada de una delegación en el mundo: las enseñas nacionales siempre habían sido portadas por hombres.**

Además de su excelente preparación, coincidió que su primer maestro, Eduardo Alajmo, se encontraba vacacionando en Roma y estuvo cerca de ella.

El objetivo de Pilar Roldán se cumplió: avanzar hasta la ronda final, lo que la colocó entre las ocho mejores del mundo. La familia seguía triunfando: mientras ella competía en Roma, su hermana menor, Lourdes, lograba el título nacional en México: ya se había convertido también en esgrimista.

En este deporte hay tres armas: florete, espada y sable. Las mujeres solo tiraban florete mientras que los hombres las tres. La competencia con florete consiste en tocar el cuerpo del contrario en la parte del pecho: los contactos con la cabeza, los brazos y las piernas no cuentan, aunque sí duelen.

Las damas tiraron espada hasta los Juegos de Atlanta en 1996, y sable hasta los de Atenas en 2004.

Tras los Juegos de Roma, Pilar supo que podía dar más, que una medalla olímpica no estaba fuera de su alcance. Los de Tokio en 1964 debían ser sus grandes Juegos.

El esfuerzo tuvo que ser doble porque, tres semanas después de regresar de Roma, Pilar se casó con el empresario Edgar Giffenig, de ascendencia alemana. Él fue el hombre de su vida y una figura trascendental en la carrera de Pilar, porque la apoyó en algo que no estaba de moda en esos tiempos: cuidar a los hijos mientras la mamá se iba a entrenar.

En diciembre de 1961 nació Edgar, el primer hijo del matrimonio. Vivían en la colonia Juárez y Pilar entrenaba con su hermana Lourdes en el YMCA de Ejército Nacional.

Pilar salía de su casa a las seis de la mañana para empezar su acondicionamiento físico antes de las siete. Dejaba una mamila preparada y tenía que estar de regreso a las nueve para que su marido se fuera a trabajar.

Por la tarde eran necesarias cuatro horas más de entrenamiento. Entre su madre, su suegra y el propio padre de la criatura se alternaban para apoyarla.

En 1963 nació Ingrid, quien se sumó al clan. Ese mismo año se dio a conocer una gran noticia: en su congreso de Baden-Baden, el Comité Olímpico Internacional anunció que México había ganado la sede para los Juegos de 1968.

Además de la euforia desatada, eso trajo aparejada otra ventaja: dado que se aproximaban los Olímpicos de Tokio, fijos ya en la mente y el esfuerzo diario de Pilar, se enviaría una delegación muy nutrida para que se foguearan los deportistas aztecas.

Un espadazo le partió el alma en dos a Pilar una semana antes del viaje a Japón. El presidente del Comité Olímpico Mexicano, José de Jesús Clark Flores, le informó que no la habían inscrito para participar. El argumento oficial señaló que no había la calidad suficiente para competir: ni ella, ni el equipo de esgrima.

¿Cómo decirle eso a una atleta con dos Juegos Olímpicos de experiencia, medallista de oro en Panamericanos y ganadora de torneos en Europa, en los que se enfrentó a la crema y nata de su deporte?

La decisión fue irreversible. Tal vez el verdadero motivo fue que Pilar y su esposo, extenuados por el ritmo de vida diario, se tomaron unos días durante una competencia. Clark Flores no la había perdonado por ello. O tal vez fue un asunto de política interna. O sea, grilla.

Pilar lloró con rabia ante esa decisión. Además, nunca recibió una explicación coherente. Se quedó con la espina clavada y solo pudo quitársela de una manera: preparándose otros cuatro años para competir por su país en el 68. Así lo hizo.

Los días previos a la competencia sufrió una crisis nerviosa. Los reflectores la apuntaban. **La revista *Sports Illustrated* la puso en la portada recalcando que aun siendo madre de dos hijos —de 7 y 5 años en ese entonces— y con 29 de edad, pelearía por una medalla en una disciplina eminentemente europea.**

En busca de tranquilidad y concentración máxima, Pilar se fue a vivir a la Villa Olímpica cuando se acercaba la contienda.

Deportivamente, se sentía entera. El Comité Olímpico había contratado a entrenadores de primer nivel en varios deportes y el polaco Jerzy Buczak le había enseñado los secretos mejor guardados de la técnica y la táctica de la esgrima. Pero la presión de competir en casa trajo consigo un pensamiento nuevo para ella: el temor a perder.

Durante los cuatro días de combates, Pilar se fue tranquilizando. Pese a que su hermana Lourdes y Rosa del Moral fueron eliminadas en sus primeros duelos, ella avanzó hasta las semifinales.

En la víspera, su entrenador dijo que no sería extraño ver a Pilar en el podio, dada la manera en que estaba tirando. El presidente de la Federación Mexicana, David Romero, declaró por su parte que eso sería imposible y había que ser realistas. Este comentario fue otro «incentivo» para una deportista rebelde que nuevamente se decepcionaba de sus directivos.

La Sala de Armas, construida especialmente para los Juegos, estaba a reventar. El domingo 20 de octubre de 1968 se llevaron a cabo las semifinales por la mañana y las finales por la noche. Las 12 pistas instaladas hacían imposible seguir con detalle cada duelo porque todo transcurría al mismo tiempo.

De ocho competidoras, dos quedarían eliminadas a primera hora. Pilar ganó sus duelos y se produjo una gran sorpresa en la ronda: la campeona mundial soviética, Alejandra Zabelina, quedó eliminada.

Seis floretistas se enfrentaron en la final. Pilar perdió sus dos primeros combates frente a la soviética Novikova y la húngara Rejto, campeona olímpica en Tokio.

Mala señal. La tribuna se enfrió, pero Roldán no. Mientras hay vida...

Otra soviética, Gorokhova, la podía dejar fuera de las medallas. Pero Pilar la derrotó. Siguió Gapais, de Francia, tierra de espadachines. También la venció.

Pilar se jugó el bronce ante su última adversaria, la sueca Kerstin Palme, quien la había vencido semanas antes en un torneo de preparación en La Habana. El punto decisivo había sido un toque posterior a que el juez detuviera el combate, pero que, con polémica, se dio por bueno. Pilar perdió 4-3. La enseñanza adquirida por Pilar le prohibía parpadear un solo instante. Ahora la enfrentaría en terreno mexicano.

Inició el combate. Con un rápido desplazamiento, Palme logró el primer toque. La mexicana mantuvo la calma y le dio la vuelta a la puntuación con dos contactos consecutivos. Pensó en resistir con la guardia alta, pero Palme no se daba por vencida, tocó por segunda vez y la partida se empató.

La gente gritaba en las gradas y se entregaba a Pilar, quien sentía el calor y solo pensaba en que no podía defraudarlos. Tenía que cuidarse de los ataques de la sueca, pero alistar también la siguiente acometida.

Pasaron casi cinco minutos con una tensión que hacía rechinar los dientes. Parecía una eternidad, hasta que la mexicana atacó y tocó. La sala de armas rugió. Pilar Roldán ganó el duelo.

Ella misma supuso que había conquistado la medalla de bronce, pero los jueces tenían que hacer cuentas.

La exclamación que se produjo cuando aparecieron los resultados en el tablero electrónico resuena incluso hoy en la Magdalena Mixhuca. México no ganó el bronce: se llevó la plata por la diferencia de un toque entre producidos y recibidos en sus combates y desplazó a la húngara Ildikó Rejto al tercer lugar.

Pilar Roldán se convirtió así en la primera mexicana ganadora de una medalla olímpica. Cuatro días después, Mari

Tere Ramírez fue la segunda al colgarse el bronce en los 800 m libres, prueba que debutaba en los Juegos en la rama femenil.

Pero también se convirtió en la única floretista del continente americano en ocupar un puesto en el podio hasta que en Tokio 2020 y París 2024 ganó oro Lee Kiefer de Estados Unidos. De ese tamaño fue su triunfo.

En el paladar le quedó un sabor a miel con chile. El premio a todo su esfuerzo siendo atleta y madre se combinó con su demostración a los directivos que la habían boicoteado.

Pilar ya no regresó a la Villa Olímpica. La celebración fue con su familia, en casa y sin estridencias. Poco después nació Sandra, la tercera de su descendencia.

Se dedicó a pintar durante los siguientes siete años, presidió la Federación Mexicana y tuvo otros cargos internacionales en la esgrima antes de irse a vivir a Puerto Aventuras, lugar que prácticamente fundó con su esposo, administrador durante años de un club de golf.

Los ojos se le nublan al recordar su historia. Pero más aún, al hablar de los suyos.

—Sin ellos no hubiera logrado nada —dice—. Mi verdadero triunfo es haber tenido a mi esposo, mis hijos y mis nietos.

Y para los mexicanos, el triunfo fue haberla tenido a ella.

Años más tarde, una de sus nietas la telefoneó desde París para decirle que estaba agotada, pues trabajaba en un restaurante muy elegante, 11 horas al día.

—No cejes —le contestó la abuela—. Enfócate en tus sueños sobre cualquier otra cosa. En la vida subes un escaloncito y luego te caes un poco, o te tiran: es parte del camino. **Sube tu montaña despacito, pero sin descanso. Entonces tu triunfo será irremediable.**

Para saber más de esta historia y revivir su momento, escanea el código QR.

MÉXICO 86

EL QUINTO PARTIDO

F.J. A.R.

La maldición de los penales

MÉXICO 86

*Este texto está escrito por ambos autores.
El azul es la voz de Francisco Javier y el negro es la voz de Alejandro.

EL MUNDO UNIDO POR UN BALÓN

EL QUINTO PARTIDO

En el Estadio Universitario de la Universidad Autónoma de Nuevo León no cabía ni un alma. Aunado a ello había millones de televisores encendidos, el país entero paralizado y los corazones esperanzados en que la selección mexicana «sacaría la casta» —una de las frases clichés más socorridas de la crónica deportiva— para derrotar a la casi siempre imbatible escuadra alemana. Era el 21 de junio de 1986 y se jugaban los cuartos de final del Mundial de Futbol —cabe destacar que era el quinto partido de la selección nacional—.

Los mexicanos, siempre con el alma en un hilo y el Jesús en la boca, esperábamos el milagro. El «sí se puede, sí se puede» —socorrido grito que parte de la desesperanza porque nunca se ha podido— resonaba en todos los rincones del país.

La selección se había desempeñado bien en la ronda de grupos con dos victorias y un empate, había despachado a Bulgaria en octavos de final con la espectacular tijera de Manuel Negrete, y la siguiente instancia —contra Alemania en Monterrey— se antojaba difícil pero no imposible. Todo parecía jugar a favor de México, pues el ánimo mundialista y la confianza en la selección habían invadido el país desde muchos meses antes.

Cuando Bora Milutinović, el personaje destinado a cambiar la historia, tomó la selección nacional, era el técnico de moda. Él encontró un terreno baldío donde edificar lo que seguía.

Había pasado la época de grandes entrenadores estelares, como Ignacio Trelles, Raúl Cárdenas y José Antonio Roca al frente del tricolor y el panorama era desolador. México no asistió al Mundial de Alemania en 1974 porque fue eliminado en el Premundial de Haití. En Argentina 78 ocupó el último lugar y se trajo, entre otros recuerdos, una goleada de 6-0 frente a Alemania. Y tampoco acudió a España 82 porque habiendo por primera vez dos plazas para la Concacaf, fue eliminado en el Premundial de Honduras.

Bora, un serbio que llegó como futbolista a Pumas y por necesidad se convirtió en entrenador, tenía ya una carrera meteórica en la banca. Cuando fue llamado a la selección, ya había sido campeón de liga, de la Concacaf y de la Copa Interamericana con un plantel formado mayormente en las fuerzas básicas del Club Universidad.

La Federación fue criticada por haber elegido a un técnico extranjero, pero hizo oídos sordos. Milutinović le entró al quite sin saber que México organizaría el siguiente mundial.

Colombia, meses después de su nombramiento, declinó ser la sede de 1986 y México, con habilidad y contactos de altísimo nivel, venció en el escritorio a Estados Unidos y Canadá, los otros aspirantes a suplir como anfitrión al país caribeño.

Nadie podía pensar que después de esa etapa de horribles resultados de la selección ahora estuviera preparándose para enfrentarse a Alemania en los octavos de final de la Copa del Mundo. Ni María Sabina lo hubiera podido imaginar.

«VAMOS A SER ANFITRIONES / DE MUCHA GENTE SEÑORES»

Así rezaba una canción interpretada por Pique, la mascota de México 86. El Mundial fue una catarsis para los mexicanos: la tristeza, la pesadumbre y los gritos de dolor que resonaron en la Ciudad de México con el terremoto del 19 de septiembre de 1985, dejaron su lugar a la alegría, el júbilo y los gritos de «¡Goooool!» que se corearon a partir del 31 de mayo de 1986 cuando fue inaugurada la Copa del Mundo. **Poco más de ocho meses mediaron entre la tragedia y la más grande fiesta del futbol mundial.**

En plena reconstrucción, México 86 fue un mundial muy peculiar para los mexicanos. Al día siguiente del terremoto, João Havelange, presidente de la FIFA por entonces, habló con las autoridades de la Federación Mexicana de Futbol para preguntar si los estadios mundialistas del valle de México —el Azteca, el Olímpico Universitario, la Bombonera de Toluca y el Neza 86— se encontraban en buenas condiciones. Esa era su mayor preocupación. Si todo estaba en orden, nada impediría que rodara el balón en 1986.

Desde los preparativos hasta la final, la organización fue impecable y a lo largo de casi un mes fue posible ver de todo, desde lo más sublime —como el espectáculo que brindó Maradona a lo largo del torneo— hasta lo ridículo —como la gran discusión de los directivos mexicanos que rechazaron rotundamente que Cantinflas fuera la mascota del mundial, pues querían un personaje que representara la modernización del país, la vanguardia y el futuro, ya que México estaba por ingresar al Acuerdo General sobre Aranceles y Comercio (GATT), con el cual comenzaría el tránsito al libre comercio—. Por eso, qué mejor que la mascota fuera un chile jalapeño, con su panza chelera, su bigote grande y su sombrero charro y cuyo nombre, Pique, era un albur en sí mismo.

Si los mexicanos somos estoicos para resistir desilusiones, también somos festivos y pachangueros.

Pese a atravesar momentos muy duros tanto económica como políticamente, nos disfrazamos de mundial y demostramos que las penas con fiesta son menos.

El futbol, cuyo escenario es casi tan catártico como el de la lucha libre, entregó motivos para nuestra descarga emocional.

Celebramos a Pique, seguimos de cerca la larga preparación de la selección, ahorramos para comprar boletos y sufrimos un terremoto desalmado que nos hizo cantar el himno nacional a capela con todo el corazón el día que México enfrentó a Bélgica en su debut mundialista.

No todo mundo estuvo de acuerdo con la celebración del Mundial en México. Se hicieron dos bandos: el de los intelectuales y los financieros contra todos los demás. Ganaron los *fans*.

Gran parte del presupuesto fue aportado por la iniciativa privada. Tal como Miguel de la Madrid le había advertido a Emilio Azcárraga Milmo, autor intelectual y material del Mundial del 86, no hubo dinero del Gobierno.

Fue un mundial festivo y lleno de color pese a la tragedia sísmica. Los pósteres son, hasta la fecha, los más bellos de las copas del mundo. Las fotografías de Annie Leibovitz con modelos representando jugadores del antiguo juego de pelota en algunas de nuestras ruinas arqueológicas son parte de la memoria colectiva.

Pero en este mundial cupimos todos. Los diseños de Pique y del logotipo representando al mundo unido por un balón fueron el resultado de convocatorias abiertas a quien quisiera participar. Ambos diseños fueron ganados por jóvenes recién salidos de la universidad.

El comité organizador pudo actuar con soltura porque le hizo una propuesta a la FIFA: encargarse de todo con la menor intromisión del organismo para ahorrar tiempo a cambio de ofrecer un porcentaje de utilidad superior al del Mundial de España 82. Fue otra visión brillante de Grupo Televisa.

Para que las cuentas salieran, se le abrieron las puertas a los patrocinios como nunca antes había sucedido en los mundiales: los *pants* de la selección parecían autos de Fórmula 1 por la cantidad de anuncios. Aparecieron las vallas publicitarias en los estadios, la invasión de anuncios en medios, los contratos con empresas globales para proveer de cámaras, computadoras y componentes al comité organizador a cambio de comerciales en las sedes y en la televisión.

Los mundiales llegaron en México a la mayoría de edad. El del 1970 fue innovador, y el femenil de 1971, conmovedor. Bases sólidas para que ahora las copas del mundo se pusieran el traje y la corbata de los hombres de negocios.

En 1981 comenzó la exitosa era de los videoclips con el lanzamiento de MTV. La fiebre del videoclip llegó hasta las canchas de futbol y en 1986 cuatro selecciones debutaron en el mundo de la farándula y nos recetaron videos de sus jugadores cantando sus temas relativos al mundial.

Los alemanes le hicieron los coros a Peter Alexander, cantante, actor y presentador de la televisión austriaca, para cantar «México, mi amor» en alemán, en un video en el que Lothar Matthäus y Pierre Michael Littbarski —verdugos de la selección mexicana en Monterrey— aparecieron vestidos con sendos jorongos y sombreros al estilo Pique —eran la versión germana de Chano y Chon—.

Los franceses presentaron «Viva les Bleus», cuya primera estrofa era una oda al ingenio del compositor:

Viva! Viva! Viva les bleus.
Viva! Viva! Viva! Viva les bleus.
Viva! Viva! Viva les bleus.
Et viva la vie!

Los brasileños no se quedaron atrás y lanzaron el disco *La selección brasileña canta su himno oficial. Samba Verde Amarelo.* Y al ritmo de samba y con una mezcla de «Cielito lindo» fue un deleite ver a Sócrates, Zico, Falcão, Júnior y Müller cantar y bailar para comprobar que lo mejor que habían podido hacer era dedicarse al futbol.

¿Quién no cantó «El equipo tricolor tiene mucho corazón y en la cancha lo demostrará»? Esa canción fue el regalo de nuestra selección y en el video se vio cantar a Manuel Negrete, Javier Aguirre, Olaf Heredia, Carlos Hermosillo, Pablo Larios, el Chícharo Hernández —papá del Chicharito—, Miguel España, Luis Flores y Fernando Quirarte, pero resultó que no cantaban muy bien y, según cuentan, aunque los jugadores grabaron en el estudio, el resultado fue tan malo que se le pidió al actor Rubén Cerda que regrabara 21 variaciones de su voz para integrar la versión del álbum oficial.

Rafael Guadarrama no era compositor: era director artístico de una disquera y, ante la cercanía del mundial, se le prendió el foco. ¿Y si le hacemos una canción a la selección nacional?

Rafael habló con su jefe y le contó que no sería un proyecto costoso y que él podría encargarse en su totalidad de explorar si se podía. Recibió autorización.

Guadarrama no sabía ni a quién dirigirse. Se presentó en las oficinas de la Federación y ni caso le hicieron, mientras que en la sede del comité organizador no pasó de la puerta. Decidió hacer un último intento y acudió a un entrenamiento de la selección en el Centro de Capacitación y pudo hablar con Miguel Mejía Barón, elemento fundamental en el cuerpo técnico de Bora.

Le pidió no más de diez minutos para exponerles su idea a los jugadores. Sin mayor trámite, Miguel lo llevó al vestidor al término de la práctica.

Rafael les explicó de qué se trataba. Les dijo que no les quitaría más de una tarde y que había un pequeño presupuesto para compensarlos. No se trataba de hacer negocio, pues era solamente un adorno más, de índole musical, del Mundial México 86.

Como siempre le tenemos miedo a lo desconocido, al principio hubo reticencia. Rafael llevaba un *cassette* con la maqueta de la canción.

—Solo apréndanse el coro. Escuchen: ele-qui-po-tri-color-tie-ne-mu-choco-ra-zón... Grabamos en el momento que ustedes quieran.

Empezaron a brillarles los ojos. Se entusiasmaron. ¿Qué podían perder? Aceptaron.

Hugo Sánchez no podría participar porque ya tenía compromiso con otra disquera para una canción —desafortunada, por cierto— que se llamó «Corriendo tras un balón».

La agenda de la selección era apretada y únicamente podrían asistir al estudio de grabación al día siguiente por la tarde. Rafael les mintió y les dijo que ya tenía todo preparado. Tuvo que correr para que así fuera.

Carlos de los Cobos y Manuel Negrete cantaban bien; los demás hacían el intento. La grabación duró unas cuatro horas y los futbolistas se divirtieron mucho.

La disquera reforzó con voces profesionales la versión final y quedó como quedó: armónico, pegajoso y alegre.

El lado B del disco contenía «La ola verde», también creación de Rafael Guadarrama y Manuel Bautista.

La canción «El equipo tricolor» no ganó discos de platino, pero obtuvo un premio mejor: la trascendencia. Cuarenta años después, la seguimos tarareando.

Nos tocó ver de todo. Por entonces, los boletos eran accesibles: se vendieron seis meses antes del torneo y, al aproximarse el inicio del mundial, en el «Aviso Oportuno» de *El Universal* y en otros periódicos aparecieron a la venta cientos de boletos para todos los partidos de aficionados que compraron las series y por alguna razón no podrían asistir a diversos juegos. Recuerdo haber conseguido dos boletos para el primer juego de México —contra Bélgica—, y nos costaron alrededor de 3 000 pesos actuales.

Era un México distinto: un país que se emocionaba con la «ola de Coca-Cola, la ola del mundial» y que enmudeció cuando a Hugo Sánchez le tocó cobrar una pena máxima frente a Paraguay. A diferencia de lo que sucedía en un anuncio de Coca-Cola en el que anotaba y el país entero estallaba en júbilo, en la realidad, Sánchez falló y el anuncio no volvió a transmitirse.

Era un México en el que los chavos querían un «azteca», el nombre que se le dio al balón oficial, original, para jugar la cascarita.

Era un país en el que en cada ciudad la gente encontró un lugar para celebrar. En el todavía Distrito Federal, el famoso Ángel de la Independencia inició su historia como epicentro de las grandes celebraciones deportivas al grito de «¡Todos al Ángel!».

En Ciudad Satélite todo se paralizó y el festejo se llevó a cabo en los desniveles por encima de los que pasa el periférico a la altura de Plaza Satélite, o en grandes desfiles con el claxon de los automóviles haciendo el sonido de la victoria en la entonces famosa Zona Azul.

Era un país que podía rendirse ante una camiseta de Carta Blanca muy entallada, unos pasos de baile cadenciosos y unos segundos ante la cámara en un anuncio de cerveza, para hacer de Mar Castro la chica más deseada del mundial, quien, gracias a ese comercial, saltaría a la fama como la Chiquitibum con una fugaz carrera artística.

Una vez que comenzó a rodar el balón, se escribieron más historias. **Ni antes ni después del 86 se ha escuchado un abucheo —con todo y su silbatina y mentadas de madre— tan largo y estruendoso, tan sentido y honesto,** como el que le propinaron los más de 100 000 espectadores que llenaron el Estadio Azteca al presidente Miguel de la Madrid al inaugurar el torneo. Fue la forma que eligió la gente para restregarle que había sido un inepto frente al terremoto del 85. Y como el abucheo quedó para la historia, la presidenta Claudia Sheinbaum ya declaró que, por si las moscas, no asistirá a la inauguración del Mundial 2026, pues «el miedo no anda en burro», dicen.

Los mexicanos somos alegres y el mundial nos puso maracas en las manos. Se hablaba en todos lados de la Copa del Mundo.

La selección había estado concentrada un año, al cabo del que se sumó al equipo Hugo Sánchez, pocos días antes del inicio. El Real Madrid había jugado la final de la Copa UEFA contra el Colonia de Alemania y lo pudo soltar tarde, de acuerdo a los planes de preparación, y lesionado por una entrada criminal que le hizo Littbarski, a quien volvería a enfrentar en el partido México-Alemania en Monterrey.

Bora hacía jugar a su equipo a la segura. Se le calificó de defensivo, pero la verdad es que no tenía, salvo Hugo, atacantes que pudieran hacer diferencia de calidad ante selecciones poderosas. Tenía, eso sí, una defensiva muy bien puesta y un medio campo con jugadores muy duros como Carlos Muñoz y Miguel España, aderezado con el talento de Manuel Negrete y Tomás Boy.

Un año de preparación que incluyó varias giras y partidos frente a potencias como Argentina, Italia, Alemania e Inglaterra alimentaba la ilusión.

Hubo cierta polémica sobre la adición de Hugo al plantel: después de un año de concentración, algunos de los jugadores pensaban que era injusto que tuviera un lugar seguro sin haber hecho ese esfuerzo.

Pero Hugo era ya una figura internacional, la única que tenía México. Otra parte del grupo lo recibió con apertura y admiración. El gafete de capitán lo tuvo puesto en el brazo Tomás Boy durante todo el proceso. Hugo también lo quería tener, pero Bora medió y previno todas las situaciones, incluyendo la capitanía. En un vestidor con jugadores de gran personalidad, Tomás *el Jefe* Boy mantendría esa distinción, aunque varios eran los que ejercían influencia en el grupo.

Luis Flores, después de un entrenamiento, declaró que no se iba a casa por respeto a sus compañeros, pero no estaba conforme con ser suplente de Hugo. Bora, otra vez, intervino y solucionó el problema.

«BORA, HAZME UN HIJO»

Conforme avanzó el torneo, en junio de 1986, la expectación generada en torno a la selección mexicana fue en aumento, así como las esperanzas también. Bora Milutinović, director técnico de la selección, logró armar un equipo sólido que tocaba bien el balón; además, México sabía jugar de local y contaba con el jugador número 12: el público.

La selección debutó frente a Bélgica y ganó 2-1; su segundo partido, contra Paraguay, terminó en empate con sabor a derrota por el penalti que Hugo Sánchez falló a tres minutos del final; con el 2-1 en contra de Irak, los mexicanos avanzaron a octavos de final donde derrotaron a Bulgaria y así, motivados y apoyados por su afición, viajaron hasta Monterrey para enfrentar a los alemanes.

México se plantó como los grandes —así dicen los cronistas— y conforme avanzaba el partido mostró *carácter*; aunque es un cliché, era cierto. El equipo tricolor logró mantener a raya a los alemanes, pero no pudo anotarles. El partido terminó en su tiempo regular con un empate a 0 y el sufrimiento se extendió treinta minutos más. Todo podía pasar. Comenzó el primer tiempo extra y, al minuto 10, luego de una serie de rebotes en el área alemana, el Abuelo Cruz anotó y el grito de «¡Goooool!» resonó al infinito.

Tocamos la gloria. Por un instante, el Abuelo Cruz alcanzó un lugar en el altar a la Patria; por un momento estuvimos en semifinales. **Pero la alegría duró lo que un suspiro: el árbitro marcó una falta y anuló el gol. Llegaron los penales y con ellos sobrevino la tragedia.**

Alemania anotó el primero; México respondió con la misma moneda y Manuel Negrete tiró como los grandes. Alemania anotó el segundo y Fernando Quirarte falló. Alemania anotó el tercero y Raúl Servín falló. Alemania anotó el cuarto y, con ello, los alemanes se levantaron con la victoria.

La carroza se transformó en calabaza, pero a pesar de la derrota, muy a la mexicana, la gente salió a las calles y a las plazas a festejar el lapidario «jugaron como nunca y perdieron como siempre» y nació así la maldición de los penales que perseguiría a México durante varios años.

La eliminación en penales fue un duro golpe para la afición mexicana.

La selección había crecido y repartido alegría. Los festejos en las calles después de cada victoria se hicieron memorables. Se llegó al famoso quinto partido y se libró una dura batalla contra los alemanes, quienes terminaron siendo finalistas y, cuatro años después, campeones del mundo en Italia 90.

El periodista Guillermo Ochoa propuso, en su célebre programa *Hoy mismo* de Televisa, que la selección fuera al Estadio Azteca a ver la final, para que la gente les rindiera un homenaje.

Así ocurrió. La ovación de pie a los jugadores del Tri fue sonora y de corazón.

Me quedo con una imagen relatada por Manuel Negrete, autor del mejor gol de los mundiales, el cual ocurrió la noche de esa eliminación contra los alemanes.

Cuando llegó a la casa club de Pumas, que es donde vivía, tomó su auto y se fue a dar vueltas a avenida Reforma. Dio vueltas una y otra vez en la glorieta del Ángel de la Independencia. Era de madrugada.

Se imaginó, en la soledad de la noche, cómo estaría ese lugar si México hubiera ganado.

Lloraba mientras conducía.

Todos nos quedamos con esa idea. ¿Y si hubiéramos avanzado a semifinales? El sueño había terminado.

Para saber más de esta historia y revivir su momento, escanea el código QR.

¡GOYA, GOYA...!
FINAL PUMAS VS. AMÉRICA 1991

F.J. A.R.

¡Goya, Universidad! La venganza

PUMAS VS. AMÉRICA 1991

*Este texto está escrito por ambos autores. El azul es la voz de Francisco Javier y el negro es la voz de Alejandro.

«¡GOYA, UNIVERSIDAD!», 1991

Clamábamos venganza: queríamos que, a como diera lugar, los Pumas derrotaran al América en la final del futbol mexicano de 1991. Habían transcurrido seis años desde la última vez en que ambos equipos se habían enfrentado por el título.

Miles de aficionados —muchos de los cuales estudiábamos en la UNAM— aún teníamos el amargo sabor de la derrota que el equipo de la universidad sufrió ante el América por un árbitro que no pudo ocultar su filiación americanista en la final de 1985.

Pero en la temporada 1990-1991 todo parecía jugar a favor de los Pumas: terminaron como superlíderes, cerrarían jugando en su estadio y a lo largo de la temporada mostraron un nivel digno de dioses con un equipo que parecía de gigantes: Jorge Campos, Ramírez Perales, Claudio Suárez, Abraham Nava, Torres Servín, Miguel España, García Aspe, Juan Carlos Vera, David Patiño, Luis García y el Tuca Ferretti, dirigido por Miguel Mejía Barón.

Pumas había logrado por segunda vez en su historia una temporada regular de 55 puntos cuando se ganaban dos por triunfo. Pumas era una máquina futbolística que destrozaba las defensas contrarias: las destartaló 64 veces. Su principal verdugo era un hombre de la casa: Luis García. ¡Ah, qué tiempos aquellos!

Todavía eran temporadas largas y había que sostener mucho tiempo el paso para ser el mejor. Luis marcó 26 goles y García Aspe 7, mientras que el Tuca Ferreti y David Patiño, 6 cada uno. Salía humo del Pedregal.

Por mi actividad como reportero visitaba con frecuencia los entrenamientos de uno y otro. ¿Saben? Se respiraba algo especial porque veníamos del año del Mundial de Italia. Sí, aquel en el que no participó México, castigado por la FIFA debido a la trampa de los cachirules. Tanto en el América como en los Pumas había futbolistas que hubieran podido consagrarse en él. Ahora, con César Luis Menotti como entrenador nacional, buscaban hacerse de un lugar. El talento mexicano surgía a borbotones.

Las Águilas habían terminado en el cuarto lugar de la tabla, 12 puntos debajo del líder. Pero como dice el comercial, «saben jugar liguillas y lo demostraron con creces». Se deshicieron de la UdeG en cuartos de final con un marcador global de 3-1, y en semis le hicieron un 5-0 acumulado a Chivas. Toninho les marcó dos goles en el Jalisco y otro par en el Azteca.

Pumas era implacable. En cuartos le hizo seis goles al Morelia y después tres al Puebla. Ambos se presentaban al gran día afilados como cuchillos de carnicero.

Los Pumas llegaron a la final sin mayores sobresaltos para encontrarse con su archienemigo: el América. En condiciones normales, nadie habría puesto en duda que Universidad Nacional se coronaría como campeón de la liga, pero el América no era un rival convencional: a lo largo de su historia siempre había pesado la mala fama de que, de una forma u otra, el arbitraje siempre terminaba por favorecerlo.

La final de ida se jugó en el Estadio Azteca el miércoles 19 de junio de 1991. Por fortuna aún no existía Ticketmaster México, o estaba en ciernes, por lo que conseguimos boletos sin mayor problema. Era una noche lluviosa y no cabía un alma más en el Coloso de Santa Úrsula. Comenzó el partido y al minuto con algunos segundos Luis García —el Niño Artillero, como lo llamó algún comentarista de Televisa— anotó el primer gol de los Pumas.

Era muy temprano para cantar victoria, pero pensamos que la noche se vestiría de azul y oro.

—¡Chelas! ¡Otra ronda por aquí! —Teníamos que brindar y comenzar los festejos aunque aún faltaran como 85 minutos por jugarse.

La vida y el futbol siempre nos enseñan que no hay que adelantar vísperas. Y menos si el América cuenta con un gran equipo: Zague, Toninho, Edú, Antônio Carlos Santos, Gonzalo Farfán, Cristóbal Ortega, Cesilio de los Santos, Enrique Rodón, Alex Domínguez, Juan Hernández y Adrián Chávez, dirigidos por el polémico Carlos Miloc. Se vino la tormenta.

Sin ayuda del árbitro, las Águilas demostraron que talento y contundencia no les faltaba: al minuto 12 Toninho empató el marcador; al 14, Farfán anotó el gol de la ventaja azulcrema y al minuto 19 llegó el tercer gol por la vía de un penalti que cobró con precisión Antônio Carlos Santos.

—¡Maldita sea! ¡Maldita suerte! ¡Que chingue a su madre el América! ¡Pinche Televisa! ¡Pinche Azcárraga! —gritamos los aficionados de los Pumas, quizá más desconsolados y desconcertados que furibundos. Era el minuto 20 del primer tiempo y se anunciaba la debacle. Con el marcador 3-1, los jugadores de Pumas parecían perdidos: si el América continuaba con esa contundencia podrían sentenciar el campeonato esa misma noche. El fantasma de la derrota gravitaba en el Azteca.

Pero la tormenta azulcrema no causó más estragos: el equipo universitario se tranquilizó, recuperó el orden, creó oportunidades de gol y al comenzar el segundo tiempo, David Patiño descontó un tanto para los Pumas. El juego terminó 3-2 a favor del América, pero el segundo gol universitario nos dio a sus seguidores un respiro. El Estadio Olímpico Universitario, la casa de los Pumas, aguardaba para el juego de vuelta: sus aficionados esperábamos que el equipo remontara y que sus jugadores se repitieran con firmeza: «¡Goya, goya, Universidad!», «Por mi raza hablará el espíritu».

Pocas cosas hay más desagradables que escuchar desde afuera del estadio un sonoro grito de gol. ¿De quién? ¿Cómo fue? Por la lluvia y por ser una noche entre semana, muchos llegaron tarde al Azteca. Cuando entraron a la grada, se enteraron de que Pumas se había adelantado con un gol tempranero de Luis García con una volea de derecha a pase de Claudio Suárez, quien entonces jugaba de lateral.

La leña estaba barata. Abundaban las entradas fuertes y los regaños de Bonifacio Núñez, recordado árbitro que sabía poner en orden a los rijosos a mentadas de madre si era necesario.

Pumas no consideró que el América tenía un arma secreta que le haría daño: los saques de banda. Estos solían ser la jugada más inocente del futbol, pero esa noche les crecieron largos colmillos que se hincaron dos veces en la piel felina.

En siete minutos, el América marcó tres goles. Juanito Hernández cobró el primer saque lateral mortífero en el corredor del área. Lo hizo retrasado hacia Toninho, quien se quitó con un quiebre de cintura a Ramírez Perales para girar noventa grados y sacar un zurdazo potentísimo al segundo poste de Jorge Campos. Golazo.

Los universitarios estaban desencajados: se ausentaron del partido. Sin reponerse del picotazo, tres minutos después recibieron otro por una jugada inverosímil.

En esa misma banda, Antônio Carlos Santos lanzó un largo saque de manos. Como en película de pastelazos, todo mundo se hizo líos en la defensa auriazul. El envío llegó hasta el área chica, cerca del poste. Gonzalo Farfán picó a toda velocidad para rematar de volea ganándole a un sorprendido Miguel España, quien volteaba buscando un culpable sin encontrarlo. Campos tampoco pudo tapar el segundo gol americanista.

Santos, a los 18 minutos, marcó el tercero por un penalti en plena debacle universitaria por una falta de Abraham Nava sobre Zague en un contragolpe. Parecía que todo terminaría ahí.

Como se pudo, los universitarios impidieron más daño y se fueron al vestidor con un peso en la espalda apenas soportable.

Pumas tenía diez años sin ganar un campeonato y el América lo había impedido dos veces. ¿Ni la tercera sería la vencida?

Nada más iniciado el segundo tiempo, David Patiño se quitó a Alex Domínguez de encima para hacer un golazo desde afuera del área. El 3-2 a favor del América persistió durante un electrizante segundo tiempo.

UN ODIO BIEN GANADO

La creciente rivalidad entre los Pumas de la Universidad y el América es relativamente nueva: se originó en 1985, cuando ambos equipos se enfrentaron por primera vez en una final del futbol mexicano. Pero el encono va más allá del futbol y tiene que ver con lo que por décadas ha representado Televisa y su equipo, y lo que significa el espíritu universitario.

Bajo la mirada de los estudiantes, el América representaba lo peor: era el equipo de los millonetas y del Tigre Azcárraga —soldado del sistema político—, gozaba de todos los privilegios habidos y por haber, sus jugadores recibían sueldos estratosféricos, el equipo tenía la chequera abierta para comprar jugadores y voluntades, el poder de la televisora podía incidir en los resultados, y los comentaristas de Televisa estaban al servicio del equipo del mismo modo en que muchos periodistas estaban al servicio del Gobierno. No era exagerado decir que el América era el PRI del futbol mexicano.

Los Pumas, en cambio, representaban el espíritu universitario: su permanente ánimo contestatario, la rebeldía permanente contra al *statu quo*, la cultura del esfuerzo y sus futbolistas, mayormente, debían salir de su propia cantera, por lo que eran dedicados, había una hermandad y estaban acostumbrados a luchar contra la adversidad. Para explicarlo de una forma más simple: si en 1988 Televisa apostó por Carlos Salinas de Gortari, la UNAM lo hizo por Cuauhtémoc Cárdenas.

La final de 1985 desató a los demonios y la rivalidad fuera de la cancha se transformó en un odio que no pocas veces ha terminado en grandes zafarranchos entre las porras de ambos equipos. De acuerdo con el reglamento de esa temporada, la final se jugaría a visita recíproca, primero en el Estadio Azteca y luego en CU; y solo en caso de que hubiera un empate en ambos encuentros, se jugaría un tercer partido en una cancha neutral: el estadio La Corregidora de Querétaro.

Los Pumas se presentaron en el Coloso de Santa Úrsula el 23 de mayo y sacaron el empate a un gol; el segundo juego, realizado el 26 de mayo, fue una tragedia. Era tan grande la expectación generada por la posibilidad de que los universitarios se coronaran en su estadio, que cientos de aficionados que no consiguieron boleto intentaron ingresar por la fuerza y el túnel 29 se convirtió en una trampa mortal: ocho personas murieron asfixiadas, de las cuales tres eran menores de edad.

Yo tenía por entonces 16 años y fui al estadio con mi papá, mi hermano, mis tíos y mis primos. Para evitar las multitudes llegamos muy temprano y no supimos de la tragedia, como la mayoría de los asistentes. De manera increíble, en el estadio ninguna autoridad informó nada, no hubo ningún aviso y, más sorprendente aún, el juego no se suspendió. Nos enteramos de la tragedia horas más tarde en los distintos servicios de noticias.

Me imagino que los equipos tampoco fueron informados de la tragedia porque los jugadores saltaron a la cancha con el mismo ánimo y la euforia de jugar una final. No hubo nada para nadie y el partido terminó empatado a cero goles; por tanto, el campeón se coronaría en el estadio La Corregidora de Querétaro el 28 de mayo de 1985. El América se presentó con 12 titulares: 11 jugadores y el árbitro que, seguramente, llevaba debajo de su uniforme negro los colores de las Águilas.

El tercer juego fue el robo del siglo, perpetrado por el árbitro Joaquín Urrea. Al minuto 11 del primer tiempo, Alfredo Tena remató dentro del área de Pumas y el balón pegó en la mano del universitario Félix Cruz. El árbitro con firmeza marcó penalti y Brailovsky lo anotó.

Minutos después, de manera increíble, la escena se repitió en el área del América: Manuel Negrete estrelló la pelota en la mano del americanista Alfredo Tena y el árbitro no marcó nada. La falta era tan grande como el propio estadio y el único que decidió no verla fue Urrea: se tragó el penal completo.

La desaseada decisión del árbitro fue un golpe mortal para el estado de ánimo de los Pumas, quienes se desplomaron. En los minutos siguientes recibieron dos goles más y hasta el minuto 78 reaccionaron con un gol, pero ya no había manera de alcanzar al América y sacarle la victoria. Las Águilas se coronaron de la mano de Joaquín Urrea y los universitarios jamás perdonamos esa afrenta.

El encono entre Pumas y América tiene fundamentos filosóficos y deportivos. Como en todo clásico, lo que representan sus playeras es rabiosamente antagónico.

Desde su primer enfrentamiento histórico inició la cuenta de rencores. El debut de la UNAM en primera división fue contra el América, que ganó 2-0 en 1962.

Magnificado por las respectivas televisoras, el divorcio era natural. Pumas fue transmitido por la televisión del Estado hasta que se privatizó y se extinguió la obligación moral de la Universidad Nacional de no escuchar ofertas más atractivas.

Pero el América, al ser propiedad de Televisa, era sinónimo de poder. Lo sucedido en el partido de ida provocó una expectativa que se desbordó por la falta de controles en el estadio. Con aforo para 73 000 personas, se calcula que había 90 000 en el de vuelta.

En ese entonces, llegué temprano al palco de prensa porque era minúsculo y quería ganar uno de los asientos. Conforme pasaban los minutos, la grada se llenó a un ritmo exponencial y, mucho antes del inicio del juego, los encargados de prensa nos pidieron a algunos ver el partido desde la cancha porque eso estaba reventando.

Así lo hicimos. No sabíamos lo que ocurriría minutos después en el túnel 29. En el forcejeo para entrar a la tribuna, entre 8 y 14 personas perdieron la vida por aplastamiento y asfixia. Nunca se supo la cifra oficial, o bien se desconfió de ella.

Escapar de esa trampa en plena gestación de la tragedia fue milagroso; algunos menores de edad cargados en vilo por sus padres lo lograron. Uno de los padres que salvaron a sus hijos fue Rafael Puente, quien levantó por encima de su cabeza a su pequeño hijo, hoy comentarista y director técnico, para poder contarlo.

Los reporteros que veíamos el juego desde atrás de la portería tuvimos que estar más atentos a las piedras lanzadas desde la grada con pedazos de tribuna que al partido mismo. Algunos aficionados enfurecidos a los que les tapábamos la visibilidad destruían los bloques de cemento para arrojárnoslos. Alberto Fabris, reportero de cancha de Canal 13, salió con un pie fracturado.

No se supo de los sucesos fatídicos hasta después del partido. Imperaba el caos.

El juego de vuelta fue una batalla de pocos espacios. Ambos equipos forcejearon los 90 minutos y lo más encendido habrá sido una jugada en la que Jorge Espinoza empujó al Ruso Brailovski y este le respondió. ¿Expulsión para ambos? No, no pasó nada.

Cero a cero. Habría que jugar un tercer partido dos días después para definir al campeón.

Pumas tenía una comida de celebración con decenas de invitados y, aunque el resultado no había sido el esperado, la llevó a cabo. Acudieron a ella también los jugadores para distraerse un poco.

El América regresó a su concentración, con la mirada firme en los planes para coronarse en Querétaro. Miguel Ángel López, el entrenador, no permitió ni un parpadeo fuera del futbol a los suyos.

Cada uno tiene su versión de lo sucedido esa noche en el estadio La Corregidora. Cada aficionado, según la camiseta, tiene la suya; y las televisoras, también. Ambas transmitieron el partido, al celebrarse en terreno neutral. Fue la primera vez que eso sucedió.

A los 11 minutos, una mano de Félix Cruz fue marcada como penalti por el árbitro Joaquín Urrea, y una de Alfredo Tena más tarde en el área americanista pasó de largo. Ese es el punto polémico que hasta hoy alborota a unos y otros.

Sin restarle valor a la interpretación porque las pasiones no se discuten, el desarrollo del partido dice que Pumas se desacomodó totalmente. Adelantó líneas al verse en desventaja, concedió enormes espacios a sus espaldas y el Ruso Brailovski los hizo trizas con su velocidad.

Carlos Hermosillo falló tres goles frente a Jorge Espinoza. Los universitarios nunca ajustaron para defenderse mejor y de milagro no recibieron más. La derrota por 3-1 era el castigo a su candidez. Pudo ser peor.

Urrea fue bautizado como el jugador número 12 del América. Es verdad que sus criterios fueron diferentes en un área y la otra, pero también lo es que las Águilas fueron mejores.

Como sea, el fuego de la animadversión recibía más leña.

GOL DEL TUCA

Entre 1985 y 1991, la rivalidad creció: la pasión se desbordaba en cada juego de temporada regular, e incluso llegó a las televisoras.

Canal 13 de Imevisión transmitía los encuentros de los Pumas cuando jugaban como locales y José Ramón Fernández convirtió su antiamericanismo en una causa que enardecía a la afición. Televisa, por su parte, con el Che Ventura y el Perro Bermúdez, entre otros, no podía ocultar su americanismo a ultranza.

El juego de vuelta de la final se llevó a cabo el sábado 22 de junio de 1991. Por entonces yo tenía 22 años y estudiaba en la UNAM; así que, como el resto de los aficionados, mi animadversión por el América era manifiesta desde lo ocurrido en 1985.

Nuevamente conseguimos boletos para la final con cierta facilidad y, por comodidad y seguridad, llegamos al Estadio Universitario horas antes de que iniciara el juego. Los Pumas regresaban a su estadio abajo en el marcador por una mínima diferencia: solo necesitaban un gol y no recibir ninguno, para llevarse el título.

Comenzó el partido y, pasado el minuto 6 del primer tiempo, el Tuca Ferreti cobró una falta fuera del área americanista y anotó un gol de antología que hizo cimbrar toda Ciudad Universitaria y acariciar el Olimpo.

A partir de ese momento todo fue angustia y sufrimiento: el América atacaba y los Pumas respondían; ambos equipos tuvieron oportunidades, pero el gol se les negó. Para colmo, los nervios de la afición estaban a tope y la gente miraba continuamente el reloj para ver si por arte de magia avanzaba más rápido; pero no: cada minuto tenía sus sesenta segundos contantes y sonantes, y lo único que aumentaba era la ansiedad.

Existía la posibilidad de que el árbitro volviera a apuñalar a los Pumas como lo hizo Urrea en 1985, pero ante la tentación de la trampa, el equipo universitario respondió con buen futbol, una sólida defensa y un arquero, Jorge Campos, que ese día le dijo: «No» a los disparos que hacía el América hacia la portería. Fue un partido de un solo gol, el necesario para que los Pumas levantaran la copa; un gol que nos hizo llorar a todos los que clamábamos venganza desde 1985. Nuestro equipo había derrotado al América, había derrotado al sistema y, al menos por un tiempo, el único grito que resonó en nuestra memoria fue «¡Goya, Universidad!».

El partido de vuelta se cargó de tensión. Carlos Miloc, el técnico del América, había acusado a Miguel España de hacer entradas criminales que los árbitros no castigaban.

Los medios hicieron eco, y desde los estudios de Imevisión, José Ramón Fernández salió a la defensa del tenaz mediocampista puma lanzándole una colección de epítetos al técnico uruguayo.

Se respiraba la tensión antes del partido del domingo, el de vuelta y definitivo.

Yo tenía buena relación con ambos equipos y me fue encargada una misión: ser reportero de cancha en la transmisión nacional del lado de la banca del América. Ganara o perdiera, debía hacer las entrevistas finales.

Otro acontecimiento hacía especial esa final. A media semana, Raúl Orvañanos me invitó a tomar un café. Ahí me dijo que el Pumas-América sería su último partido en la empresa porque había decidido tomar otra oferta.

No se lo diría a José Ramón para no amargarle la final, pero se lo comunicaría al finalizar el partido. Me comentó que solamente Toño Moreno y yo lo sabíamos y me pidió guardar el secreto.

José Ramón y Raúl fueron una pareja legendaria en DeporTV y en Canal 13 desde sus inicios, y una referencia para nosotros, los nuevos, y para la televisión mexicana. Pero el tiempo había hecho su labor de desgaste. Siempre agradecí a Raúl habérmelo confiado: con él pasé momentos inolvidables y su consejo siempre fue sabio.

Cuando Carlos Miloc salió a la cancha, la tribuna hirvió gritándole todo lo que se podía gritar al ofensor de uno de los hijos predilectos del Pedregal. Ciudad Universitaria era una olla de presión.

Tuca Ferreti había tomado la decisión de retirarse antes de iniciar la temporada y Miguel Mejía Barón, el técnico de Pumas, lo invitó a ser parte de su *staff*, pero en cuanto lo vio jugar en un interescuadras, le pidió que aplazara un año la idea de colgar las botas: tenía mucho futbol todavía.

Y fue él quien anotó al minuto 6 el único gol del partido con el soberbio tiro libre que batió a Adrián Chávez.

A 30 m de esa misma portería, desde la cancha, vi la atajada de última hora de Jorge Campos al violento disparo de Alex Domínguez que pudo cambiar la historia.

Terminó el partido. ¡Pumas campeón! Sí... ¡Goooooya!

Toqué la puerta en el vestidor del América y le avisaron a Carlos Miloc, quien salió a atenderme. A pesar de llevar la adrenalina todavía hasta el tope, se portó como un caballero y reconoció el triunfo de la UNAM. Edú también.

Como en el capítulo final de una serie, aparecen en la imaginaria pantalla las letras del epílogo y dan cuenta de lo que pasó después de la final gloriosa: la mayoría de los jugadores de Pumas fue base de la selección nacional en los siguientes años. Miguel Mejía Barón tomó el cargo del tricolor meses después del título sustituyendo a Menotti. Luis García, campeón de goleo y de liga, tomó el mismo camino que Hugo Sánchez diez años antes: se fue a España contratado por el Atlético de Madrid.

Ferreti se retiró ese día. Alberto García Aspe y Abraham Nava dejaron al equipo, comprados por un Necaxa que haría historia en la década que empezaba.

Sin intentar siquiera acercarme, en el estacionamiento de CU vi, a 50 m, gesticular y manotear a José Ramón frente a Raúl Orvañanos: se estaba enterando de que ese era el adiós.

Cada personaje siguió su camino.

Con esa final y un estadio loco de felicidad, terminó toda una época.

Para saber más de esta historia y revivir su momento, escanea el código QR.

JOAQUÍN CAPILLA
CLAVADISTA OLÍMPICO MEXICANO
CIUDAD DE MÉXICO, 1928-2010

F.J.

Clavado al infierno

JOAQUÍN CAPILLA

GANADOR DE CUATRO MEDALLAS EN TRES DIFERENTES JUEGOS OLÍMPICOS

La primera vez que Joaquín se asomó al agua desde una plataforma de clavados sintió tanto temor que no se atrevió a lanzarse.

Años después, en Melbourne 1956, en sus terceros Juegos Olímpicos, había llegado la hora de la verdad. ¿Podría por fin quedarse con la medalla de oro?

Faltaba un clavado y la distancia entre los tres primeros lugares era mínima. El vencedor se definiría por décimas de punto y ellos cerrarían la competencia.

Gary Tobian, de Estados Unidos, iba en primer lugar con 1.53 puntos de diferencia; su compatriota Richard Connor, estaba en tercero, a 33 centésimas del segundo. Joaquín Capilla, pues, estaba flanqueado por dos espléndidos clavadistas y con la presión de ser quien ejecutaría el último salto. Paradójicamente, los tres habían inscrito en la lista el mismo clavado; era el más difícil en aquella época: vuelta y media al frente con dos giros, con un grado de dificultad de 2.5.

Tobian había ejecutado el suyo: varias calificaciones de 9 y un 10 aparecieron en la pantalla. Capilla necesitaba, si se permite mencionarlo, un clavado más que perfecto. Uno de más de 20 puntos. Respiró profundamente, se concentró hasta el trance y caminó hacia la plataforma...

≋

Joaquín Capilla era el segundo de cinco hermanos cuyos padres, Alberto y Carmelita, los indujeron a hacer deporte desde muy pequeños.

A los dos primeros, Alberto y Joaquín, los llevaban a tirar clavados desde los 5 años.

—Para que no le tengan miedo a nada —decía el jefe de la casa, quien les ofrecía una moneda de cincuenta centavos si se lanzaban «paraditos» desde el trampolín de 3 m. Cuando el monto de la oferta se incrementó a un peso, los muchachos ya se tiraban de cabeza.

Los llevaban con frecuencia al deportivo Olímpico, en la calzada Ignacio Zaragoza de la Ciudad de México. Lo que practicaban más en serio era la natación, en la que Joaquín se frustraba, pues era común que terminara en último lugar.

Joaquín le pidió a su padre que lo inscribiera en el deportivo Chapultepec para mejorar su técnica. La cartera apretaba porque ya habían nacido otros tres pequeñuelos más que alimentar en casa: Antonio, Ricardo y Carlos, pero la vacante que dejó una prima recién casada en la inscripción familiar de su tío Carlos lo permitió.

La mañana en que estrenó su credencial del club, Joaquín llegó muy temprano. La alberca era preciosa y tenía tal profundidad que albergaba tanto un trampolín como una plataforma. Emocionado, subió a la de 10 m, caminó hacia la orilla y volteó hacia abajo. Sintió vértigo, le dio temor y volvió a bajar por la escalera. Fue la única vez que dio marcha atrás.

Capilla, inquieto desde pequeño, se sintió retado. Primero pensó que jamás saltaría desde una distancia de 10 m, que, desde allá arriba, parecía medir el doble; pero decidió que la fuerza de voluntad se entrena y eso iba a hacer.

Joaquín pensó mejorar sus tiempos como nadador, pero, cuando entrenaba, estaba más pendiente de cómo practicaban sus saltos los hermanos Mariscal y Gustavo Samohano, los grandes clavadistas de la época.

Entre una brazada y otra, se subía en solitario al trampolín y a la plataforma del club para tirarse de pie, hasta que un día se le acercó una persona y le preguntó por qué no se tiraba en serio, que él le podía enseñar. Esa persona era, ni más ni menos, que el gran maestro Mario Tovar, uno de los mejores entrenadores de clavados en esa época.

Así, Joaquín alternó ambas disciplinas: entre semana, la natación, y el fin de semana, los clavados. Decepcionado por el resultado de una competencia de nado, Joaquín dejó de ir unos días al club. Con enorme sorpresa, recibió en casa una llamada telefónica de Tovar diciéndole que había notado su ausencia y que lo esperaba a la mañana siguiente en la alberca.

Ese día se convenció: sería clavadista.

El reloj no le alcanzaba porque tenía horario mixto en la escuela. Iba por la mañana y por la tarde, y en el intermedio entrenaba después de comer tortas acompañado de sus entrenadores.

El esfuerzo valió la pena.

En 1945 pasó de tercera a primera fuerza. A los 17 años acudió a sus primeros Juegos Nacionales, en los que ganó plata tanto en trampolín de 3 m como en plataforma de 10. Fue vencido por estrecho margen por sus ídolos Antonio Mariscal y Gustavo Samohano, pero estos no le volvieron a ver ni el pelo: nunca más lograron derrotarlo.

Las autoridades deportivas no lo querían incluir en la delegación para los Juegos Centroamericanos de Barranquilla, Colombia, porque era muy joven para competir internacionalmente, pero al fin hubo quien confió en él e influyó para llevarlo. Fue el propio Mario Tovar quien convenció a la Federación Mexicana de Natación de que a esas competencias había que llevar también a promesas del deporte para que se foguearan.

Joaquín logró mucho más que eso. Capilla regresó a casa con los dos oros colgados al cuello. El vuelo a la estratósfera había comenzado.

La siguiente parada fue en los Juegos Olímpicos de Londres, una de las ciudades más afectadas por la Gran Guerra, bajo condiciones de poca comodidad, pero con mucha gloria por haberse celebrado con pocos recursos sobre los escombros de la conflagración. Era 1948 y Joaquín, estudiante de Arquitectura, tenía 19 años.

Joaquín ya había competido en Colombia y en Estados Unidos, donde hizo buena amistad con su gran rival, el hawaiano de origen coreano Sammy Lee. Y ahora viajaría a la capital del Reino Unido.

Su fama crecía como la espuma. Todo México abrazaba y estaba al pendiente de su niño prodigio.

Como otros grandes deportes, la historia de los clavados está repleta de personajes con historias asombrosas, a veces trágicas y a veces de antología. Los hombres que subieron al podio en la prueba de plataforma olímpica en Londres no fueron la excepción: cada uno tenía su historia.

Lee fue el primer asiático-americano que le dio a Estados Unidos una medalla de oro. Más tarde sería médico militar y entrenador de Greg Louganis, el primer clavadista masculino en arrasar en las pruebas de trampolín de 3 m y plataforma de 10 m en Juegos Olímpicos consecutivos, una hazaña nunca antes lograda; él es, para muchos, el mejor clavadista de todos los tiempos.

Bruce Harlan, multimedallista, ganó ese día la plata. Murió 11 años después, a los 33, después de una exhibición en Connecticut. Mientras ayudaba a desmontar la torre de clavados, cayó de un andamio de más de 8 m de altura.

Y Capilla, medalla de bronce, también tuvo su historia…

Tras convertirse en el primer latinoamericano en ganar una medalla olímpica en clavados, los triunfos siguieron sucediéndose. Llegaron los Juegos de Helsinki, en 1952, a los que acudió revolcándose del dolor por un disco lastimado que le aprisionaba el nervio ciático y se extendía hasta una de sus rodillas. Varias inyecciones de novocaína le permitieron competir y ganar la medalla de plata en la plataforma, detrás de Sammy Lee, nuevamente.

Después vendría el capítulo de Melbourne, en 1956, en el que Capilla cometió un error grave en la final de trampolín. Para impresionar a los jueces, en uno de sus primeros saltos, improvisó para ganar más altura. Con ello rompió la regla sagrada de los clavadistas: no inventar. Cayó de espaldas al agua y hasta el noveno lugar de las posiciones. Su reacción fue inmediata y le alcanzó para llevarse el bronce.

Enojado consigo mismo, supo que en la plataforma, su mejor prueba, debía quedarse con el oro. Tenía cuatro días para afinar detalles.

Y llegó al fin ese último clavado. En un instante, Joaquín recordó los 12 años que había dedicado a perseguir esa ejecución perfecta. Una plata, dos bronces y dos cuartos lugares olímpicos no eran suficientes. El oro o nada. ¡Vamos, muchacho! ¡Solo tienes que hacer lo que sabes!

Cuando entró al agua, supo que lo había logrado.

Un clavado dura menos que un suspiro, pero debe estar lleno de excelencia.

Lo de Capilla fue más dibujo que salto: se deslizó en el aire con perfección absoluta.

Su vuelta y media al frente con doble giro elevó las calificaciones de los siete jueces a las nubes. Seis de ellos le pusieron diez; y el otro, nueve y medio. A hacer cuentas.

No había duda: Joaquín Capilla era ya campeón olímpico y le arrebataba el dominio de cuarenta años en la prueba a Estados Unidos. El regocijo en la fosa olímpica y en todo México fue inconmensurable. Uno de los jueces le dijo que no lo había calificado con 11 porque no se podía.

Eso cambió su vida porque Capilla se sintió inmortal.

Una multitud lo recibió en el aeropuerto de la Ciudad de México a su regreso de Australia. Hasta ese momento se percató del impacto de su triunfo.

Uno de sus mejores amigos, Carlos Madrigal, lo recibió en la escalinata del avión y lo cargó en vilo sin que pudiera poner un pie en el aeropuerto. Lo depositó, con miles de personas coreando su nombre, en el automóvil que lo trasladó al Monumento a la Revolución, ante el presidente Adolfo Ruiz Cortines. Junto con parte de la delegación de deportistas, el festejo duró varias horas.

A Joaquín le regalaron un terreno en el Pedregal de San Ángel y se realizó una colecta para que construyera ahí su casa. La primera actriz Sara García fue nombrada madrina del patrimonio de Capilla; ella no iba a administrar sus bienes, pero le daría consejos a Joaquín, como figura simbólica, sobre cómo hacerlo.

Cuando se inauguró la residencia, se hizo una gran fiesta. En ella estaban presentes María Félix, Jorge Negrete, Pedro Infante, el presidente de México y varias figuras de alto calibre de la vida social y artística del país.

Joaquín, más que un campeón olímpico, era un acontecimiento. Fue invitado a actos oficiales, eventos artísticos, corridas de toros, galas a beneficio... y hasta a filmar una película en 1958 titulada *Paso a la juventud* con Germán Valdés Tin Tan y Ana Bertha Lepe. No fue exitosa: Capilla no era actor y ahí quedó evidenciado. La fama lo estaba expulsando de su hábitat.

Poco después de llegar de Melbourne, contrajo matrimonio con Elvira Castillo, ganadora del concurso Miss México 1954 y a quien conocía del deportivo Chapultepec. El campeón y la bella dama eran la pareja ideal, pero solo de forma mediática. La unión duró apenas año y medio.

—Me puso el cuerno —reveló el desconsolado clavadista tiempo después. Tuvieron una hija.

Años más tarde se casó en segundas nupcias con Carolina, hija de un importante empresario textil. También se divorciaron y Joaquín perdió contacto con las dos. Las familias las mandaron a Europa, lejos del ambiente tortuoso que se estaba generando en torno al clavadista.

En la comunidad de los clavados todos se conocen. Uno de sus amigos invitó a Joaquín a integrarse a un espectáculo de deportes acuáticos que hacía giras por Estados Unidos y por el que le pagarían seiscientos dólares a la semana.

El dinero no abundaba y aceptó. Ya no quería competir en otros Juegos Olímpicos: la presión de esperar otros cuatro años para buscar el siguiente oro sería insoportable una vez más, y el segundo lugar ya no hubiera sido suficiente. Esa llamada lo ayudó a tomar la decisión de retirarse de la alta competencia.

Se le abrió la puerta de un mundo nuevo, lleno de *glamour*, noches locas y alcohol. La primera vez que se presentó, vio incrédulo a 10 000 espectadores presenciando la exhibición de clavados y nado sincronizado. Había bailarines, orquestas, reflectores: un espectáculo montado a todo trapo.

Una de esas noches, experimentó una regresión mental. Se vio en una fiesta, tal vez un bautizo, escondido debajo de una mesa. Estaba bebiéndose lo que quedaba de las copas de los invitados. Alguien preguntó por él. «Está debajo de la mesa, cohete». La escena había sido real y había ocurrido cuando Joaquín tenía 5 años.

Tal vez fue así como inició su afición por el alcohol. Cuando competía, bebía regularmente, pero podía dejar de hacerlo cuando se aproximaba una competencia. Pero durante los ocho años que participó en las exhibiciones, el problema se hizo incontrolable, tanto que se ponía furioso cuando sus compañeros trataban de impedirle subir a la plataforma en estado inconveniente. Solo les quedaba rezar para pedir que no se matara en el siguiente clavado.

Tras terminar su contrato, Capilla padeció enfermedades provocadas por el alcoholismo y el tabaco. **Sufrió accidentes de auto, estuvo en la cárcel cuatro veces, se cortó las venas y estuvo a punto de lanzarse a las vías del metro más de una vez. Era desdichado.**

Se alejó de todos y vivió tres años en la indigencia. Dormía en las calles y desayunaba gracias a los vales del Vips que le regalaba uno de sus hermanos.

La depresión que padecía era absoluta. En vísperas de los Juegos Olímpicos de 1968, tuvo otro accidente del que se salvó de milagro. Se había pensado en él para encender el pebetero, pero el presidente del Comité Olímpico, Josué Sánchez, le retiró la invitación. ¿Cómo mostrarle al mundo una gloria caída?

No recibió siquiera un boleto para estar en la tribuna. Lastimado, Joaquín Capilla supo que vivía —si eso era vivir— en el fondo del infierno.

Escuchaba voces dentro de su cabeza y tenía visiones, deliraba. Fue internado tres meses en un hospital psiquiátrico. Él decía que estaba enojado, pero no loco; y con ese enojo derribó el árbol de Navidad que habían adornado los otros pacientes. Tuvieron que inyectarle un calmante y ponerle una camisa de fuerza.

Lo dejaban salir solo los fines de semana a casa de sus familiares. Pidió apoyo a las autoridades deportivas y a sus amigos, pero no la recibió en la medida en que la necesitaba.

—Pides dinero para poder comer y te dan una copa —decía.

En 1969 se presentó en Alcohólicos Anónimos y abrió su corazón.

—Estoy enfermo hace 41 años. Hoy reconozco mi mal de fama y narcisismo. Vengo a que me ayuden a curarme.

Fue embaucado por uno de los psiquiatras que conoció, quien le propuso poner escuelas de clavados con su nombre, pero después se percató de que había firmado un contrato en el que cedía su nombre, sin recibir nada a cambio, durante 25 años. Creyó y le fallaron.

Se encerró por nueve meses y se dejó crecer una barba llena de piojos que le llegó a la cintura.

Joaquín pensaba que cada vez que le pedía algo a Dios, este le quitaba más cosas. Pero le dio a Carmelita Zavala, la mujer que lo acompañaría hasta el final. Ella era psicóloga y exalcohólica. Tuvieron momentos muy difíciles por las recaídas de uno y otro, incluso se llegaron a golpear, pero fueron un soporte mutuo.

Veinte años después de haberse separado de Elvira, ella se presentó ante él y le llevó a su hija. Joaquín pudo disfrutar de su compañía durante sus últimos años y eso lo hizo feliz.

Encontró trabajo, con lo que volvió a ser productivo y, con gran disciplina y dedicación, no probó una sola gota de alcohol durante más de cuarenta años. Abrazó la religión cristiana, se licenció en Teología y recibió el Premio Nacional de Deportes en 2009, unos meses antes de su muerte, consecuencia de un infarto.

Tenía 81 años y vivía con Carmelita, quien lloró desconsolada ante el ataúd de la máxima gloria del deporte mexicano, preguntándole en su departamento de la colonia Mixcoac:

—¿Quién me va a cuidar como tú lo hacías?

El mayor triunfo de Joaquín Capilla no fue el oro, sino haber obtenido la victoria sobre sí mismo tantas veces. **Y la mayor derrota del deporte mexicano fue haberse olvidado de su mejor atleta.** Cuando pidió ayuda a gritos, el sistema estaba aplaudiéndole a su siguiente figura desechable.

Para saber más de esta historia y revivir su momento, escanea el código QR.

EFRÉN HERRERA
PRIMER MEXICANO EN GANAR
UN *SUPER BOWL* EN LA NFL

A.R.

De la patada

MEXICANOS EN EL *SUPER BOWL*

UN TAPATÍO EN DALLAS

El 15 de enero de 1978, el Luisiana Superdome, el cual se encuentra en Nueva Orleans, Luisiana, se vistió de luces para recibir a los contrincantes del *Super Bowl* XII. Los Dallas Cowboys llegaban por cuarta ocasión al gran juego y buscaban su segunda victoria frente a los Broncos de Denver.

Por entonces los Cowboys ya se conocían como «el equipo de México» porque sus juegos eran los que más transmitía Televisa desde años atrás. Sin embargo, en esa ocasión la expectación en nuestro país fue mayor por una razón poderosa: su pateador estrella era un joven mexicano de 26 años que había nacido en la tierra del tequila y el mariachi, en la mera Perla de Occidente: Guadalajara; además, su nombre ya era reconocido: Efrén Herrera.

Quienes seguían el futbol americano en las transmisiones semanales que se hacían desde 1967, sabían que el mexicano estaba en un lugar privilegiado: era una estrella en un equipo de estrellas. Los Cowboys contaban con el famoso *quarterback* Roger Staubach; el legendario corredor número 33, Tony Dorsett, y su compañero Robert Newhouse; los receptores Butch Johnson, Preston Pearson, Drew Pearson y Billy Joe DuPree; y los defensivos Thomas Henderson, Harvey Martin, Randy White, Ed *Too Tall* Jones, Cliff Harris, Charlie Waters y Mel Renfro, quienes en conjunto recibían el nombre de «la defensiva del juicio final» y eran guiados por una de las leyendas de la NFL: el *coach* Tom Landry, quien invariablemente salía al terreno de juego con saco, corbata y sombrero.

Era la primera vez que un mexicano, en un deporte de conjunto, destacaba en otro país. Quizá por la posición en la que jugaba Efrén —pateador de puntos extras y goles de campo— no llamaba la atención, pero todos sabían que, llegado el momento, con su patada se podría conseguir la victoria.

Su historia familiar era similar a la de muchos otros mexicanos que se fueron a Estados Unidos buscando un mejor futuro. Efrén tenía 15 años cuando su familia migró hacia 1966; llevaban consigo sus raíces, su cultura, su gastronomía y, en el caso particular de Efrén, un balón de futbol soccer y presumiblemente su afición por alguno de los tres equipos que tenía Jalisco hacia mediados de la década de 1960: las Chivas, el Atlas o el Club Oro. Su deporte era el futbol soccer como lo es para la mayoría de los mexicanos: del futbol americano, ni sus luces.

Efrén tuvo que adaptarse a su nueva realidad: ingresó a La Puente High School, en California, donde se le develó su destino. Conocía poco del futbol americano y no tenía ni la estatura, ni el peso, ni la fuerza ni la velocidad para intentar sumarse al equipo del colegio, pero tenía una cualidad que saltó a la vista: una pierna privilegiada que pateaba con fuerza y precisión, y podía colocar el balón donde quisiera, como si lo hiciera con la mano.

Gracias a su talento natural, Efrén consiguió una beca deportiva para la Universidad de California en Los Ángeles (UCLA).

Curiosamente, encontró buena acogida en el equipo universitario de futbol americano y también en el equipo de futbol soccer como mediocampista.

En la temporada 1972 del futbol americano colegial, Efrén alcanzó el olimpo universitario: con 22 segundos en el reloj, conectó un gol de campo con el que la UCLA derrotó 20 a 17 a la Universidad de Nebraska, por entonces campeona nacional.

Ese momento de gloria le acercó los reflectores; además, como era un pateador constante y preciso, rompió varios récords universitarios. En 1974 se presentó la oportunidad de convertirse en jugador profesional, pues fue seleccionado por los Leones de Detroit; sin embargo, pasó sin pena ni gloria, por ello su primer equipo de la NFL lo dejó ir y los Cowboys lo contrataron porque necesitaban un pateador eficaz que sustituyera a su pateador titular, quien se había lesionado.

El inicio de Efrén en los Cowboys no fue sencillo. Herrera tuvo altibajos. Junto con el desafío de adaptarse a la dinámica de un equipo profesional, Herrera sufrió una lesión; sin embargo, con paciencia, tenacidad y sangre fría logró ganarse su lugar. En la temporada 1976, Efrén compartió el liderato de la liga en goles de campo anotados: su efectividad fue del 78.3 por ciento.

En la temporada 1977, Efrén estuvo a la altura de las 14 victorias y las dos derrotas que tuvieron los Cowboys con las que llegaron a los *play-offs* para obtener tres victorias más y ganar su boleto para disputar el *Super Bowl* XII en Nueva Orleans. Efrén Herrera era el primer mexicano que jugaría por el campeonato de la NFL.

ATERRIZAJE EN LA TELEVISIÓN MEXICANA

La gran afición por el deporte de las tacleadas surgió con las transmisiones por televisión de los juegos de la NFL. Aunque en México este deporte tenía muchos seguidores a nivel estudiantil —nadie quería perderse el clásico Poli-Universidad—, la pasión por el futbol americano profesional rebasó todas las expectativas.

En enero de 1967, Telesistema Mexicano —empresa fundada por Emilio Azcárraga Vidaurreta en 1955, en la que reunió los canales 2, 4 y 5 de Televisión Nacional de México— anunció la transmisión del primer *Super Bowl* de la historia, en el que se enfrentaron Kansas City y Green Bay, pero además le prometió al público que, a partir de septiembre de 1967, transmitiría «a todo color y en vivo 22 emocionantísimos partidos» de la temporada. El primero de ellos fue Dallas vs. Cleveland el 17 de septiembre.

Al año siguiente, Telesistema Mexicano repitió la dosis a través del canal 4 de la televisión nacional, junto con el canal 4 de Guadalajara y el canal 3 de Monterrey. Así los mexicanos pudieron ver el *Super Bowl* II —Green Bay contra Oakland—, pero ya con sus buenos patrocinadores: Productos de Maíz, Johnson & Johnson, Cigarrera La Moderna, General Motors y Cervecería Modelo.

Telesistema Mexicano no daba paso sin huarache, y desde un principio apostó por transmitir el mayor número posible de encuentros donde jugaran los Dallas Cowboys, por lo que rápidamente el equipo de la estrella solitaria se convirtió en uno de los favoritos de la afición mexicana.

La década de 1970 significó el despegue del futbol americano profesional en México. En 1973, Telesistema Mexicano y Canal 8 de Televisión Independiente de México (Grupo Monterrey) se fusionaron y fundaron Televisa, que adquirió los derechos de transmisión del futbol americano profesional, particularmente de los Dallas Cowboys, para todo el país. Poco tiempo después, Canal 13 se sumó a las transmisiones.

No pasó mucho tiempo antes de que el público se identificara con los primeros cronistas de futbol americano. El decano, sin duda, fue Fernando Von Rossum, quien había transmitido partidos colegiales y profesionales en un canal local de Monterrey, pero que a partir de los años setenta se integró a Televisa, donde hizo escuela.

Junto con Fernando Von Rossum, comentaban Jorge Berry, Víctor Serrato y Roberto Keoseyán. En un principio se transmitía un juego cada domingo, pero luego aumentaron a dos las emisiones, más el famoso «lunes por la noche». Era un deleite escucharlos. Von Rossum acuñó un par de frases que se hicieron legendarias: «Adiós, Nicanor» fue una frase que utilizaba cuando algún corredor o un receptor se escapaba de los defensivos y corría hasta la zona de anotación. Otra era «¡Ya cantó la gorda!», cuando el resultado del partido era definitivo.

También, durante algunos años, intentaron hispanizar las narraciones del futbol americano tratando de reivindicar el español frente a los innumerables anglicismos que se utilizaban en las narraciones deportivas de la NFL.

Toda una generación de mexicanos aprendimos a decir: *Supertazón* en vez de *Super Bowl, balón suelto* en lugar de *fumble, mariscal de campo* en lugar de *quarterback*; *corredor* en lugar de *running back* o *ala cerrada* en lugar de *tight end*... y qué decir del famosísimo *lunes por la noche* en lugar de *monday night football.*

La campaña de usar el español también incluyó los nombres de varios equipos. Fue entonces cuando comenzamos a llamarlos así: Vaqueros, Pieles Rojas, Osos, Águilas, Halcones Marinos, Cafés, Patriotas, Carneros, Bucaneros, Cardenales, Acereros, Cuarenta y nueves, Bengalíes, Broncos y Delfines, pero el caso más extremo fue el de los Raiders, cuya traducción podía ser *ladrones* o *saqueadores* —aunque su logo era un pirata—, por lo que los comentaristas de Televisa los llamaron los Malosos.

Canal 13 también tuvo una buena generación de cronistas con José Roberto *Pepe* Espinosa y el *coach* Joaquín Castillo, histórico jugador y entrenador de los Pieles Rojas del IPN; ambos compartían micrófonos con Alejandro Lara Licea.

Luego llegó una nueva generación —también muy buena—, que hoy ya son veteranos, pero que dejaron huella en la crónica deportiva: Toño de Valdés, Pepe Segarra, Enrique Burak —los tres amigos— y Enrique Garay.

El *americano,* como le llamábamos los aficionados de esos años, arraigó en el gusto del público mexicano. La gran rivalidad de los años setenta en México fue la de Dallas y Pittsburgh. El primer juego de exhibición de pretemporada que se jugó en México se llevó a cabo en 1978, en el Estadio Azul, y en él se enfrentaron Nueva Orleans y Filadelfia.

Y llegó la mercancía oficial: camisetas, chamarras, gorras y calcetas de muy pocos equipos, pero no podían faltar las de los Cowboys y los Steelers, las cuales se vendían en Aurrerá. Ese mismo año se lanzaron unas estampas de cartón que venían envueltas en un sobre con un chicle dentro —¿dónde estabas, Panini?—.

Cuando comenzó la década de 1980, la NFL, los juegos de temporada regular, los *playoffs* y el *Super Bowl* ya eran parte del entretenimiento de los mexicanos. Fue entonces cuando la Danesa 33 lanzó sus helados servidos en réplicas en miniatura de los cascos de los equipos de la NFL.

EL PRIMER MEXICANO, PERO NO EL ÚNICO

A diferencia de lo que sucedió con Hugo Sánchez o Fernando Valenzuela en los años ochenta, cuyas carreras deportivas, en España y en Los Ángeles respectivamente, recibieron todo el apoyo de la prensa, la radio y la televisión mexicanas, la cobertura del paso de Efrén Herrera por la NFL fue discreta, pero el *Super Bowl* XII significó su momento estelar en más de un sentido, a pesar de que lo que fue un día memorable para Efrén y su equipo pudo haberse tornado en la mayor decepción de su carrera.

Los Broncos de Denver llegaron al *Super Bowl* con una defensiva que, según los expertos, era la más devastadora de la liga, al grado de que le llamaban la *exprimidora naranja* —por el color de los uniformes del equipo—, pero la línea ofensiva de los Cowboys logró anularla y le permitió a Roger Staubach conectar con sus receptores, y a Tony Dorsett y Robert Newhouse acarrear el balón hasta cruzar las diagonales y colocarlo dentro de la zona donde Efrén Herrera podía demostrar su talento.

Durante la primera mitad, la defensiva de los Cowboys aplastó a los Broncos y le hizo ver su suerte a Craig Morton, *quarterback* de Denver, ya que lo interceptaron en varias ocasiones y lo detuvieron detrás de la línea de golpeo; sin embargo, Dallas no pudo tomar una ventaja definitiva.

Los Cowboys anotaron primero 6 y Herrera conectó el punto extra para darle una ventaja temprana a su equipo. Luego se llevó la ovación de los aficionados porque conectó dos goles de campo seguidos que puso el marcador 13-0.

Sin embargo, el mexicano de pronto se encontró con su peor racha en el peor momento. En sus siguientes tres posesiones, los Cowboys avanzaron hasta la zona de gol de campo y Herrera falló tres veces consecutivas, con lo cual dejó un récord negativo para la historia: es el pateador que más goles de campo ha fallado en un *Super Bowl*.

Dallas pudo irse al descanso del medio tiempo con una ventaja de 22 a 0, pero a pesar del dominio abrumador, el marcador continuaba 13-0. Para la segunda parte, Efrén anotó dos puntos extras y finalmente los vaqueros se impusieron 27-10 sobre Denver.

La victoria todo lo perdona y los nueve puntos fallados por Efrén —tres goles de campo— fueron olvidados ante los nueve puntos que sí logró conectar a lo largo del partido más importante de su carrera (tres puntos extras y dos goles de campo).

Los medios nacionales lo señalaron como «El primer mexicano en ganar un *Super Bowl*». *El Heraldo de México* tituló una nota así: «¿Quién es Efrén Herrera, el primer mexicano en ganar un *Super Bowl* en la NFL?».

Efrén fue el primer mexicano en alzar el trofeo Vince Lombardi y llevarse su anillo de campeón. Sin duda, vivió un superdomingo en Nueva Orleans, suficiente para pasar a la historia del deporte mexicano.

Antes de iniciar la siguiente temporada —septiembre de 1978—, Herrera fue intercambiado a los Seattle Seahawks, donde demostró que todavía tenía mucho que ofrecer en la NFL: la temporada 1979 fue la mejor de su carrera, pues anotó cien puntos y, en 1981, anotó un gol de campo de 54 yardas, el de mayor distancia en toda su carrera. Finalmente se retiró hacia 1983 para dedicarse a entrenar jóvenes.

Además de Efrén Herrera, tres pateadores más, mexicanos, han llegado al gran juego. En 1979, Rafael Septién —originario de la Ciudad de México— firmó con los Dallas Cowboys y jugó el *Super Bowl* XIII como titular. Los Vaqueros se enfrentaron a su archienemigo: los Acereros de Pittsburgh. El juego estuvo cerradísimo y Septién cumplió con creces; sin embargo, Dallas no pudo llevarse la victoria, pues fue derrotado 35-31.

Nacido en Delicias, Chihuahua, en 1955, Francisco *Frank* Corral se alineó con Los Ángeles Rams como pateador titular en el *Super Bowl* XIV, en el cual jugaron contra Pittsburgh, aunque perdieron los Carneros. Corral conectó un punto extra y dos goles de campo en la primera mitad del juego y puso al frente a su equipo, pero en la segunda mitad falló un punto extra. Al final todo fue insuficiente para derrotar a los Acereros.

Junto con Efrén Herrera, el coahuilense Raúl Allegre es el otro mexicano que ha ganado un *Super Bowl*. Originario de Torreón, Allegre fue el pateador titular de los Gigantes de Nueva York cuando disputaron el título de la NFL contra los Broncos de Denver, el 25 de enero de 1987. Los Gigantes se llevaron la victoria del *Super Bowl* XXI, 39-20, y Allegre conectó dos goles de campo y cuatro puntos extra. Al año siguiente estuvo presente en el *Super Bowl* XXII, pero como suplente con los Gigantes de Nueva York, quienes volvieron a coronarse.

La historia de los mexicanos en la NFL es una historia de éxito. Efrén Herrera y Raúl Allegre se ganaron a patadas un lugar en la historia y tocaron la gloria, la cual Frank Corral solamente pudo ver a la distancia.

Para saber más de esta historia y revivir su momento, escanea el código QR.

PEQUEÑOS GIGANTES

PRIMER EQUIPO MEXICANO CAMPEÓN EN LA SERIE MUNDIAL DE PEQUEÑAS LIGAS DE BEISBOL

ÚNICO EN TIRAR UN JUEGO PERFECTO EN LA FINAL

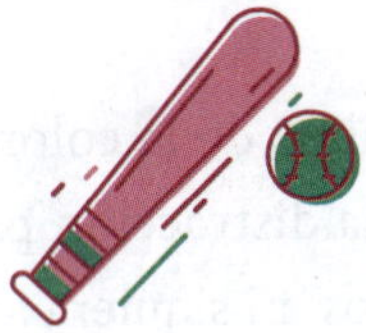

F.J.

LOS PEQUEÑOS GIGANTES

MÉXICO, CAMPEÓN DE BEISBOL EN WILLIAMSPORT

PRIMER EQUIPO MEXICANO QUE SE CORONA EN LA SERIE MUNDIAL DE PEQUEÑAS LIGAS DE BEISBOL

En la colonia Cantú de Monterrey vivían, con sus familias, los obreros de las gigantescas fábricas de la ciudad: Vitro, Cemex, Fundidora de Fierro y Acero…

Ellos trabajaban día y noche, a cambio de exiguos salarios. No había remedio: donde hay trabajo hay posibilidad de supervivencia, aun con lo mínimo indispensable. Así era esa comunidad, pero también era la que daría a luz a uno de los más grandes equipos de beisbol, pero para entonces nadie lo sospechaba. Solo parecía ser un sitio con muchos problemas.

Ahí mismo, en la iglesia de san Juan Bautista, vivía el padre Esteban, guía de una feligresía sin esperanza. Su casa parroquial era un cuarto pequeño de paredes pelonas en el que había una cama, un buró y una vieja radio que le habían regalado.

Por las noches, el sacerdote prendía el receptor. Cuando tenía fortuna y hacía buen tiempo, alcanzaba a escuchar transmisiones de beisbol de las Grandes Ligas. Seguía con gran concentración las palabras de los narradores. Con un grupo de niños de la colonia, se imaginaba los partidos. Había encontrado una distracción para esos pequeños que no tenían nada por días enteros, ni siquiera algo que comer.

Otro de los habitantes de esa misma colonia era César Faz. De origen mexicano pero nacido en San Antonio, Texas, Faz había sido *bat boy* de los Cafés de San Luis, una franquicia triple A asociada a los Dodgers, el legendario equipo estadounidense.

César asistía en las tareas que les correspondían a muchos latinos de esa época, a finales de los años cincuenta: recoger la ropa sucia de los peloteros, levantar las toallas y limpiar el vestidor. Ese oficio lo aprovechaba para charlar con los *coaches* y aprender todo lo que podía sobre el llamado *deporte rey*. Era una época en que solo algunos peloteros provenían de minorías raciales.

Cuando el equipo salía de gira, César tenía que dormir en el autobús, pues no tenía cupo en los hoteles de concentración. El maltrato estaba normalizado, pero Faz tenía un límite.

Cuando le tocó ascender de puesto se lo negaron, sin decírselo abiertamente, por ser latino. Decepcionado, decidió trasladarse a Monterrey, donde habían vivido sus padres.

César vivía como ermitaño en un pequeño cuarto de lámina y cartón en la colonia Obrerista. Tenía un genio de los mil demonios alimentado por su frustración profesional. Pero, además, porque si en los Cardenales lo trataban mal, en la Fundidora tampoco era querido por ser nuevo: ocupaba el último lugar del escalafón obrero.

No era la suya la única alma atribulada del barrio. La del pequeño Ángel Macías, también sufría. Su problema consistía en que vivía en casa con un enemigo: su propio padre.

El ambiente de las fábricas en las que se usa maquinaria pesada es peligroso. Los niños, traviesos por naturaleza, se meten en lugares que no son para ellos; así, cierto día se produjo un accidente fatal. Pedro Macías, el hermano mayor de Ángel, perdió la vida al caer de un muro de 6 m mientras jugaba con sus amigos.

Fue un durísimo golpe para la familia. Su papá, Humberto, no lo resistió. Los ojos del primogénito eran los suyos. Se enojó con la vida y se refugió en su trabajo en Vitro y en el alcohol. Renegó de todo y la pagó el hijo que le quedaba, a quien le exigía más de lo que podía ofrecerle a su edad.

Quien equilibraba la balanza era su esposa: ella le decía que Pedro ya se había ido y que debía volcar su amor sobre Ángel.

—Él nunca será como Pedro —le contestó un día.

El chico estaba escuchando, oculto detrás de una pared. Adolorido, salió corriendo de su casa con una enorme herida en el corazón.

Algo llamó su atención mientras se desahogaba: una pelota de beisbol tirada en el piso. La tomó y empezó a lanzarla una y otra vez con gran fuerza sobre una pared de lámina, lo cual producía un gran ruido. No sabía que tanto la pared como la pelota pertenecían a César Faz, quien despertó alarmado y echando chispas.

Salió de su cuchitril, vio a Ángel y lo regañó:

—¿Quién te crees que eres? —le gritó.

—Sandy Koufax —le respondió.

A César le hizo gracia la réplica, pero reviró:

—Koufax es zurdo y estás lanzando con la derecha.

Ángel admiraba al apodado «brazo izquierdo de Dios» porque escuchaba sus hazañas en la radio del padre Esteban. Sin inmutarse, se cambió la pelota de mano y empezó a lanzar con la izquierda. Aprendió a utilizar las dos.

A partir de ese día, los encuentros de César —que mentía al decir que había trabajado como mánager en las Grandes Ligas— y el Koufax regiomontano se hicieron frecuentes para jugar a lanzarse la pelota.

En una de esas, **a Ángel se le ocurrió una gran idea. Le propuso a Faz formar un equipo de beisbol.**

—¿Sin cancha y sin jugadores? —le contestó—. Me llamo César, no Jesús.

Ángel se dedicó febrilmente a dos cosas: conseguir jugadores entre sus amigos y, con ellos, diseñar un campo de beisbol.

Los fue encontrando uno a uno. Entre todos quitaron piedras, desperdicios metálicos y basura de un terreno abandonado, y consiguieron «prestados» cemento y pintura suficientes de las fábricas cercanas para dibujar un diamante adaptado a las circunstancias. El campo no tendría jardines como toda cancha de beisbol porque no había espacio para ello, pero sería un buen lugar para que César les enseñara a jugar.

El padre Esteban se había enterado por Ángel de todo lo que estaba ocurriendo y se hizo su cómplice.

César Faz, en su papel de mánager, dio el visto bueno al reclutamiento. A un niño que vieron romper una piñata con fuerza inusitada lo hicieron bateador. Era Baltasar Charles, quien había desarrollado una musculatura precoz por cargar todo el día a la hermana enferma que tenía a su cuidado.

A otro que huyó a toda velocidad de una tienda de abarrotes tras hurtar unas galletas lo invitaron porque sería bueno robando bases. Este, hijo de un militar, trabajaba en los cuarteles por las mañanas y vendía comida que preparaba su mamá por las tardes.

Cada chico tenía su historia, todas marcadas por la pobreza. Algunos vivían en casas sin luz eléctrica, agua corriente ni drenaje.

Solo uno de esos niños provenía de una familia acomodada. Pepe Maiz le pidió a su padre jugar en el equipo en cuanto se enteró de su existencia. Además del permiso, el empresario donó bates, manoplas y pelotas de beisbol.

Al notar el avance de la novena y la ilusión que le daba a los niños, César pensó en un regalo de vida para todos ellos: jugar un partido en serio que les permitiera salir de su colonia y ver que existía un mundo afuera.

Gracias a amistades que había hecho en el beisbol de Estados Unidos, consiguió inscribir al equipo en la Serie Mundial de las Pequeñas Ligas de 1957. Con el apoyo de algunos empresarios que consiguieron César y el padre Esteban, viajaron para jugar, en McAllen, Texas, un partido contra el otro inscrito mexicano, el llamado Equipo de Estrellas de la Ciudad de México, creado y patrocinado por una pudiente escuela privada. Quien perdiera regresaría de inmediato a casa porque el torneo era de eliminación directa.

José Maiz padre ayudó a tramitar visas por tres días para los integrantes del equipo. No era necesario obtenerlas por más tiempo, dado que jugarían solo un partido.

La salida fue todo un acontecimiento. Algunos papás dieron permiso de viajar a sus hijos, aunque con gran reticencia, solo porque el padre Esteban era parte de la expedición.

Ángel Macías tuvo que enfrentarse a su alcoholizado padre en la víspera para que lo dejara viajar. Tras balbucear que a sus 12 años él ya sabía vaciar acero fundido, le tiró a la cara:

—Vete, así eres una boca menos que alimentar por un par de días.

Como pudieron, y a base de colectas, rentaron un camión destartalado que tras cinco horas de camino los dejó en la Central de Autobuses de Reynosa. Hasta ahí llegaba.

Al pasar migración, se percataron de que no había transporte público que los llevara a McAllen y el dinero que llevaban no alcanzaba para tomar taxis. Así, con 36 grados de temperatura y uniformados de beisbolistas porque no tenían para más ropa, **caminaron los 15 km que los separaban del motel Grand Courts, un lugar de mala muerte al que le huían hasta los camioneros más rudos.**

Para los niños todo era novedad y lo disfrutaron enormemente: subirse a un autobús, hospedarse en un motel, ver que existían regaderas para no bañarse a jicarazos y agua corriente para lavarse las manos. Eso era un sueño.

La buena noticia era que el equipaje de cada uno de ellos no pesaba, pues consistía únicamente en bolsas de estraza que contenían una muda de ropa interior.

De ahí en adelante, lo que sucedió fue milagroso. La novena regiomontana fue acumulando triunfos que les hicieron mayores sus preocupaciones, pues tanto las visas como los viáticos vencían a los tres días. Pasaron hambre y algunas noches durmieron donde pudieron, evitando problemas para no ser deportados.

Todos fueron víctimas de conductas racistas, tanto de algunos rivales que los llamaban «puercos» y «mugrosos mexicanos» como de lugares públicos en los que no les permitían utilizar los sanitarios porque eran «solo para blancos».

Pero también gozaron de actos generosos al ser invitados a comer a casa del mánager de alguno de los rivales o al recibir la cortesía de un par de restaurantes donde los reconocieron y no les cobraron la cuenta.

Conforme iba avanzando el torneo, su equipo, Industriales de Monterrey, recibió por fin algunos apoyos. Gente de su colonia les hizo llegar algunos centavos y ciertos empresarios pusieron pesos, y el Gobierno de Nuevo León puso otro poco.

Sin hablar inglés ni conocer más allá de su colonia, aprendieron a convivir, ser solidarios y formar una auténtica familia cuyos miembros, de 11 y 12 años de edad, soportaron la lejanía de sus padres.

Para darnos una idea: en el torneo participaron más de 100 000 niños en 7 000 juegos para llegar a la final nacional en Williamsport, Pensilvania. En ese lugar se jugó el primer partido de beisbol de la historia y por eso alberga la final cada año.

La Liga Industrial de Monterrey ganó 12 partidos al hilo y se presentó en McAllen, Corpus Christi, Fort Worth y Louisville en diferentes etapas, hasta llegar a la serie mundial en la que, el viernes 23 de agosto de 1957, enfrentó en la final al poderoso equipo de La Mesa, California.

Sus familias se enteraban por el periódico de las victorias del equipo, pues no había forma de tener contacto con ellos, ni siquiera para saludarlos.

El partido final, eso sí, fue diferente. El estadio tenía capacidad para albergar a 10 000 espectadores, pero se calcula que había 5 000 más.

La expectativa había crecido partido a partido porque esos niños chiquitos y desnutridos habían anotado 95 carreras y recibido 13.

Todo México estaba pendiente de sus pequeños gigantes. Nuevo León, en particular, era un hervidero. Ya para los últimos partidos, se envió a un narrador para transmitir por radio las hazañas del equipo.

Pero ocurrió que, para el duelo definitivo, le falló la voz. Al señor Caballero se le había terminado la garganta durante el partido del día anterior, en el cual el triunfo sobre Bridgeport por dos carreras a una les dio el pase a la final.

Se relata que un enviado del Gobierno de Nuevo León para desearles suerte, Eloy Cantú, tuvo entonces que tomar el micrófono y narrar el partido. No tenía experiencia alguna y la transmisión era compleja, pues se hizo a través de conexiones telefónicas en Nueva York, Atlanta, San Antonio y, finalmente, en la XET de Monterrey.

En cada uno de esos lugares había una cabina en la que un locutor tenía dos teléfonos. Uno para escuchar lo que el relator iba diciendo, y otro para repetirlo de inmediato a quien lo escuchaba en el siguiente punto.

La voz que se escuchaba en Monterrey era solamente portadora de lo que otras iban repitiendo. Existen dos nombres a los que se les atribuye haber sido los narradores finales que paralizaron la ciudad ese viernes por la tarde a través de la XET de Monterrey: Aldo Uribe y Humberto Serna.

Ángel Macías lanzó ese partido. Era su turno tras la brillantísima exhibición de Enrique Suárez el día anterior.

El otro equipo finalista, de La Mesa, California, protestó porque la manopla del cátcher mexicano, Norberto Villarreal, superaba las medidas reglamentarias. No era así, es que Norberto era muy pequeño y la manopla parecía más grande en su mano.

Norberto era otra de las figuras del equipo que vivía con sus padres en una casa sin luz eléctrica. Cuando se lo presentó Ángel Macías al mánager César Faz, este pensó que siendo tan bajo de estatura, no podría jugar beisbol, pero se convirtió en un cátcher extraordinario.

La novena mexicana, de hecho, estaba formada por niños más pequeños en edad y talla que los peloteros estadounidenses, a los que enfrentaron sin parar durante casi un mes.

Humberto Macías supo por las notas de *El Norte* y las transmisiones de la XET de Monterrey lo que Ángel, su hijo, estaba logrando. Se arrepintió de sus pecados, de haberlo maltratado tras el fallecimiento de Pedro y lo esperó con ansias para pedirle perdón y cambiar su vida.

El partido llegó a la última entrada con la ventaja de 4-0 para Industriales. El público ya los aclamaba, sin importar que jugaban en Estados Unidos. Tal vez sin percatarse de que no había permitido *hit* ni carrera, Ángel Macías sintió la presión en su último lanzamiento.

Recordó en ese instante uno de los consejos de César Faz:

> Cuando te paras en el montículo, todo mundo está a tus pies. Los pájaros en el cielo, las aguas del río y hasta el mismo sol tienen que esperar hasta que estés listo. Tú tienes el control de todo. Tómate el tiempo que necesites.

Así lo hizo. Con enorme aplomo, Ángel lanzó una curva implacable. Haggard, el bateador de La Mesa, abanicó y la pelota terminó sonriente en la manopla del diminuto Norberto Villareal: Macías había lanzado un juego perfecto y había retirado a todos los bateadores sin dejar que ninguno pisara el cojín de primera base.

La emoción fue indescriptible. Los niños pobres, ninguneados, ahora orgullosos y triunfantes, todo a la vez, fueron a abrazarse en torno a César Faz. La grada les aplaudió hasta que les dolieron las manos. Fue el primer y único juego perfecto en una final de ligas pequeñas hasta 2025.

La primera plana del periódico *El Norte* del sábado 24 de agosto de 1957 destacó la hazaña por encima de la muerte de Pedro Infante y el terremoto que había azotado la Ciudad de México, cuando el Ángel de la Independencia cayó desde lo alto de su monumento.

El presidente Eisenhower recibió al equipo en la Casa Blanca. En México, Adolfo Ruiz Cortines también los recibió, igual que el gobernador de Nuevo León el día que aterrizaron en la Sultana del Norte con medio millón de personas aclamándolos.

El Tec de Monterrey y la Universidad Autónoma de Nuevo León les ofrecieron becas a los jugadores y se construyó un estadio sobre el campo hecho con cemento y pintura donde nació esta historia.

Los muchachos repitieron el título al año siguiente, en 1958. Cuarenta años después, otro equipo regiomontano, los niños de la Liga Lindavista de Guadalupe, Nuevo León, volvieron a ganar en Williamsport en otro 23 de agosto. Ahí nació el grito de «Sí se puede», por su dramático triunfo viniendo de atrás.

Se filmaron dos películas y William Winokur escribió un libro que permitió rescatar del olvido este apartado imprescindible del deporte mexicano.

Los pequeños gigantes escribieron un capítulo entrañable: salieron de la nada absoluta y cambiaron sus vidas y la historia de la colonia Cantú para siempre.

Para saber más de esta historia y revivir su momento, escanea el código QR.

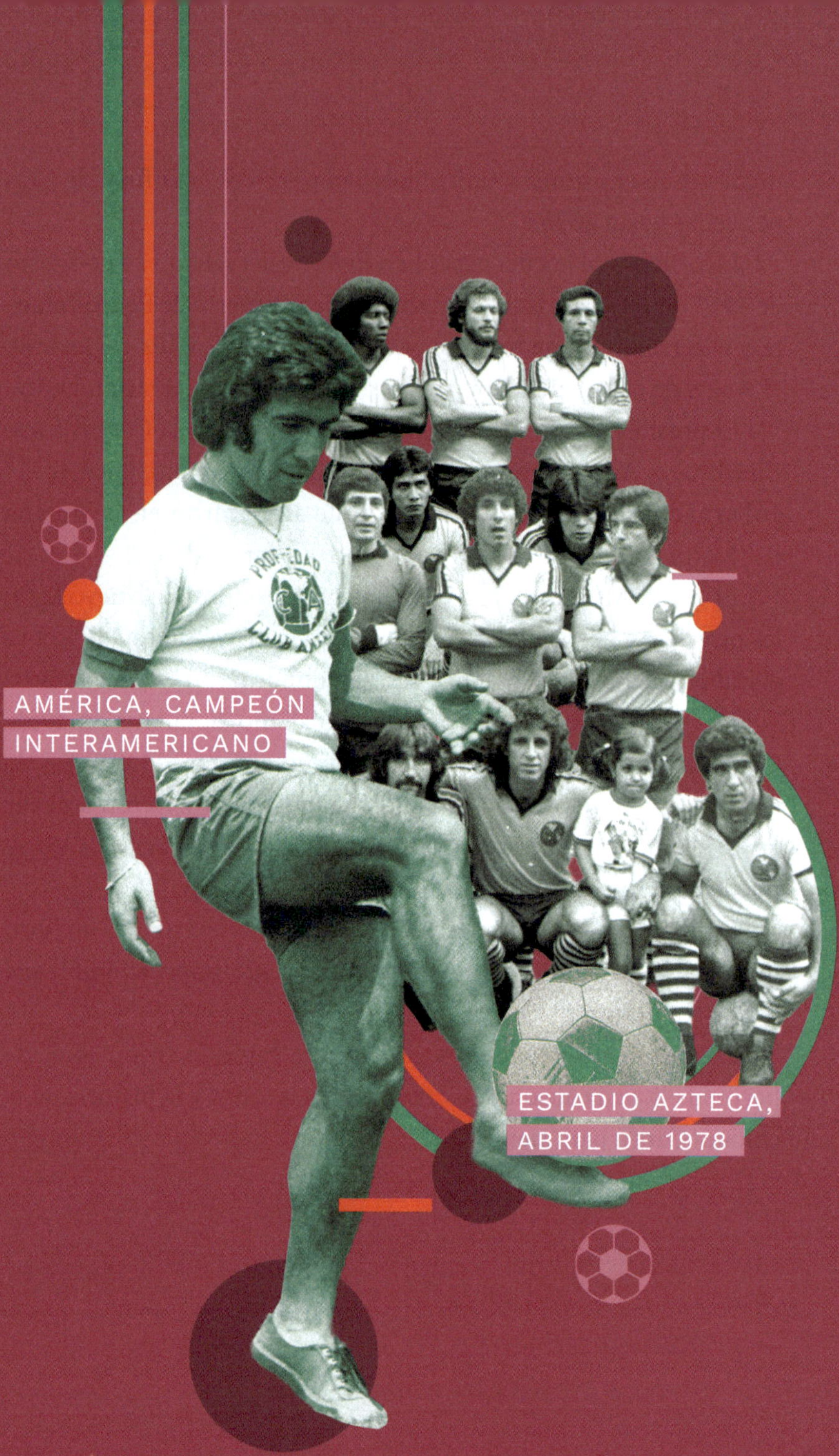
AMÉRICA, CAMPEÓN
INTERAMERICANO
ESTADIO AZTECA,
ABRIL DE 1978

F.J.

El día que levitó Carlos Reinoso

AMÉRICA, CAMPEÓN INTERAMERICANO

AMÉRICA, PRIMER CAMPEÓN MEXICANO DE LA COPA INTERAMERICANA. ESTADIO AZTECA, ABRIL DE 1978

Es la última jugada del partido América-Boca Juniors. Es el minuto 89 y se produce una falta. Carlos Reinoso está por cobrar el tiro libre contra el inmortal Hugo Gatti. Están a punto de vivir o morir: están a un paso de la gloria o el olvido.

Pionero del futbol mexicano, el América tuvo, como todos, sus épocas buenas y malas. Algunas de ellas fueron tan contrastantes que, así como fue campeón de la Liga Mayor cuatro veces de 1924 a 1928, en la década de los cincuenta estuvo a punto de la quiebra financiera. Era un equipo con mucha historia y poca cartera.

Isaac Bessudo, un empresario muy importante de la época, tuvo la idea de rescatarlo. Él era el dueño de los refrescos Jarritos, que ya patrocinaban eventos deportivos cuando él adquirió la franquicia; entre ellos, algunos de los inolvidables pentagonales y cuadrangulares con equipos del extranjero que hicieron época.

Bessudo sabía que, metiéndose de lleno al futbol, podría darle una nueva dimensión a su marca y también al América.

Pero Isaac, quien se hizo del equipo en 1956, lo vendió en 1959 a otro empresario con la audacia necesaria para ver cosas que los demás no alcanzaban a comprender: Emilio Azcárraga Milmo.

Una vez que el magnate adquirió el equipo, hizo una declaración el día que Telesistema Mexicano, hoy Televisa, anunció que el club América pasaba a ser de su propiedad.

—Yo no sé nada de futbol, pero sí sé de negocios y voy a convertir al América en un club exitoso y redituable. Me han dicho que el mejor directivo es Guillermo Cañedo, que el mejor técnico es Ignacio Trelles y que los mejores jugadores son argentinos y brasileños. Sobre esa base voy a construir al América del futuro.

El apodo de millonetas les venía como anillo al dedo a los americanistas. Cambiaron los caminos de terracería por otros cubiertos de plata.

La de la televisión era una industria naciente. Pocas casas tenían televisores porque eran caros y el horno económico no estaba para bollos. La tecnología de la comunicación electrónica era incipiente, pero estaba a punto de estallar la era de la pantalla chica. El América y la televisión crecieron juntos.

Ni Guillermo Cañedo ni Ignacio Trelles llegaron inmediatamente al América. Exitosos bicampeones con el Zacatepec en 1954 y 1957 en sus roles de presidente y entrenador, tardaron año y medio en ser presentados.

El América, bajo los poco agresivos apodos de cremas y canarios por el color de su uniforme, tuvo ese giro histórico cuando el reto era nadar a contracorriente. Las Chivas gozaban su época campeonísima.

El Guadalajara conquistó siete títulos y un subcampeonato de 1956 a 1965. Era el equipo querido de México y no tenía antagonistas… hasta que el América se propuso y logró tomar ese papel.

Azcárraga cumplió su promesa. Sus primeras contrataciones fueron las de Moacyr, el mundialista brasileño Vavá, Urubatão,

Ney Blanco y, un poco más tarde, las de Arlindo y José Alves Zague.

Pronto se hizo muy visible un equipo al que los reflectores antes apuntaban solo de vez en vez.

El equipo de Azcárraga fue el que interrumpió la cadena de triunfos del chiverío al ganar la liga en la temporada 65-66. Poco después nació el clásico, impulsado por la creciente rivalidad y las puyas de dos entrenadores del América que prendían la mecha con su ingenio verbal: Fernando Marcos, primero; y José Antonio Roca, después. Hoy serían excelentes gurús de la mercadotecnia.

El América fue posiblemente el primer equipo del mundo que se convirtió en contenido. La televisión necesitaba entretener y para ello fabricaba y contrataba estrellas, ahora también de *shorts* y zapatos con tachones. El futbol-espectáculo estaba naciendo en México.

En 1970, todavía con la fiebre del primer Mundial mexicano, el América tuvo una crisis de resultados que debía ser resuelta con urgencia.

Guillermo Cañedo pensó en un jugador ejemplar que había tenido en el glorioso Zacatepec, un caballero de las canchas con veinte años de carrera que, habiendo estudiado también Contaduría Pública, trabajaba entonces en un puesto administrativo en la Federación Mexicana de Futbol: José Antonio Roca. Cañedo lo convenció para que se convirtiera en técnico y sustituyera a Luis Grill.

Al cruzar la puerta del club, Roca conoció a un jugador chileno que se convirtió en la piedra filosofal de la nueva era azulcrema: su nombre, Carlos Reinoso.

Carlos tenía 25 años y un talento inconmensurable. Desde los 16 había debutado en primera división con el Audax Italiano de su país. Muy jovencito llegó a la selección chilena y varios equipos andinos lo pedían como refuerzo para partidos amistosos internacionales.

Uno de ellos fue el popular Colo Colo, que jugaría un triangular contra el Santos de Brasil y el América de México. Gran vitrina.

Reinoso brilló intensamente y ambos contrincantes lo quisieron contratar.

Pelé, con quien había hecho buena amistad, lo convenció para irse a Brasil y jugar juntos, pero el América ganó la partida: tenía más dinero que el equipo brasileño para hacerse de sus servicios.

Reinoso llegó a México, pero la cabeza la tenía en Brasil. Refunfuñaba todo el día. La adaptación fue complicada porque no quería estar... hasta que Roca se convirtió en su segundo padre. Tanto así, que el primogénito del futbolista llevaría el nombre de José Antonio.

Amante de la disciplina, Roca, también llamado Míster, domó los ímpetus de Carlos e inventó un nombre para su posición en el campo. No era un mediocampista ofensivo, no era un «10» como el que Pelé inmortalizó: era el «táctico» del equipo.

Para no darle muchas vueltas, apuntemos que ese fue el América más espectacular de todos los tiempos. O al menos, de ese tiempo.

El club tenía en sus filas a Enrique Borja, arrebatado a los Pumas, donde debutó y era feliz. Eran tiempos en los que el futbolista no decidía donde jugar: lo hacía su directiva. Pero la mancuerna Borja-Reinoso, formada por dos jugadores que no pensaban jugar ahí, pasó a la historia como una de las más brillantes.

El equipo tenía dos extremos que volaban: Juan Manuel Borbolla y Roberto *Monito* Rodríguez. Reinoso los lanzaba, ellos desbordaban y Borja remataba. Gol. Y gol. Y otro gol. La tribuna del Azteca se llenaba en cada partido. El América se coronó tras remontar desde los últimos lugares de la tabla al vencer al Toluca en la primera liguilla que se jugó en México. Era la temporada 70-71.

Pese a que Cruz Azul irrumpió al año siguiente llevándose tres títulos consecutivos con un plantel de época, el América había logrado el objetivo trazado. **Ya era importante, polémico, amado, odiado y espectacular.** Mucha gente gozaba sus victorias y otra tanta disfrutaba sus derrotas. Pero todos encendían la tele para verlo.

Conquistado el mercado local, era tiempo de dar el siguiente paso: sonar a nivel internacional.

Pero había un problema: el futbol mexicano vivía encerrado en casa. Necesitaba asomarse al balcón internacional y, entre otros factores, es por ello que nació la Concacaf, para unir a las federaciones de Norte y Centroamérica, y el Caribe, las cuales estaban totalmente desorganizadas. Vaya, todavía más que ahora.

Uno de los autores intelectuales y operativos de la iniciativa fue el mismo Guillermo Cañedo.

Con escepticismo y desinterés empezó a jugarse el torneo de clubes de la nueva zona futbolera. Chivas ganó el primero, pero perdió por incomparecencia la final del segundo al negarse a jugar contra un equipo haitiano. Por esto y diferentes desacuerdos, el torneo no se celebró los siguientes tres años.

Cuando los clubes mexicanos vieron que gradualmente tomaba mejor forma, mostraron interés porque además del título en sí, ofrecía la posibilidad de jugar contra el campeón de la Copa Libertadores de América. Eso sí que era novedoso y trascendente. Así nació la Copa Interamericana.

Como el karma existe, el desdén de los equipos mexicanos hacia el resto de los rivales de la zona ahora se lo aplicaban los clubes sudamericanos. A veces querían jugar la Copa, a veces el monarca de la Libertadores era sustituido por el perdedor de la final y varias veces ni siquiera se jugó. El atractivo que le veían era similar al de las Chivas para presentarse ante Haití.

La soberbia de los clubes del Cono Sur fue apagada por vibrantes enfrentamientos. La primera Copa Interamericana la ganaron los Estudiantes de la Plata al vencer a Toluca en un tercer partido. La segunda, entre Nacional de Montevideo y Cruz Azul, fue para los uruguayos, que ganaron la vuelta en el estadio Centenario.

Y la tercera que involucró a un equipo mexicano se disputó en Caracas, terreno neutral, a dos partidos entre el Independiente de Argentina y el Atlético Español, que había tomado el lugar del Necaxa en el futbol mexicano por mil razones y sinrazones. Los equipos empataron ambos juegos y tuvieron que lanzarse penales que favorecieron a los argentinos.

El caso es que la rivalidad iba creciendo. Los equipos mexicanos perdían ajustadamente. El América puso el ojo ahí: para internacionalizarse, tendría que jugar y vencer a clubes famosos del extranjero.

El América ganó el accidentado torneo de la Concacaf en enero de 1978 tras algunos abandonos e incomparecencias de dos de sus rivales: el New York Inter-Giuliana, en la primera ronda de Norteamérica, y el Saprissa de Costa Rica, que no se presentó a la semifinal. Al Deportivo México, también tico, no le avisaron la fecha de sus encuentros contra el Diriangén de El Salvador y perdió por *default.*

—¡Qué organización! —diría Topo Gigio, ratón célebre en la televisión de aquella época.

Total, que el América jugó los dos partidos de la final en el estadio nacional de Surinam, en Paramaribo, contra el Robin Hood ante 5 000 espectadores. Ganó el primero por 1-0 con gol de Luizinho y empató el segundo, a uno, con otro de Hugo Kiesse.

Ahora tendría que aguardar para saber quién ganaría la Libertadores y que ambas confederaciones intervinieran para que el partido sucediera.

Por otro lado, el Boca Juniors vivía una paradoja. Siendo el equipo más popular de Argentina y con un plantel soñado, César Luis Menotti no había considerado a ninguno de sus jugadores para la preparación del Mundial de 1978, que celebraría en casa.

Partido a partido, los futbolistas boquenses trataban de demostrarle al técnico que sí tenían los merecimientos para ser considerados, así que cada fin de semana tenían una doble batalla: contra el rival en turno y contra las ideas de Menotti.

En 1976 ganaron los dos torneos que se jugaban localmente, el Nacional y el Metropolitano, y jugaron la Libertadores del 77 con una campaña memorable de una sola derrota en 13 partidos.

La final fue durísima contra el Cruzeiro, base en ese entonces de la selección de Brasil. Cada quien ganó en su casa 1-0 y el ganador se definió en un tercer partido celebrado en Montevideo bajo el drama extremo de los penales. Cada equipo disparó seis. Hugo Orlando Gatti, el excéntrico portero adelantado a su tiempo, les dijo a sus compañeros:

—Les pido un favor. Metan todos los que tiremos. Yo, alguno podré detener.

Y así ocurrió. Atajó el de Vanderley y levantó los brazos, extasiado. Boca era campeón de la Libertadores por primera vez en su historia.

La Copa Interamericana tenía un formato que hoy resulta extraño. No se jugaba a marcador global, sino a puntos. Y en caso de empate, tendría que celebrarse un tercer partido en cancha neutral.

El primer encuentro se jugó en La Bombonera de Buenos Aires, ante 25 000 espectadores.

La alineación del Boca parecía alfombra roja de los Oscar: puras celebridades que el futbol mexicano conocía solamente por las estampas de los álbumes y a las que nunca se había enfrentado.

A los entendidos les sonarán varios nombres de jugadores y entrenadores: Hugo Gatti, Francisco Sá, Pernía, Mastrángelo, Mouzo, Suñé, Zanabria y, por supuesto, Juan Carlos Lorenzo, que había sido técnico de la selección argentina en los mundiales de 1962 y 1966.

El Boca estaba encarrerado y quería ganarlo todo. Una semana antes de enfrentar al América, había empatado a dos con el Borussia Möenchengladbach en el partido de ida de la Copa Intercontinental en la propia Bombonera. El campeón de Europa había sido el Liverpool, pero al declinar, su lugar fue ocupado por los subcampeones alemanes. Eso intimidaba.

Los azulcremas se enfrentaron a un imprevisto: Carlos Reinoso llegó a Buenos Aires con una rodilla lastimada. Hizo todo lo posible por sanar, pero el dolor era insoportable. Era mejor cuidarlo para el juego de vuelta.

Los americanistas hicieron su esfuerzo, pero entre el minuto 42 y el 55 el Boca los vacunó tres veces. Dos goles de Salinas y uno de Mastrángelo colocaron un duro 3-0 para la vuelta.

Carlos vio el partido desde la banca. En algún momento, vio que el técnico rival insultaba y hacía burla de sus compañeros. Digno y de mecha corta, se levantó y fue a encararlo. Se dijeron de todo.

Mediaron dos semanas entre la ida del 28 de marzo y la vuelta del 12 de abril en el Estadio Azteca.

El duelo volvió a ser durísimo y se definió esa noche de miércoles con un solitario gol de Hugo Kiesse a 15 minutos del final.

Con una victoria por equipo, se definiría todo en un tercer partido que se había previsto jugar en Los Ángeles, terreno neutral.

Tal vez el Boca tenía apretado el calendario, tal vez subestimó al rival, tal vez no lo pensó bien. Quizá tanto triunfo lo había ensoberbecido, pero, en lugar de viajar, aceptó jugar dos días después en el mismo Estadio Azteca.

El jueves 13 de abril, víspera del duelo definitivo, el presidente Guillermo Cañedo llegó al entrenamiento a bordo de su lujoso LeBaron.

Los jugadores se acercaron para saludarlo y admirar su nave. Reinoso le dijo que algún día se compraría una de esas.

Cañedo le dijo que si metía un gol y el América ganaba la Interamericana, se lo regalaría. Trato hecho.

El viernes le empezaron a salir alitas al auto prometido. Daniel Pavón enfrió al América a los 5 minutos. Mal pintaba la cosa. Forcejeo, patadas, pique, roces. El partido era un pleito. Boca no dejaba respirar.

José de Jesús Aceves hizo el empate con un gol parecido al de los ingleses en la final del Mundial del 66: no por su factura, sino porque no sabremos nunca si el balón rebasó la raya de gol tras pegar en el larguero. Ni las rústicas repeticiones de la época lo dejaron claro.

Y así se fue el partido hasta el último minuto. Desesperado, el América veía cómo se le escapaba la añorada posibilidad.

Sigue siendo el minuto 89 y el árbitro consulta su cronómetro al tiempo que se produce una falta afuera del área de Boca. La esperanza es lo último que muere.

El reglamento indica que si en el tercer partido empatan los equipos, entonces se recurre a la diferencia de goles para determinar al campeón. Boca está a un minuto de levantar la Interamericana.

Las gradas vibran a punto de ebullición. Cincuenta mil personas aguardan de pie el desenlace. América tiene dos espléndidos cobradores: Kiesse y Reinoso. Este último le dice al paraguayo que se prepare para abrazarlo y festejar el gol.

—Me encargo yo —decreta Carlos—. Déjame solo.

Hugo Gatti coloca una barrera inmensa de seis jugadores para que le cubran el lado derecho del arco. Él se carga a la izquierda.

Reinoso voltea a verlo. Se concentra en el balón y toma impulso. Cinco, seis, siete pasos cortos son los que da, perfilando el ángulo con el que golpeará con su pierna derecha.

El balón desafía a la balística, describe una parábola que pasa por encima de la barrera y se mete echando humo por el lado lejano al arquero, quien se queda parado como estatua.

El Azteca ruge y Ángel Fernández narra a todo pulmón para la televisión:

—Un gol para guardarlo siempre, un gol que estruja la historia del futbol mexicano, el gol del instante de un superhombre…

La noche enloquece. Reinoso atraviesa corriendo la cancha en su celebración mágica y voltea al palco para dedicar su hazaña o, por lo menos, eso pensamos. En realidad, está celebrando la conquista con su presidente.

El héroe de la noche es requerido en el vestidor del festejo para subir de inmediato al palco presidencial. Esa orden no admite retraso.

Al llegar a él, se funde en un abrazo con Guillermo Cañedo, quien le extiende la mano y le da las llaves de su auto.

—Es tuyo —le dice.

Emilio Azcárraga Milmo, en el asiento contiguo, atestigua la escena.

—¿Por qué le diste esas llaves? —le pregunta el magnate a Cañedo y este le cuenta la historia. El Tigre llama entonces a Reinoso e igualmente le da las llaves de su auto.

—No me voy a quedar atrás. Este también es tuyo.

El gol valió una Interamericana, el primer título internacional para el Club América y dos autos.

Tres meses y medio después, Boca fue a Karlsruhe, Alemania, para jugar el partido de vuelta por la Intercontinental. Goleó 3-0 al Borussia y fue campeón con ese mismo plantel.

Ese año, el club argentino les ganó a todos, menos a un equipo mexicano por culpa de un gol que se quedó para siempre en la memoria.

Para saber más de esta historia y revivir su momento, escanea el código QR.

HUMBERTO MARILES
Y SU CABALLO ARETE
15 DE AGOSTO DE 1948
EQUITACIÓN

A.R.

A galope hacia la inmortalidad

HUMBERTO MARILES Y SU CABALLO ARETE

DE LA GLORIA AL INFIERNO

Era un extraordinario jinete y montaba con garbo y elegancia. Su porte y destreza provenían de sus años de estudio en el Colegio Militar, donde la disciplina, el orden y el honor arraigaban en la formación de los alumnos. En 1940, a los 27 años, Humberto Mariles, originario de Parral, Chihuahua, ganó su primera competencia ecuestre internacional. Había afinado sus habilidades para galopar en la Escuela Militar de Aplicación de Caballería y se preparaba para los Juegos Olímpicos de Londres.

El 15 de agosto de 1948 la nación se despertó con la noticia de que el teniente coronel Humberto Mariles con su caballo Arete había ganado dos medallas de oro y una de bronce en las pruebas individuales y por equipos, convirtiéndose así, en doble campeón olímpico. Para un país aislado del escenario internacional durante décadas, el sorprendente triunfo no pudo menos que celebrarse jubilosamente en todo México, pero la historia era digna de un drama cinematográfico.

POLÍTICA Y DEPORTE

Los Juegos Olímpicos de Londres 1948 representaban algo más que una justa deportiva: eran los primeros juegos de la posguerra y se llevarían a cabo en una ciudad que aún mostraba rastros de la destrucción provocada por los bombardeos sufridos durante la Segunda Guerra Mundial.

A nivel internacional, eran los juegos de la reconciliación y, aunque serían austeros —no fue posible construir una Villa Olímpica como sería común en las siguientes ediciones de los Juegos Olímpicos—, se presentaban como una oportunidad inmejorable para que México mandara una delegación de atletas que llevaran la buena nueva de que el país se encontraba en el camino de la modernización y la industrialización, y que avanzaba firme en los rieles del progreso.

La delegación mexicana estaba conformada por 88 atletas, 81 hombres y 7 mujeres, entre los cuales se encontraba el teniente coronel Humberto Mariles, quien se había preparado para competir en salto individual, salto por equipo y concurso completo por equipos. Pero desgraciadamente para él, la política metió las manos.

Mariles era miembro del Ejército Nacional y, por entonces, el deporte hípico era una disciplina exclusiva de los militares; además, para nadie era un secreto que contaba con la simpatía y el apoyo de dos expresidentes de la República que eran peso completo: Lázaro Cárdenas y Manuel Ávila Camacho.

Ambos generales tenían especial predilección por los caballos y tenían sus buenas cuadras, especialmente don Manuel, quien practicaba el polo y otros deportes ecuestres y había apoyado la construcción del Hipódromo de las Américas durante su sexenio. Incluso uno de sus magníficos caballos, la yegua pura sangre llamada Kamcia, alcanzó fama cinematográfica al aparecer en las cintas *La oveja negra* y su secuela, *No desearás la mujer de tu hijo*, donde compartió créditos con Pedro Infante.

Miguel Alemán, el primer presidente civil después de décadas de militares en el poder, no veía con buenos ojos la solidaridad militar y el apoyo de los expresidentes a Mariles, así que unos meses antes de que el teniente coronel iniciara una gira por Europa que culminaría con su participación en Londres, lo mandó llamar al despacho presidencial y le dijo que su viaje y participación en los Juegos Olímpicos estaban cancelados.

El teniente coronel se sorprendió con la noticia que le dio el presidente, pero a pesar de ser militar y de conocer el significado de la disciplina, no se quedó callado y le preguntó a Alemán las razones por las que no viajaría. El presidente fue al grano:

—No puede ganar. No puede ganar estas carreras de caballos con ese tuerto —expresó, refiriéndose así, despectivamente, a Arete, el alazán tostado que era el orgullo de Mariles y que tenía su propia historia.

ARETE

El caballo que alcanzó la fama universal en Londres 48 era un alazán tostado del Rancho Las Trancas en los Altos de Jalisco. Había nacido en 1938 y era de corta estatura, pero fuerte y muy dócil. Lo habían bautizado con el nombre de Arete por una hendidura que tenía en la oreja izquierda.

Al parecer nació con un padecimiento que afectó su ojo izquierdo, por lo que, con el tiempo, perdió por completo la visión de ese lado; sin embargo, corría la versión de que Mariles, de manera accidental, le había pegado un fuetazo en el ojo, por lo cual había perdido la vista.

—Cuando lo cepillaban en el lado que no podía ver —escribió Enrique Ballesteros Durán en su artículo «El Dragón de Oro, la dramática muerte de un campeón olímpico»—, había que hablarle para que te escuchara antes de acariciarlo o tocarlo. Y a la hora de saltar había que dejarlo que viera muy bien las vallas. A veces torcía la cabeza para recuperar el campo visual perdido. Trabajar con él demandaba mucha confianza, pero fue un espléndido ejemplar que, en contra de todo y ninguneado hasta por el presidente de México, conquistó dos medallas de oro.

Mariles llegó a entenderse con su caballo en un grado sublime: cuando lo montaba parecía un centauro, confiaba plenamente en él, y Arete le respondía con creces a pesar de su problema ocular. Juntos alcanzaron la gloria en Londres y el reconocimiento del mundo entero e, incluso, el del presidente Alemán, que si bien no había dado un quinto por el caballo, debió comerse sus palabras, una por una.

EL ORO DE LOS DIOSES

Mariles mandó al diablo al presidente Alemán —seguramente con la bendición de Ávila Camacho y Cárdenas—, pero no se lo dijo en esa visita a Palacio Nacional. Hizo ojo de hormiga y se retiró, pero siguió con sus preparativos y días después viajó a Europa con Arete y con todos sus compañeros del equipo ecuestre mexicano con el fin de cumplir con la gira.

Desde luego la presidencia de la República no se quedó con los brazos cruzados cuando se enteró de que los planes de Mariles eran más sólidos que las herraduras de Arete y, más temprano que tarde, lo acusó de desacato, peculado y deserción del Ejército, por lo cual, al llegar a Italia, Mariles se encontró con el embajador mexicano, Antonio Armendáriz, quien tenía órdenes de detenerlo y repatriarlo a suelo mexicano.

Nadie sabe qué sucedió, si el teniente coronel fue convincente, si guardaba una estrecha relación con el embajador, o si Cárdenas o Ávila Camacho llamaron por cobrar a Roma, pero lo cierto es que Mariles y su equipo permanecieron en Italia, participaron en varias competencias e incluso fueron recibidos por el papa Pío XII en el Vaticano, quien les dio la bendición. En México, Miguel Alemán había perdido la sonrisa Colgate que le caracterizaba y al equipo mexicano de equitación lo esperaban los juegos Olímpicos.

El 14 de agosto de 1948, en el estadio de Wembley, Humberto Mariles entró a la pista con Arete. El ambiente era abrumador, pues tendría que competir con oficiales ingleses, franceses y aristócratas europeos que, literalmente, habían *nacido en caballo de hacienda,* herederos de siglos de tradición ecuestre.

Pero a sus 35 años, Humberto Mariles mostró de qué estaban hechos él y Arete. Ni un asomo de nerviosismo, ni una duda en la ejecución de su rutina: parecía un jinete mitológico. Con las riendas en la mano, saltó con precisión, superó los obstáculos con elegancia y mantuvo una calma sorprendente en medio de la presión. Todo esto lo hizo en la prueba de salto individual y obtuvo la medalla de oro; luego repitió el oro en salto por equipos, y también consiguió la presea de bronce en la prueba de los tres días por equipos.

Por primera vez en su historia, México escuchó su himno nacional en una premiación olímpica y, hasta la fecha, Mariles ha sido el único mexicano que ha ganado tres medallas en una misma justa deportiva, así como el único en ganar dos medallas de oro.

Alemán hizo de la victoria de Mariles un logro de su gobierno. Y entonces sí, muchas sonrisas, muchas fotos, muchos reconocimientos, muchos aplausos y el indulto por el desacato y por la acusación de desertor que pesaba sobre Mariles.

Y con el ánimo triunfalista que acompañó a México durante su gobierno, Alemán decidió «tirar la casa por la ventana» y construir algo que parecía inverosímil: «Un centro dedicado exclusivamente a espectáculos hípicos», amplio, fastuoso y con todos los servicios, digno del primer mundo, para lo cual se entregó el terreno que se encontraba junto al Campo Marte, frente al Paseo de la Reforma.

El anuncio de la magna obra dejó a la opinión pública con más dudas que certezas: ¿un proyecto de esa magnitud para dar cabida a un deporte que muy contadas personas practicaban en México y que no representaba el verdadero sentir del pueblo? Pues sí, así lo dispuso el presidente.

Sin embargo, tres años después y algunos millones de pesos de por medio, cuando la euforia olímpica había pasado, uno de sus colaboradores cercanos le dijo al presidente Alemán:

—Señor presidente, ¿no cree que sería mejor transformar la naturaleza de la construcción que estamos realizando? Porque aquí en México fuera de los expresidentes Cárdenas y Ávila Camacho que tienen muchos caballos, la mayoría de los mexicanos los usa para trabajar el campo.

Alemán se quedó pensativo y le dio la razón a su ayudante. Así fue como el Centro de Deportes Hípicos se transformó en lo que sería poco después el Auditorio Nacional, que el propio Alemán, con su sonrisa Colgate, inauguró el 25 de junio de 1952.

EL INFIERNO

A su regreso a México, Mariles fue recibido como héroe nacional. Se le rindieron homenajes, fue ascendido en el Ejército —con el tiempo alcanzó el grado de general— y su nombre quedó inscrito en la memoria deportiva del país. Durante los años cincuenta siguió compitiendo, incluso en los Juegos Panamericanos, donde también ganó oros. En su natal Parral, Chihuahua, su nombre se convirtió en referente. Era el orgullo del país entero.

Pero Mariles no supo lidiar con la fama y de la gloria bajó a los infiernos de la naturaleza humana. El general comenzó a vivir de manera tormentosa: su vida era una concatenación de conflictos originados por su personalidad, que se amargaba paulatinamente, y se convirtió en un hombre violento y pasional.

En 1964, luego de una noche de copas, Mariles se enfrascó en una discusión con otro conductor y, en un arranque de ira, sacó su pistola, le disparó en el estómago y lo mató. Para evadir la justicia huyó a Texas y se mantuvo prófugo hasta junio de 1965, cuando regresó voluntariamente.

Fue encarcelado y condenado a cumplir veinte años en el Palacio Negro de Lecumberri. Sin embargo, su influencia política y sus relaciones con miembros del Ejército lo favorecieron: en 1971, siete años después del crimen, fue indultado por el presidente Luis Echeverría.

Apenas respiraba los aires de la libertad, cuando, en 1972, recibió la orden del Gobierno mexicano de viajar a París para encargarse de la compra de unos caballos. Sin embargo, de manera sorpresiva, durante su estancia en la Ciudad de la Luz fue detenido por las autoridades francesas, que lo acusaron de ser parte de una red internacional de tráfico de drogas y de querer transportar 60 kg de heroína para introducirlos en México aprovechando las relaciones que tenía dentro del Ejército Mexicano y en los círculos políticos.

Extrañamente, Mariles no pudo ser procesado: apenas unos días después de su detención, el 6 de diciembre de 1972, apareció muerto en su celda de la prisión de La Santé en París. Su cuerpo yacía en el piso. El parte oficial estableció que falleció de un edema pulmonar, pero su familia sostuvo que fue envenenado en el desayuno, aunque algunos biógrafos afirman que se suicidó. Su muerte continúa siendo un misterio.

Arete siempre cabalgó en el corazón de Mariles. El legendario semental había fallecido veinte años atrás, en 1952, debido a un percance que sufrió en su establo: recibió una patada de un caballo argentino llamado El Cordobés, que le fracturó una pata. Le colocaron una placa para soldar el hueso, pero todo fue inútil. Los médicos decidieron sacrificarlo el 4 de febrero de 1952. Se dice que el propio Mariles cavó su tumba. Sus restos fueron depositados con honores en el jardín del Centro Deportivo Olímpico Mexicano.

Los últimos años de Mariles no empañaron el momento en que tocó la gloria en Londres. **Él y Arete continúan cabalgando con gallardía por las páginas de la historia deportiva nacional.**

Para saber más de esta historia y revivir su momento, escanea el código QR.

RAÚL ALCALÁ
MONTERREY, NUEVO LEÓN, 1964
PRIMER CICLISTA MEXICANO GANADOR DE UNA ETAPA DEL TOUR DE FRANCIA

F.J.

Francia, conquistada por un duende

RAÚL ALCALÁ

PRIMER CICLISTA MEXICANO GANADOR DE UNA ETAPA DEL TOUR DE FRANCIA

Raúl nació en la colonia Madero de Monterrey, una localidad cuyos habitantes, en su mayoría, trabajaban en la fundición de acero.

En su familia, siete hombres y dos mujeres conformaban la colección de hijos que su papá y su mamá hicieron crecer y educaron dentro de una familia humilde.

Raúl Alcalá iba a la primaria Mariano Escobedo, pero le costaba trabajo estar atento a las clases. Necesitaba estar en movimiento y la única materia que disfrutaba era la de deportes.

Una de esas tardes, escuchó el sonido de una sirena que provenía de un parque cercano a su casa; se acercó para ver de qué se trataba. Era una de las carreras ciclistas que organizaba Humberto Treviño, padre de Radamés Treviño, un contrarrelojista estupendo que fallecería en un accidente de carretera a los 24 años durante una competencia.

Treviño padre lo invitó a participar sin más formalidad que la de unirse a los demás muchachos. Raúl iba en su bicicleta, tal vez prestada por uno de sus hermanos. **La primera vez que Raúl Alcalá ganó una carrera ciclista, llevaba puesto un pantalón largo que se arremangó hasta las rodillas. La distancia era corta, 400 m, pero a él mismo le sorprendió haber llegado en primer lugar a la meta.**

No se dio cuenta de la hora. Llegó tarde a comer a casa y temía un regaño, pero no sucedió así porque distrajo a sus padres con el pequeño trofeo que llevaba entre las manos. Ellos le pidieron que les contara lo sucedido.

A partir de entonces, todos los domingos se presentaba en el parque para ganar más trofeos: ahí supo que quería ser ciclista.

Sus papás le compraron una bicicleta, con la que participó en carreras *sport* cuyos premios consistían en dinerito en efectivo; así, a los 12 años, él mismo se ganaba sus domingos.

Gradualmente el ciclismo fue desplazando los estudios, ya competía en categorías mayores a las de su edad y, **cada vez que podía, compraba revistas de ciclismo en las que admiraba a los famosos y se imaginaba ganándoles en las grandes competencias europeas.**

Los triunfos de Raúl le permitieron acceder a carreras de nivel nacional. Solía ganar apareciendo de la nada, cerca de la meta y en el momento justo. Por eso, un periodista le puso el apodo que le acompañaría siempre: el Duende.

A los 18 años fue seleccionado para los Juegos Centroamericanos y del Caribe de La Habana en 1982 y, posteriormente, para los Panamericanos de Caracas. Raúl seguía acumulando kilómetros en las piernas y así, rodando por todos lados, llegó a los Juegos Olímpicos de Los Ángeles en 1984.

Su participación fue brillante... por momentos. A media prueba de la ruta entre Los Ángeles y Mission Viejo, Alcalá se fugó. Tomó ventaja sobre los otros 134 competidores durante 90 km y parecía que lograría el triunfo, pero el pelotón lo alcanzó y lo engulló.

Esa fue una carrera durísima de casi cinco horas que ganó Alexi Grewal en el último *sprint* al canadiense Steve Bauer. Raúl terminó en undécimo lugar.

El Duende siempre tuvo una personalidad fuerte. **Varias veces se inscribió a carreras en Estados Unidos sin pedir permiso a las autoridades de Nuevo León o a la propia Federación Mexicana de Ciclismo, como lo dictaban las reglas. Eso le causó castigos y distanciamientos.**

En 1986 corrió con un equipo mexicano la Vuelta Internacional de Baja California Sur. Ganó la cuarta etapa y quedó en tercer lugar general. Una vez más llamó la atención su desempeño, pero en este caso la consecuencia fue algo más que la admiración y el aplauso.

El equipo 7-Eleven, patrocinado por la cadena mundial de tiendas de conveniencia, también había participado en la vuelta y uno de sus directores deportivos, Mike Neill, se acercó a Raúl y, en pocas palabras, le cambió la vida.

—Fuiste el cerebro de tu equipo. ¿Querrías venir con nosotros al Tour de Francia? —le dijo y le ofreció contrato por el resto del año.

El equipo 7-Eleven se había fundado en 1981para darles a los ciclistas de Estados Unidos la mejor preparación posible para los referidos juegos de Los Ángeles. Grewal, el vencedor de la ruta olímpica, era parte del equipo. Los primeros pasos europeos del equipo se dieron cuatro años después, en 1985, y fue el primero de la Unión Americana que participó en las grandes vueltas del Viejo Continente.

Las nueve medallas olímpicas ganadas por la selección de Estados Unidos fueron la plataforma de lanzamiento para un deporte que no había hecho clic entre la población.

Quince días después de su entrevista con Neill, el Duende ya estaba rodando por las carreteras francesas, el mayor reto que puede tener un ciclista de ruta.

Separarse de su familia fue para Raúl casi tan difícil como el de enfrentar una competencia tan desalmada como el Tour de Francia. Tenía 22 años y no entendía nada de lo que los demás decían, pues no sabía francés, pero se adaptó. Lejos de amilanarse, consiguió terminar la ruta en el lugar 114, a 2 horas 15 minutos y 53 segundos del líder.

¿Saben cuántas horas pedalea el vencedor de la clasificación en las tres semanas que dura el Tour? Una barbaridad: poco más de 110 horas y media.

Alcalá no era el mejor escalador, ni el cronometrista más rápido, ni tampoco el esprínter más temible. Pero las tres cosas las hacía bien: era un pedalista completo.

Al terminar su primer Tour, Raúl declaró a los periodistas que el siguiente año terminaría entre los primeros diez lugares. Estos se le quedaron viendo, escépticos.

—Háganle caso, créanle —añadió Neill.

Con la madurez de un año más de experiencia, el regiomontano llegó a su segunda cita francesa con un mantra: «O la montaña, o a la casa». Sabía que las oportunidades eran escasas y debía aprovecharlas.

Cumplió su promesa: en su segundo Tour de Francia terminó en el noveno lugar de la clasificación general y conquistó el *jersey* blanco que se le otorga al mejor juvenil menor de 23 años.

Para su tercer Tour, cambió de suéter. El PDM de Países Bajos, considerado entonces el mejor equipo del ciclismo profesional, le extendió un contrato por seis años. Ya no sería gregario, que es el tipo de ciclista que le abre camino al líder del equipo: ahora sería él quien marcaría el ritmo como pedalista principal.

Su ilusión ahora era ganar una o varias etapas. Lo consiguió en Spa-Francorchamps con **20 segundos de ventaja. Con ello se convirtió en el primer ciclista mexicano en conquistar una etapa del implacable Tour de Francia. En ese mismo año, 1989,**

nació su primer hijo, Sebastián. El triunfo fue doble y Alcalá vivió su momento dorado. No esperaba el revés que le aguardaba a la vuelta de la esquina.

En el Tour de 1990, enfrentó condiciones muy difíciles en una etapa contrarreloj de 68 kilómetros.

La neblina era densa, estaba lloviendo y la topografía era complicada. Era la época de Miguel Induráin, el español legendario que ganó al hilo cinco ediciones del Tour de Francia.

A los cinco minutos, Alcalá ya llevaba ventaja sobre Induráin. **La lluvia arreciaba, pero tomó el riesgo y no bajó la velocidad. Los últimos 5 km fueron en descenso y su bicicleta era un rayo que no hacía caso del peligro.** La carretera abrió sus fauces y amenazó con tragarse de un bocado a quien se descuidara un solo instante.

Raúl resistió. Apretó los dientes y mantuvo firmes sus manos sobre el manubrio, en estado máximo de alerta. De pronto, vio a lo lejos la línea de meta. Pensó que podía ganar, que su tiempo era magnífico... y lo logró: se llevó la etapa con más de un minuto de ventaja sobre Induráin. Había ganado ya una carrera en la montaña y ahora lo lograba en la contrarreloj. Raúl se paseaba en la gloria.

Llegó 1991 y, sorpresivamente, **el equipo PDM se retiró a medio Tour «debido a una intoxicación alimentaria». Eran los años en que inició la persecución del dopaje.**

Tiempo después se supo que ese malestar estomacal de los ciclistas se debió al consumo de un medicamento, Intralipid, que servía para aportar energía y ácidos grasos vía alimentación intravenosa. Era una sustancia prohibida.

PDM no quiso presentar pruebas.

—Ojalá me hubieran investigado —dijo Alcalá tiempo después.

El ciclismo profesional es agotador: quema las piernas, el ánimo y el alma. Después de ese incidente, Raúl decidió retirarse, pues había cosas que no le gustaban porque eran turbias. Paró por completo su carrera.

Cruzó entonces el umbral que desemboca en la oscuridad y el olvido: dejaron de hablar de él. Raúl se sintió solo.

En 1996 y 1998 intentó regresar, pero no tenía ya los bríos que necesitaba. Cayó en un bache de depresiones y se enfermó con frecuencia.

Se descuidó y subió de peso. Se alejó del ciclismo durante diez largos años.

Habló con su madre.

—Estoy emproblemado, mamá —le dijo.

—Siempre lo has estado, m'ijito —le contestó.

Raúl venía de su fracaso matrimonial y encontró refugio en ella. Sus palabras fueron un detonante:

—¿Qué no podrás resolver si casi no naces? Tenías enredado el cordón umbilical y te estabas asfixiando. **Si le ganaste a la vida, puedes ganarle a todo. Cuando naciste, nació la alegría. Siempre has sido un luchador.** Así que...

Alcalá volvió a tomar el manubrio para empezar a rodar de nuevo. La bicicleta fue su escape y también su vigilante.

—La bici es la que me regañaba y me hacía sentir que podía llegar a ser yo otra vez si mi entrega era completa.

A través del ciclismo, se acercó y convivió con sus hijos. A los 46 años retomó el deporte de su vida. Se puso en forma, bajó de peso y se entrenó con sus amigos. El brillo regresó a sus ojos, se le volvió a iluminar la cara. Rejuveneció de tal manera que a esa edad ganó un campeonato nacional contrarreloj en Hermosillo.

En 2008 fue con su familia al Tour de Francia, ahora como espectador. Después de la última etapa, escuchó sobre Campos Elíseos que lo llamaban por su nombre. Volteó. **Era el francés Carlos Sastre, quien unos minutos antes había ganado el Tour.**

—Tú me motivaste, Raúl. Tengo tu póster colgado en mi cuarto.

El triunfo de Sastre, único en el Tour de Francia, fue significativo porque se le considera uno de los ciclistas limpios de esa era borrascosa.

La duda se cernió siempre sobre los pedalistas, muchas veces con motivos confirmados. La confesión de Lance Armstrong en 2013 acerca de que corría dopado mantuvo la sombra sobre los demás.

—En 1993 —tomó la palabra Alcalá—, ya no podía ir más rápido ni ser más fuerte que los demás. Desesperado, fui con el doctor Ferrari. Me pidió el 10% de mis ingresos a cambio de darme una receta. Acepté. Me escribió una fórmula en un pedazo de papel de estraza sin membrete ni mayor explicación.

En julio de 2012, Michelle Ferrari fue inhabilitado de por vida por la Agencia Mundial Antidopaje. Descubrieron sus métodos. Su «coctel estrella» contenía EPO (eritropoyetina), testosterona y transfusiones de la propia sangre del ciclista para elevar su oxigenación.

—Nunca te obligan —concluyó Raúl—. La decisión es tuya y la mía fue retirarme.

Para saber más de esta historia y revivir su momento, escanea el código QR.

MÉXICO VS. EU
17 DE JUNIO DEL 2002
LA NOCHE TRISTE

A.R.

La peor derrota de la historia

MÉXICO VS. EU 2002

UN NUEVO RETO: COREA-JAPÓN 2002

La verdadera derrota de la noche triste no ocurrió el 30 de junio de 1520, cuando los españoles huyeron de Tenochtitlán asolados por los mexicas y Hernán Cortés, exhausto y abatido, lloró la muerte de muchos de sus compañeros y de cientos de aliados tlaxcaltecas al pie de un ahuehuete en Popotla.

La verdadera noche triste para los mexicanos ocurrió el 17 de junio del 2002, en el mundial Japón-Corea: en esa fecha el equipo de Estados Unidos derrotó a México con un contundente 2-0, con lo que se esfumaron las esperanzas de que la selección nacional, dirigida por Javier Aguirre, avanzara al quinto partido del mundial.

EL MESÍAS

En los primeros días de julio del 2001, un reportero de la prensa deportiva le preguntó a Javier Aguirre si se consideraba el mesías.

Parecía una pregunta desproporcionada, pero en un país donde el futbol es parte de su identidad, era una pregunta que se antojaba necesaria, sobre todo por las circunstancias del momento.

En su camino hacia la Copa del Mundo Corea-Japón 2002, la selección mexicana se encontraba al borde de la eliminación. El director técnico, Enrique Meza, nunca le halló la cuadratura al círculo y llevó a la selección a «un abismo profundo y negro, como mi suerte». Todo parecía indicar que los seleccionados nacionales verían el mundial desde la comodidad de sus hogares.

Pero como a grandes males grandes remedios, Meza fue despedido y los directivos de la Federación Mexicana de Futbol aplicaron el mexicanísimo bomberazo: buscaron a Javier Aguirre, por entonces director técnico del Pachuca —equipo con el que había alcanzado el subcampeonato en esos días de junio del 2001— y le ofrecieron dirigir la selección.

Sin ninguna garantía de éxito, pero con muchos huevos, Aguirre aceptó. Debía tenerlos, porque para el momento en que tomó las riendas del Tri, el panorama era desolador: México estaba en el quinto lugar de su grupo clasificatorio de la Concacaf y hasta ese momento había conseguido una miserable victoria en 12 partidos, e incluso había perdido 3-1 contra Honduras. Era imperdonable, sobre todo porque México competía en una zona geográfica —la Concacaf— donde no debía tener problema alguno para clasificarse al mundial.

La tarea se antojaba titánica. Restaban cinco partidos de la eliminatoria y, para obtener su boleto a Corea-Japón 2002, México necesitaba sumar en cada juego los tres puntos, es decir, ganar los cinco partidos. Por si fuera poco, Aguirre aceptó dirigir la selección a menos de diez días del siguiente encuentro de la eliminatoria, el cual se jugaría el 1.° de julio, en el Estadio Azteca, y su primer rival sería el equipo de Estados Unidos, por entonces líder de la eliminatoria. El futuro parecía sombrío.

—Hablé con mis jugadores —expresó Aguirre en una entrevista el 25 de junio del 2001— y les exigí que en ese partido pusieran alma, vida y corazón. Recuerdo que muchos hablaron bastante fuerte sobre lo sucedido en las semanas anteriores, pero nadie abandonó el lugar. En aquella plática hicimos el compromiso de sacar adelante la situación. Les aclaré que siempre tendrían libertad de opinión, aunque como en toda buena democracia, yo tendría la última palabra. A los muchachos que nunca habían jugado juntos antes del domingo que se avecinaba, les pregunté: «¿Quieren ganar? ¿Quieren ir al mundial? ¿Sí? Pues hagamos lo necesario para ir». Nunca me presenté ante la opinión pública como un mago o un ilusionista; junto con mis jugadores, simplemente asumí la responsabilidad y el reto que teníamos por delante.

México le ganó 1-0 a Estados Unidos en el Azteca, y renació la esperanza. Ante la pregunta del reportero que lo colocaba en los cuernos de la luna, Aguirre respondió: «No soy el mesías: soy un técnico de futbol ante el reto más grande de su vida».

A SOLO 90 MINUTOS

El triunfo en el Azteca le otorgó un breve respiro a la selección. El siguiente partido estaba programado hasta el 2 de septiembre contra Jamaica, en Kingston, y ese encuentro era prioridad. Sin embargo, a la vuelta de la esquina estaba la Copa América que se realizaría en Colombia en julio. El torneo en Sudamérica serviría para conformar una selección con un nivel futbolístico superior al mostrado hasta ese momento y una mentalidad ganadora.

La primera sorpresa del torneo fue que, en su debut, México derrotó a Brasil. Había que mantener la calma y no echar las campanas al vuelo, pero la prensa colombiana no se contuvo: «México lució atrevido… Le faltó al respeto a Brasil… Solo debe mejorar la contundencia en el ataque». Y así fue: un empate y tres victorias más llevaron a la selección mexicana a la final de la Copa América contra Colombia. Aunque Aguirre y sus hombres perdieron, estaban listos para el siguiente partido eliminatorio.

—Por encima de la experiencia de jugar una Copa América y llegar a la final —recuerda Javier Aguirre—, desde antes de partir a Colombia dejé muy claro que mi preocupación era el juego de septiembre cuando visitáramos Jamaica. En nuestro camino hacia el Mundial no había otra alternativa más que obtener los tres puntos. Regresamos con ellos de Kingston y luego derrotamos a Trinidad y Tobago en el Azteca. Un empate a cero con los ticos en Costa Rica y un pésimo resultado para Honduras nos colocó en la antesala de la Copa del Mundo. Todo se decidiría en el último partido de la eliminatoria.

No hay un juego de la selección mexicana que no tenga su buena dosis de drama. Los espectadores se han acostumbrado a sufrir con la selección. Aquel último partido de la clasificación, contra Honduras, no fue la excepción. México jugaba de local, con el Azteca a reventar, y aun así durante el primer tiempo la selección no jugó a nada.

Aunque el país entero y buena parte de los medios daban por hecho la calificación al Mundial, pues a sus ojos Honduras en el Azteca no tenía oportunidad, no había espacio para la confianza. México estaba cerca y lejos del Mundial al mismo tiempo. En los vestidores, Aguirre les leyó la cartilla a sus jugadores y, en el complemento, la selección les metió tres goles a los visitantes. México había logrado lo que parecía imposible cuatro meses antes: asistir al mundial.

¿Y LOS NIÑOS HÉROES?

Seis meses antes de que rodara el balón en Corea y Japón, Javier Aguirre ya se había vestido de héroe como director técnico, además de que tenía un largo camino recorrido como jugador: gozaba del respeto y la admiración de la afición que siempre lo identificó como un histórico del América, aunque también jugó con el Atlante y las Chivas, y fue uno de los líderes de la selección mexicana en el Mundial del 86. Todos recordaban el soberbio pase que le puso a Manuel Negrete para que rematara de tijera frente a Bulgaria y cómo celebró el gol, jalándole el pelo y dándole un zape afectuoso.

Luego de la trepidante forma como la selección mexicana clasificó al Mundial, las expectativas de la afición crecieron exponencialmente, más aún cuando el Tri comenzó su participación en la Copa del Mundo derrotando a Croacia, luego a Ecuador y empatando con Italia a un gol. Con autoridad y como líder de grupo, México avanzó a octavos de final y todos pensamos, con más fe que razón, que la selección podía llegar mucho más lejos.

Todos los encuentros de futbol entre México y Estados Unidos contienen una carga nacionalista que va más allá de la naturaleza deportiva. Por momentos parece que vencer a los estadounidenses representa una especie de revancha por todos los agravios históricos recibidos: por habernos despojado de la mitad del territorio en la guerra de 1846-1848, por haber invadido Veracruz en 1914, por el maltrato a los indocumentados mexicanos y por el abuso sistemático.

Una victoria sobre Estados Unidos en futbol vale mucho más que cualquiera otra, no importa si el rival es Alemania, Brasil, Argentina o Francia: derrotar a los gringos reivindica el honor de México, su soberanía y nuestras raíces, como si la victoria gritara:

—¡Nos los chingamos, pinches gringos! ¿No que muy poderosos?

Durante años los mexicanos miramos con desdén a los gringos en el futbol: ellos son «buenos pa'l americano, pa'l beis, pa'l básquet, pero no para el soccer». Y algo de razón había en ello: por su estructura futbolística, México solía ser el famoso gigante de la Concacaf, azote de Estados Unidos, Canadá, Honduras y el resto de países centroamericanos.

Así que cuando la selección mexicana supo que su rival en octavos de final sería Estados Unidos, el júbilo se desbordó en el país: le agradecimos a la virgencita de Guadalupe el favor recibido y tuvimos la certeza de que Dios le iba al Tri. «Es solo un trámite»,

«México ya está en el quinto partido», «¡Qué nos duran!», repetía la gente con excesiva confianza.

Nadie imaginaba un resultado distinto porque, además, Javier Aguirre había comenzado su ciclo con la selección mexicana derrotando a Estados Unidos —aunque jugando de local y con su público—.

El 17 de junio del 2002, la selección mexicana no se presentó a jugar frente a Estados Unidos o, al menos, no la que había demostrado talento, coraje, entrega, orden y eficacia. ¿Dónde estaban los niños héroes del balompié nacional? ¿Dónde quedó el ánimo revanchista que siempre impulsaba a los mexicanos? ¿Cuándo dejó de escucharse el «mas si osare un extraño enemigo»? Seguramente, los jugadores se dejaron envenenar por la misma confianza que se respiraba en México: el gigante de la Concacaf se levantaría con la victoria con los ojos vendados.

A Estados Unidos le bastaron dos goles: uno al minuto 8 del primer tiempo, que desconcertó a los jugadores mexicanos de tal forma que nunca pudieron encontrar su juego, su ritmo ni su orden. Y ante la incapacidad mexicana para reaccionar, el gol que sentenció los octavos de final llegó al minuto 65 y sanseacabó: Estados Unidos eliminó a México.

Millones de mexicanos madrugaron ese día, por la diferencia en el horario, dispuestos a celebrar el pase a cuartos de final; pero el festejo quedó para mejor ocasión: el país vivió su verdadera noche triste, quizá la más dolorosa en la historia del futbol mexicano en su participación en mundiales. Para acabarla de amolar, eran las primeras horas del lunes, que se convirtió en el lunes negro mexicano.

Nadie daba crédito: la gente, los medios y los comentaristas querían explicaciones, exigían respuestas. **Para Javier Aguirre, la derrota significó el peor momento de su carrera:**

—Me sentí el peor entrenador de la tierra —declaró y después contó que entró al vestidor derrotadísimo, llorando y sintiendo que le había fallado a México.

Estados Unidos se había plantado con orden y disciplina en la cancha y aprovechó dos oportunidades que tuvo para anotar. No había que darle más vuelta al asunto, no era un milagro. Sin embargo, durante días la gente seguía sin comprender lo que había sucedido. Incluso algunos diputados, fuera de las sesiones del Congreso, llegaron a considerar seriamente llamar a Javier Aguirre a que compareciera ante el Legislativo para explicar por qué México había sido derrotado por los estadounidenses. Esta comparecencia no sucedió, pero la derrota en Corea frente a Estados Unidos quedó registrada como un agravio más en la difícil relación bilateral.

GALIA MOSS
CIUDAD DE MÉXICO, 1974
VELERO

F.J.

Sola contra el océano

GALIA MOSS

PRIMERA LATINOAMERICANA QUE CRUZÓ A VELA Y EN SOLITARIO EL OCÉANO ATLÁNTICO

Es de madrugada y Galia Moss está sola en medio del océano enfrentando la oscuridad y la marea. No puede dejar que la venza el sueño porque de eso depende su vida.

Su principal aliada y su mayor enemiga es ella misma. Están a prueba su fe, su resistencia y su pericia.

¿Por qué asir la vida a un velero que en el mar parece una cáscara de nuez? ¿Hay paso al arrepentimiento? En ciertos momentos difíciles podría aparecer la duda, pero no hay marcha atrás.

Que soñar no cuesta nada no es cierto. Depende. ¿Qué tal si el sueño consiste en cruzar el océano Atlántico a solas y a bordo de un velero?

Primero hay que tener las agallas y, después, la embarcación. Y, por lo tanto, patrocinios.

Atravesar el océano se le antoja a pocos porque lograr una hazaña así de sobrehumana no hace aplaudir a las multitudes ni convierte en millonario a nadie. Galia lo intenta para retarse a sí misma hasta el límite de la soledad y la locura.

Ella tuvo desde niña una gran curiosidad por el universo. Le atraía particularmente el mar.

El punto de partida de su interés fue un viaje en un gigantesco crucero que tomó de niña con su familia en unas vacaciones.

Desde cubierta, se quedó mirando al mar y se preguntó qué pasaría si ese edificio flotante desapareciera con todo y gente. ¿Qué se sentiría estar allá afuera y desplazarse en el agua?

Años más tarde, a sus 24, se inscribió en un crucero-escuela de vela en el que 35 alumnos y la tripulación llevaron un velero de un puerto a otro en un mes, tan solo con la ayuda del viento. Ella era una de las pocas mujeres a bordo.

Para una de las materias debía leer una biografía y eligió la de Tania Aebi, una estadounidense que recorrió el mundo a solas en un velero de 8 m de largo entre sus 18 y 21 años.

Galia pensó que estaba loca: eso no era razonable. Pero ese libro le cambió la vida: cuando terminó de leerlo, se planteó la idea de intentarlo para saber qué se sentiría. Quería prepararse para descubrir si sería capaz de algo así.

Durante los siguientes años se inscribió como voluntaria en varias tripulaciones, participó en competencias y leyó sobre veleristas en solitario y alpinistas que conquistaron cumbres sin compañía. La idea la había invadido y consagró gran parte de su tiempo a aterrizarla.

Tomó cursos teóricos y prácticos, aprendió a arreglar desperfectos en un velero, y sobre electricidad, mecánica y primeros auxilios.

Se hizo experta en cartas náuticas, meteorología, nutrición y hasta administración y contabilidad porque tras cinco años, ya con el proyecto listo, ahora había que venderlo.

Convencer a los patrocinadores es más difícil que enfrentar al mar. Tocó la puerta de decenas de empresas que le dijeron que no. Acudió a fundaciones para pedir apoyo: creía que su esfuerzo debía tener un beneficio social. Alternaba su tiempo entre esa búsqueda y sus entrenamientos que hacía en España y Estados Unidos.

La resistencia a la frustración es el más agotador de los deportes. Galia tocaba con mayor fuerza la siguiente puerta tras la que se iba cerrando. Alguna tendría que abrirse. Tras dos años de intentos, sucedió.

El 24 de abril de 2006, en el puerto de Vigo, España, Moss zarpó en su velero, El Más Mejor. Era una embarcación, fabricada por encargo, de 9.6 m de largo, 3.2 m de ancho y 13 m de altura. Además, tenía una quilla de 2 m para brindarle estabilidad y en la cabina contaba con lo necesario para la travesía: cama, cocineta, baño, equipo de navegación y la tecnología que esa época ofrecía.

La única manera de hacer contacto con su equipo en tierra fue con un teléfono satelital para usarse únicamente en caso necesario, pues tenía que cuidar sus minutos.

Su hermana Aline encabezaba el equipo de apoyo; entre otras tareas, ella le diseñó los paquetes de alimentación: nada refrigerado ni para cocinar. Las raciones diarias consistían en frutos secos, cereal con leche, carnes al vacío y algunas latas, así como colaciones ligeras para ingerir entre comidas.

Galia se había preparado para dormir lapsos de máximo veinte minutos por hora. Era ese el tiempo en que un velero puede cambiar de rumbo si percibe una nave grande en el horizonte; de lo contrario, debido a lo pequeño de su embarcación corría el peligro de no ser detectada y hacer colisión.

Pese al cansancio del paso de los días, era crucial no caer en sueño profundo; por eso dormía sentada.

Aline le enviaba datos meteorológicos y cualquier indicación útil.

Se puede pensar que hay mucho tiempo libre en una travesía como esta. No es así. Galia seguía una rutina estricta. Todos los días hacía lo mismo que el anterior, porque se requiere gran estructura y disciplina para tener todo bajo control. Solo la alteraba ante una emergencia: un viento fuerte, un rumbo que corregir, mal tiempo o una vela que mover.

Galia cuidaba con celo su embarcación. En el mar, El Más Mejor era su casa, su protección, su vida.

—Es tu costilla —dice—. Si la cuidas, te cuida a ti porque es parte de tu ser.

El mar ofrece un paisaje distinto cada día: ninguno es igual a otro. Cada hora regala diferentes vientos y nuevos acompañantes de la fauna marina que nadan un rato a tu lado. Esta era una experiencia nunca antes vivida.

Uno de los retos más importantes es la soledad. Galia se preparó mucho en el aspecto mental. Hizo yoga, practicó la meditación y aprendió a hacer ejercicios de silencio en los que se escucha lo que dice la mente.

A ratos leía, a ratos veía las fotografías que pegó en la embarcación, de sus seres más queridos. Colgó frases y pensamientos. Cada mensaje que recibía desde tierra dándole ánimo le hacía más fácil la vida.

—A veces me siento más sola en tierra que en el océano —decía—, porque en mi velero estoy en modo de supervivencia: mando bitácoras, saco fotos y me conozco más profundamente. Hay mucho de qué ocuparse.

Galia siguió una ruta similar a la de Cristóbal Colón. Ella la hizo en 41 días mientras que el descubridor de América en tres meses.

Amiga de las noches sin luna, en las que la oscuridad absoluta es como un acto de magia, tuvo su momento más peligroso cuando estaba llegando a América.

Justo por la noche, navegaba entre dos islas del Caribe con un tiempo más que amenazador. No durmió un solo instante.

En una de sus salidas de cabina para ir a cubierta, una tremenda ola hizo que el tubo de una de las velas le pegara en la cabeza y la despidiera con dirección al mar. Como pudo, **se aferró al borde del barandal y quedó colgada de brazos, fuera de la embarcación y con la tormenta encima.**

Le habrá pasado la película de su vida por la mente en un instante, pero también todo lo que había aprendido desde niña practicando atletismo, natación y gimnasia. Por estar preparada y gracias a su instinto de supervivencia, logró meterse de nuevo al velero y controlar la situación.

Galia Moss llegó el sábado 3 de junio a la caleta del Parque Xcaret en Quintana Roo, saludando de pie desde la popa de El Más Mejor a la gente que le aplaudía.

Se convirtió así no solamente en la primera mexicana, sino también latinoamericana, que cruzó en solitario el Atlántico a bordo de un velero.

Su logro representó a muchos. Su trato con las tres fundaciones que la apoyaron consistió en construir una casa para gente sin techo por cada 6 millas náuticas del recorrido. Ella misma fue a ayudar a la construcción de algunas de las 688 casas que se edificaron.

Galia abrió el camino. En 2010 realizó la travesía a la inversa: partió de Veracruz hacia las islas Azores bajo condiciones climáticas mucho más severas. Y en 2012 le dio la vuelta a toda América Latina.

Además de la gloria que le brindó al deporte mexicano, sus hazañas siempre tuvieron una causa social. En su segunda expedición logró darles alimentación a 708 niños necesitados y, con la tercera, becas de educación a 1 800 niños mexicanos.

Galia Moss contestó todas las preguntas que de niña se hizo mientras miraba el mar y ahora quien dominaba las olas era ella.

Para saber más de esta historia y revivir su momento, escanea el código QR.

FERNANDO VALENZUELA
UN TORO QUE SABÍA EMBESTIR
BEISBOL

A.R.

EL «TORO» QUE EMBISTIÓ A LOS YANKEES

FERNANDO VALENZUELA

Todos en el estadio estaban de pie aplaudiendo: era el tercer juego de la Serie Mundial de Beisbol, Fernando había permanecido nueve entradas completas en el montículo y no mostraba rastros de cansancio. El juego era suyo: solo le faltaba un lanzamiento, una bola que podía consagrarlo o arrojarlo a las fauces de la ignominia. Tan cerca y tan lejos. Esperaba que la diosa Fortuna lo acompañara como lo había hecho siempre.

En un solo lanzamiento estaba definido el futuro inmediato de su equipo. Podía ser un *strike* para cantar el *out* 27 y acabar con el juego, o podía transformarse en un *hit* o un *home run* que acabara con los sueños de gloria que estaban al alcance del mexicano. Se disputaba el tercer juego de la Serie Mundial de 1981 y Fernando Valenzuela enfrentaba a los Yankees de Nueva York.

El último lanzamiento fue narrado con total emoción por el carismático y divertido cronista Jorge *Sonny* Alarcón:

—Dos bolas, dos *strikes,* dos *outs.* Una sola carrera tiene adelante a Fernando Valenzuela y a los Dodgers, campeones de la Liga Nacional. La gente forma un panorama sensacional, se pone de pie toda como uno solo y nosotros también porque la gente tapa la visual completamente. Tenemos que echar la vista hacia el monitor porque tenemos una muralla de gente palmeando, vitoreando, coreando al Toro. «¡Venga, Fernando!» le gritan. Se yergue Fernando, allí en el centro del diamante, y va con el lanzamiento. La bola viaja… ¡Ay, lo ponchó! Allá va Tom Lasorda a abrazar a Fernando Valenzuela, que conquista su primera victoria en Serie Mundial y bate a los Yankees cinco carreras por cuatro. ¡Esto es un manicomio!

El año de 1981 fue glorioso para el deporte mexicano: Hugo Sánchez migró a España dispuesto a conquistarla a goles, Salvador Sánchez demostró que sus puños eran imbatibles tras callarle la boca a Wilfredo Gómez en Las Vegas, y Fernando Valenzuela se develaba como el novato del año en su primera temporada en las grandes ligas, desatando una euforia nunca vista por la presencia de un mexicano en las ligas mayores. Los tres llevaron el nombre de México al escenario internacional.

También fue una época gloriosa para la crónica deportiva, pues, entre finales de los setenta y principios de los ochenta, coincidieron en tiempo y espacio las grandes voces del deporte que se habían formado en la radio y la televisión, les imprimieron su propio sello a sus crónicas y formaron a las nuevas generaciones de comentaristas que comenzaron a escucharse al comenzar la década de los noventa.

En el futbol americano, Fernando Von Rossum era el jefe de jefes e hizo famosa esta frase: «Las ofensivas venden boletos, las defensivas ganan partidos, y los equipos especiales ganan campeonatos».

Los vaivenes del futbol mexicano tenían por entonces dos representantes que se convirtieron en leyendas: don Fernando Marcos, con su indiscutible frase: «El último minuto también tiene sesenta segundos», y Ángel Fernández, quien enseñó a sus compañeros a gritar «¡Gooooooooool!» en televisión y dejó un clásico:

—A todos los que quieren y aman al futbol, ¡este es el juego del hombre!

En el Box, Toño Andere solía repetir:

—Cuidado, porque las patadas de ahogado en el boxeo son patadas de mula.

Y el beisbol tenía dos cronistas entrañables: Pedro *el Mago* Septién, quien dejó varias frases memorables: «El beisbol es mucho deporte para ser negocio y mucho negocio para ser deporte», «Contra la base por bolas no hay defensa» y la más famosa: «Al final solo queda la frialdad de los números».

Y Jorge *Sonny* Alarcón, quien le llamaba a la pelota de beisbol «doña Blanca» y acuñó la expresión «se va por la ruta de la vergüenza» cuando caía un *out* resultado de una rola del *pitcher* a primera base.

Pedro *el Mago* Septién y Sonny Alarcón narraron los juegos de Fernando Valenzuela de la temporada 1981, como abridor de los Dodgers, que culminó en la Serie Mundial. Y Sonny acuñó un término que rápidamente encendió el ánimo de los aficionados hasta el último rincón de la República y traspasó la frontera para instalarse en la ciudad de Los Ángeles: había llegado la *fernandomanía.*

DE ETCHOHUAQUILA A LOS ÁNGELES

Fernando Valenzuela nació en la fiesta de Todos los Santos, —1.º de noviembre— de 1960 en un lugar del que solo los lugareños sabían de su existencia: Etchohuaquila, Sonora. Su terruño ni siquiera alcanzaba la categoría de pueblo: era apenas una ranchería dentro del municipio de Navojoa.

Sus padres eran campesinos y no compartían el consejo de que «la familia pequeña vive mejor»: Fernando fue el último de 12 hijos y desde chavo se dejó llevar por el deporte más practicado en Sonora: el beisbol.

A sus 17 años demostró que tenía las cualidades para ser buen serpentinero —poética forma de llamarles a los lanzadores (*pitchers*) por la trayectoria que sigue la bola en cada lanzamiento, como si fuera una serpiente en movimiento—.

Debutó en 1977, jugando para los cafeteros de Tepic, pero los Tuzos de Silao vieron que tenía brazo y lo firmaron por 250 dólares. Luego de una temporada, fue contratado por los Ángeles de Puebla, equipo que lo prestó a los Leones de Yucatán, novena con la que debutó formalmente en la Liga Mexicana de Beisbol.

En 1979, Camilo *Corito* Varona, cubano cazatalentos de los Dodgers de Los Ángeles, viajó a México porque el equipo andaba urgido de un parador en corto (*shortstop*). Venía por Alí Uscanga, quien jugaba para los Tecolotes de Nuevo Laredo, que, por coincidencia, ese día enfrentaban a los Leones de Yucatán, cuyo *pitcher* abridor era Valenzuela. Sus lanzamientos, su estilo y su fuerza lo impresionaron:

—Olvidé todo acerca del *shortstop* y me dediqué el resto del juego a evaluar al *pitcher* zurdo —recordaría años más tarde Varona.

La diosa Fortuna le había guiñado el ojo al joven *pitcher* y a sus 19 años fue contratado por los Dodgers con un sueldo que jamás hubiera imaginado: 32 500 dólares por temporada —el más bajo permitido por la liga mayor de beisbol en Estados Unidos— y eso solamente era el inicio.

Una vez contratado, Fernando se fogueó en las sucursales de ligas menores de los Dodgers, afinó el brazo, mejoró su técnica y aprendió a lanzar el tirabuzón, pichada que se apropió y con la cual saltó a la fama.

Debutó en las Ligas Mayores en septiembre de 1980, cuando llegaba a su fin la temporada regular, y lo hizo con dos victorias como relevista. Estaba listo para ser titular en la campaña del 81.

De nuevo la suerte tocó a su puerta: Valenzuela estaba programado para abrir el tercer partido de la temporada regular; sin embargo, el *pitcher* abridor del juego inaugural presentó molestias de último minuto, por lo que Tom Lasorda, mánager de los Dodgers, le dio la pelota a Valenzuela y lo mandó de abridor. Fernando no defraudó: esa fue su primera victoria en las Grandes Ligas.

Con su número 34, su mirada al cielo antes de cada lanzamiento y la zurda de oro con que enfrentaba a sus rivales, Fernando tuvo un inicio de campaña apoteótico: ganó sus primeros ocho juegos, por ello rápidamente llegó a las primeras planas de los diarios.

La prensa, tanto estadounidense como mexicana, lo bautizó como el Toro —en México invariablemente le agregaban «de Etchohuaquila»—, y el sobrenombre se volvió inseparable de su identidad, pues era un nombre que encarnaba su fuerza y determinación en el montículo. Medios como *Los Angeles Times* hablaban del «Bull from Sonora» y *Sports Illustrated* destacaba su impresionante desempeño, haciendo eco de la creciente admiración popular, mientras que en México el *Excélsior* celebraba que un paisano estuviera «poniendo de cabeza a los yanquis».

ESPERANZA

Aficionados y no aficionados del beisbol voltearon su mirada hacia Los Ángeles, California. Todos éramos Valenzuela. Por entonces yo tenía 12 años y descubrí el beisbol, así que ahorré cien pesos de aquella época para comprarme una manopla.

La sencillez de Fernando, su carisma y su determinación traspasó el diamante. Para los mexicanos, Valenzuela representaba esperanza. En un México cuya economía se hundía junto con el petróleo, cuyos precios habían caído drásticamente mientras la crisis económica anunciaba tiempos sombríos, la fernandomanía fue un bálsamo: con un mexicano triunfando en la élite deportiva estadounidense, todo era posible.

La fernandomanía no era solo beisbol, era orgullo e identidad: todo un fenómeno cultural que no se limitó a los juegos de beisbol... Se extendió a las calles, a los medios de comunicación y a los hogares de millones de aficionados. Las camisetas con su nombre, los carteles en las gradas y las conversaciones sobre su estilo de lanzar se convirtieron en parte de la cultura popular por algún tiempo.

Valenzuela representaba un nuevo rostro del beisbol, uno que resonaba profundamente en el corazón de los mexicanos. Su estilo de lanzar y la zurda privilegiada que poseía se volvieron íconos.

Los fanáticos gritaban «¡Vamos, Toro!» en los estadios y su imagen aparecía por doquier. Fernando no solo ganó partidos: ganó corazones, además de haber sido el primer mexicano en lanzar un juego sin *hit* ni carrera en las Grandes Ligas: lo logró el 29 de junio de 1990. Su éxito ayudó a incrementar el interés por el beisbol en México y reforzó la idea de que los deportistas mexicanos podían competir en ligas de alto nivel internacional.

JUEGO COMPLETO

La Serie Mundial de 1981 significó el bautizo de fuego de Valenzuela. Para el 23 de octubre, fecha en que se jugaba el tercer partido de la serie, los Dodgers estaban contra las cuerdas. Los Yankees habían ganado los dos primeros encuentros y parecía que marchaban firmes hacia su coronación; además, sus aficionados confiaban en que barrerían la serie en cuatro juegos.

El Toro de Etchohuaquila fue llamado como abridor. El juego 3, disputado en el Dodger Stadium, se convirtió en un punto de inflexión. En las primeras entradas los nervios lo traicionaron: comenzó con el santo de espaldas y recibió dos carreras en la segunda entrada y dos más en la tercera.

Con cuatro carreras de ventaja, los aficionados neoyorquinos cantaron victoria, pero **Valenzuela volvió a ser el Toro:** se tranquilizó, tomó el control del partido y le enseñó a los Yankees de qué estaba echa la zurda de un sonorense. Lanzó el juego completo, enfrentó a cuarenta bateadores, realizó alrededor de 150 lanzamientos y no permitió ninguna carrera más.

Pedro Guerrero y Ron Cey, El Pingüino, junto con toda la ofensiva de los Dodgers, hicieron lo que les correspondía y remontaron. El marcador final fue 5-4. El estadio explotó. Al día siguiente, *Los Angeles Times* tituló: «Valenzuela rescues Dodgers, keeps hope alive». En México, *El Universal* celebraba: «El Toro embiste y revive la ilusión».

El triunfo de los Dodgers de la mano de Fernando fue el punto de quiebre de la serie mundial del 81: el equipo recuperó la confianza y ganó los siguientes tres juegos de manera consecutiva para coronarse en seis partidos.

Aquella fue una tarde memorable. Aunque la carrera de Valenzuela apenas comenzaba, ese increíble juego fue suficiente para colocarlo junto a los dioses del beisbol universal.

Para saber más de esta historia y revivir su momento, escanea el código QR.

CARLOS GIRÓN

MEXICALI, 1954-CIUDAD DE MÉXICO, 2020

UNO DE LOS MEJORES CLAVADISTAS MEXICANOS DE TODOS LOS TIEMPOS

F.J.

El oro envenenado

CARLOS GIRÓN

MEDALLISTA DE PLATA EN LOS JUEGOS OLÍMPICOS DE MOSCÚ

Klaus Dibiasi era invencible; al menos hasta que apareció un clavadista criado en La Quebrada de Acapulco.

Cuentan la gente que Carlos Girón llegó al mundo tirándose un clavado porque a su madre se le rompió la fuente y salió de su vientre en posición C.

Ella vivía entonces en una casa de monjas cerca de Mexicali, a tiro de piedra de la frontera con Estados Unidos, pero era de Carichí, una localidad de la Sierra Tarahumara, en Chihuahua.

Los primeros años de vida de Carlos fueron azarosos. De Baja California su familia se mudó a Ciudad Juárez y, posteriormente, a Acapulco. Ahí se enamoró del mar.

Su escuela primaria estaba en pleno centro del puerto. Le gustaba ir con sus amigos al muelle para observar los barcos y, de ahí, irse a La Quebrada. Admiraba a los clavadistas que se jugaban la vida por tan poco a cambio.

Carlos acompañaba en una pequeña lancha a uno de sus amigos, quien trepaba por las piedras hasta llegar al peñasco desde el que se lanzaba al vacío para ganar unos cuantos pesos. Quería ser como él, pero para siquiera intentarlo debía pertenecer al Sindicato de Clavadistas y era apenas un niño.

Pero al jugar, junto a sus amigos hacía algo más o menos parecido: buscaban turistas que les lanzaran monedas al agua. El primero que atrapaba una de ellas se la quedaba. Luego se iban a la tienda a comprar toda clase de chatarra y golosinas.

Carlos Girón veneraba a su madre. A falta de recursos para comprarle ropa, ella misma se la hacía: los *shorts* propios de esa edad, sus trajes de baño de paliacate y todo lo que fuera necesario.

Pero las carencias apretaban y llegó el momento de quiebre. Imposibilitada para seguir manteniéndolo, lo mandó a vivir con su padre a la Ciudad de México.

Ese fue el golpe más duro que recibió Carlos durante su infancia. Dijo sentirse como si lo hubieran abandonado, pero al mismo tiempo se sabía bendecido por todo lo que le había enseñado su mamá.

—Me mostró el camino —decía— y sufrió igual que yo esa separación.

Ella se quedó a vivir en Acapulco más allá de la vida. Fue su voluntad que cuando muriese sus cenizas fueran esparcidas en el mar.

Al cabo de los años, Carlos pudo cumplir tal deseo y, cada vez que podía, se iba a nadar al puerto para sentir los abrazos de su madre. Cada ola era uno de ellos.

Fue en la casa de su abuela donde su padre encontró un lugar para Carlos. Ahí vivían todos sus primos paternos: se integró a una gran banda.

Uno de ellos era Fito Girón, que conduciría más adelante un programa famosísimo de concursos de baile en el canal 2. ¿Recuerdan *Fiebre*, de la época travoltiana? Otro era Alfonso, a quien le gustaba nadar. Él lo llevó a la Unidad Morelos del IMSS, donde Carlos conoció a quien sería su segundo padre.

Como todo gran entrenador, Jorge Rueda era un tipo estricto; y Carlos, un chamaco inquieto. Vio los trampolines y no dejaba de saltar desde ellos. **Supo enseguida que lo suyo lo suyo era tirar clavados. Cuanto más difíciles, mejor.**

Carlos era un hombre guapo, con una figura muy bonita. Sí, exacto. Como de clavadista. Jorge Rueda tenía que esconderlo.

—Si lo descubre cualquier maestra de *ballet*, me lo roba —decía.

La vocación y el gusto le salía por los poros al muchacho importado de La Quebrada. Con Jorge aprendió de ética, de disciplina y de entrega absoluta al deporte.

Carlos hacía rabiar a Rueda porque fumaba desde los 12 años y eso era una barbaridad para un deportista. Cada vez que lo descubría con un cigarro en la boca, se lo arrebataba para tirarlo al suelo. Diría Carlos con los años que el cigarrillo le ayudaba a controlar los nervios antes de sus competencias. Era una época distinta a la actual, hasta en los aviones se permitía fumar.

Pero, por otro lado, el entrenador nacional de clavados había encontrado a un joven persistente y decidido. **Los astros los habían reunido para hacer una gran mancuerna.**

Girón despuntó tan temprano, que en su primer año fue campeón nacional de novatos y ganó el Centroamericano Infantil de Clavados.

Carlos era audaz y destilaba arrojo: tiraba los clavados más difíciles sin despeinarse. Era un predestinado.

Los Juegos Olímpicos de México 68 le llegaron demasiado temprano, pues no había cumplido los 13 años, pero aun así participó en la eliminatoria. Lo importante era convivir con clavadistas de alta competencia. Respiró el mismo aire que pasó por los pulmones del histórico Joaquín Capilla, de Juan Botella y de Álvaro Gaxiola. La tradición lo llamaba. «Quiero ser como ellos» fue su mantra a partir de ahí.

Luis Niño de Rivera, cuarto lugar de trampolín en los Juegos del 68, convivió con él y le aconsejó lo que un niño adelantado a su edad podía comprender. Luis fue un estupendo clavadista que años más tarde se convirtió en comentarista de competencias olímpicas y funcionario de Banco Azteca. Le hablaba a Carlos de la disciplina que debía tener, de lo que era la vida de un clavadista y de los retos que habría de enfrentar. Todos eran mayores que Carlos y lo adoptaron.

Pero los que no se le escaparon fueron los Olímpicos de Múnich, en 1972. Con cuatro años más, ya era un competidor hecho y derecho. Ahora tenía que mostrárselo a todos.

En la preparación para llegar a Alemania, los ocho mejores clavadistas del mundo se presentaron en un torneo de exhibición en Suecia, en el que se medirían con los anfitriones bajo un formato novedoso. Se hizo un sorteo y los enfrentamientos fueron uno a uno, a nocaut. El vencedor avanzaba a la siguiente etapa.

El primer sembrado, es decir, el primero en calificar, era el italiano Klaus Dibiasi, el *rockstar* de los saltos ornamentales de la época, el Pelé de los clavados.

Cuando el sorteo le puso enfrente a Carlos Girón, la gente se rio. ¿Cómo iba un adolescente flaco y desconocido a retar al gran campeón olímpico? Hijo de austriacos que regresaron a Italia cuando él aún era muy pequeño, Klaus ya había iniciado su leyenda.

Carlos soñó toda la noche con su rival. Lo había estudiado afanosamente y tiró, con la mente, todos los clavados sobre su almohada. Los suyos y los del italiano. Le iba ganando de uno en uno y lo vencía. En su sueño no aparecía el pésimo estado de los trampolines ni el frío que se sentía en la pileta. Dos rivales más a vencer.

En la competencia, todo se hizo real. Girón sabía qué clavados tirar para obtener ventaja sobre los de Klaus, cuyos puntos menos poderosos había analizado.

Ante la sorpresa de la comunidad de los saltos ornamentales —nombre fifí de esta disciplina—, Carlos ganó el mano a mano. Dibiasi lo superó en los saltos obligatorios, pero en los libres Carlos se repuso y terminó venciéndolo por dos puntos. Tras cuatro eliminatorias, perdió la final contra un australiano, pero el objetivo de medirse y derribar al campeón estaba cumplido.

Ese momento fue muy importante. **Los clavados son un deporte de apreciación en el que pesan los nombres, estos se meten al subconsciente de los jueces.** El de Carlos Girón adquirió volumen al obtener este triunfo.

Seis semanas después llegó la cita anhelada: su debut en unos Juegos Olímpicos. Tenía 17 años.

Más afecto a la plataforma de 10 m que al trampolín de 3 m, pese a competir en ambas, Girón tuvo un desempeño inusitado en las alturas. El mano a mano con Dibiasi era cerrado, hasta que llegó el último clavado.

En un receso fuera de programa, le pidió a Mario Tovar, su otro gran entrenador, que le permitiera ensayarlo un par de veces. Solo le permitió hacerlo una vez. Carlos sintió que había que mejorarlo, que algo faltaba... y cometió un error básico en cualquier deporte: improvisar e intentar algo que no se ha entrenado.

Los pies le quemaban sobre la plataforma al preparar su clavado. Sintió una presión asfixiante. Pensó que sería mejor saltar más alto y hacer su primer giro más rápido. Fatalidad. Terminó cayendo de espaldas al agua y del segundo lugar se desplomó al octavo. Lloró dos horas en el vestidor. Dibiasi se había llevado el oro.

No quedaba más alternativa que seguir trabajando incansablemente durante los siguientes tres años y medio. Así sucedió. Y por extraño que parezca, cuando competía para participar en los Olímpicos de Montreal, **la Federación practicaba un deporte alterno: tirar zancadillas a sus propios deportistas.**

Jorge Rueda había elegido al equipo que haría una gira de preparación por Europa, y algunos de los que no habían sido contemplados protestaron ante los directivos.

Las diferencias del entrenador nacional con Javier Ostos, presidente de la Federación, llegaron a tal grado que le ordenó a

Francisco Rueda, clavadista y hermano del entrenador, que regresara a México sin participar en una sola competencia.

Fue esa una muestra de lo que sucedía internamente. El equipo, infestado de grillas y golpes bajos, llegó a Múnich 1972 deshecho, desmotivado y dividido. Carlos fue cuarto lugar en plataforma y séptimo en trampolín.

Campeón panamericano, ganó el Premio Nacional de Deportes que le entregó el presidente Luis Echeverría.

¿Podría pensar Carlos en unos terceros Juegos Olímpicos? Sí que lo hizo. Tenía la edad suficiente para intentarlo y un compromiso con Jorge Rueda: mantenerse ajenos a la contaminación directiva y dedicarse con los cinco sentidos a prepararse y calificar.

Fue esa posiblemente la mejor etapa en la carrera del persistente Girón.

Para muestra, un botón. Carlos conocía desde muy joven a una mujer que le encantaba, pero que lo mandó a freír espárragos cada vez que intentó cortejarla. Cuando ella se inscribió en la Facultad de Derecho de la Universidad La Salle, él hizo lo mismo. Las leyes no le importaban en absoluto, pero compartir aula le brindaría la posibilidad de conquistarla.

Seis meses antes de los Juegos Olímpicos de Moscú en 1980, Carlos Girón y Silviana Uribe se casaron. ¿Matrimonio de abogados? ¡En absoluto! Después de hacerse novio de la amada, se fue a la Unitec para estudiar odontología. Todo había sido una treta.

Para entonces, ya había vencido en diferentes torneos a dos monstruos: al propio Klaus Dibiasi y a Greg Louganis, el nuevo chico maravilla. El paso de los años le había enseñado a ser ganador, a no pensar cómo no perder frente a los grandes, sino que ellos fueran los que le temieran a él.

El boicot que encabezó Estados Unidos a los Juegos Olímpicos de Moscú por la invasión soviética a Afganistán cortó de tajo la esperanza de cientos de atletas. Uno de ellos fue el propio Louganis, quien le abrió la puerta al favorito local: Alexsandr Portnov.

Girón hizo su maleta para irse al complejo acuático del Palacio de los Deportes de Moscú como si fuera a escalar los Montes Urales. Primero, su bata; luego los *pants* de la delegación mexicana para la premiación y, además, diez toallas.

No es que fuera a venderlas, como lo tuvo que hacer para recaudar fondos el equipo de nado sincronizado que compitió en los Olímpicos de París años más tarde. Sucedía que a Carlos le gustaba estar totalmente seco después de cada salto: llevaba una toalla para cada clavado y también diez trajes de baño color negro junto con su *walkman* (extraño aparato de la época) para escuchar su música favorita: The Doors, los Creedence y Tom Jones. También llevaba su cajetilla de cigarros.

Girón ya sabía a quién se iba a enfrentar: además de Portnov, competiría contra Franco Cagnoto, subcampeón olímpico en Múnich 1972 y Montreal 1976, además de Falk Hoffmann, un roble de la Alemania Oriental que cinco días después ganaría el oro en la plataforma.

Los primeros cinco saltos fueron obligatorios. Carlos los tiró espléndidamente y tomó el primer lugar con ventaja.

Seguían los clavados libres, en los que cada participante inscribe el tipo de clavado con el grado de dificultad que le conviene de acuerdo con sus cualidades y las de los rivales.

La penúltima ronda confirmó los pronósticos: Portnov y el mexicano quedaron solos en la disputa por el oro con los mismos puntos.

Al llegar el décimo clavado, sucedió algo inusitado. En la alberca olímpica, que estaba separada de la fosa de clavados por una pared de cristal gigantesca, se celebraba al mismo tiempo la final de los 1 500 m varoniles.

Portnov se colocó en el trampolín y, de pronto, se escuchó un rumor producido por un griterío al otro lado de la pared: Vladimir Salnikov, el gran ídolo ruso, estaba conquistando el oro.

Alexandr se detuvo hasta que terminó el ruido y preparó su clavado cuando volvió a estallar el júbilo en la alberca de al lado. Las pantallas informaban que Salnikov había roto el récord mundial. Pero esta vez no había marcha atrás: el reglamento lo obligaba a ejecutar su salto.

Fue el peor clavado de su vida. Cayó de espaldas.

Destruido, sin hacer el menor ademán, estaba en la regadera cuando se percató de que los oficiales soviéticos le gritaban para pedirle que protestara el clavado. Apagó la llave y caminó hacia un hombre de traje que algo le dijo y lo condujo a la mesa de jueces. Por su actitud se interpretó que a Portnov no lo había molestado el grito.

Carlos tenía que realizar su décimo salto. De hecho, no vio el clavado del ruso porque estaba subiendo la escalerilla para tirarlo después de él. Pero no recibió la indicación de continuar la prueba porque se armó la gorda.

Mientras las calificaciones no fueran puestas en la pantalla, el siguiente salto no podía ser ejecutado.

El reglamento dictaba que un salto podría ser protestado si, en un máximo de cinco minutos, la inconformidad era enviada por escrito a todas las partes involucradas. El escándalo duró veinte minutos.

La chamba que hicieron los delegados soviéticos no la hicieron los del país despojado.

Javier Ostos era presidente de la Federación Mexicana, pero también de la Internacional, en la que buscaba reelegirse. Tenía la decisión en sus manos.

Los italianos y los alemanes le gritaban que no permitiera la repetición. Los mexicanos, empezando por el entrenador Jorge Rueda, además lo insultaban. El gran Antonio Mariscal, clavadista, abogado, entrenador y juez presente en la competencia, se quitó el gafete, lo arrojó al piso y abandonó la instalación.

Minutos antes, el alemán Hoffmann había sido deslumbrado por una luz —el *flash* de una cámara o un reflejo— que lo hizo fallar en un salto. El juez-árbitro de Países Bajos, Olaf Honders, rechazó que se repitiera.

Ante la pasividad de Ostos Mora, los anfitriones se salieron con la suya y Portnov se tiró de nuevo

Una figura no falla dos veces. El soviético hizo un gran clavado que obligaba a Girón a tirar otro de puros dieces de calificación, y eso no iba a suceder.

Portnov se llevó el oro, Girón la plata y Cagnotto el bronce. Se protestó la prueba nuevamente y el italiano le sugirió a Girón que no se presentara a la premiación, como lo iba a hacer él, en señal de protesta. Carlos no estaba de acuerdo. Había dedicado su vida al sueño de subirse a un podio olímpico y nada lo iba a evitar. Lo había perseguido tanto que esa medalla de plata le sabía a gloria.

Las discusiones hicieron que la entrega de medallas ocurriera dos días después. En ella, Girón y Giorgio se abrazaron, y apenas saludaron con indiferencia a Portnov, quien no les sostuvo la mirada.

Pasaron los años y Carlos Girón dejó de competir y, en su lugar, se convirtió en miembro de la Fundación Internacional de Medallistas Olímpicos, quienes con frecuencia realizaban labores altruistas en beneficio de atletas caídos en desgracia.

En una de sus misiones fue enviado a Moscú para rescatar a un exdeportista que había caído en la indigencia y había dormido al menos ocho días en la calle, abrigado con pedazos de trapo y periódicos viejos. Su estado era precario, pero la comitiva se percató de que aún vivía.

Cuando lo subieron a una ambulancia y lo colocaron bocarriba, Girón se llevó la mayor sorpresa de su vida: era Alexandr Portnov, quien sufría severos problemas de depresión y alcoholismo. En esta ocasión, no los reunían los trampolines ni el sueño por la medalla, sino la cruda cotidianidad de la vida después de acariciar la gloria.

Antes de trasladarlo a una clínica, el gran rival de aquella tarde le extendió como pudo la mano a Girón para agradecerle. No se dijeron una sola palabra, con el gesto bastaba, incluso si Portnov no había reconocido a su salvador.

Nunca más volvieron a tener contacto.

Para saber más de esta historia y revivir su momento, escanea el código QR.

LEO LAVALLE
TENIS
GANADOR DEL TORNEO JUVENIL
WIMBLEDON 1985

A.R.

Juego, set y partido

LEO LAVALLE Y MÉXICO VS. ALEMANIA

MÉXICO VS. ALEMANIA, ENTRE LEO Y BORIS

Los dos tenistas nacieron en el mismo año: 1967; y los dos ganaron Wimbledon en 1985, pero nunca se cruzaron en la cancha. El mexicano Leonardo Lavalle estaba a unos días de cumplir 18 años cuando se convirtió en campeón juvenil de Wimbledon —el torneo de tenis oficial más antiguo del mundo—. Los medios le llamaron a esa final «lucha fratricida» porque Leonardo la disputó contra otro mexicano, el joven de 16 años Eduardo Vélez.

El alemán Boris Becker también tenía 17 años, pero ya estaba en las grandes ligas del tenis internacional junto a grandes figuras, como Ivan Lendl, Stefan Edberg, John McEnroe, Steffi Graf, Martina Navratilova y Gabriela Sabatini, entre otros. Boris fue la sensación de Wimbledon 1985, y ahí se coronó campeón tras derrotar en la final a Kevin Curren, para convertirse en el tenista más joven en llevarse el título inglés.

El nuevo ídolo del tenis mexicano, Lavalle, y la joya de la corona del tenis alemán, Becker, se verían las caras en el Club Alemán de la Ciudad de México como parte de los equipos mexicano y alemán que disputarían la Copa Davis en marzo de 1986.

Leo Lavalle era la gran promesa del tenis mexicano: elegante, calmado y con un revés a una mano que fascinaba a los cronistas. Formado en el Club Alemán y el Deportivo Chapultepec, era considerado el niño prodigio del tenis nacional luego de su título en Wimbledon, en donde declaró:

—No llevo prisa. Quiero ir paso a paso, sin precipitarme, para que me vaya igual o mejor que hasta ahora y no ser un profesional mediocre.

El joven representante de la todavía República Federal de Alemania, Boris Becker, era conocido como Boom Boom Becker por una sencilla razón: su servicio explosivo y preciso era casi indefendible. Además, la versatilidad que le otorgaba su fuerza física y su juventud le permitía alcanzar bolas imposibles: era el amo de la cancha. Por entonces tenía encima todos los reflectores del tenis internacional y era el orgulloso símbolo de la Alemania Federal cuando se avecinaba el fin de la Guerra Fría.

La prensa internacional lo retrataba como el nuevo héroe germano. *El País* escribió: «Becker, con apenas 18 años, es ya el favorito en cada compromiso». En Alemania, su imagen aparecía en portadas de revistas y comerciales de televisión: era el rostro de la poderosa Alemania.

¿PAN Y CIRCO?

Esa era la pregunta que se hacían muchos mexicanos al comenzar el año de 1986. Solo habían transcurrido tres meses desde el terremoto del 19 de septiembre del 85 y a pesar de que cientos de inmuebles mostraban el rostro de la tragedia, en enero del 86 todo parecía volver a una extraña normalidad a pesar de que todavía olía a muerte y destrucción.

Desde su inicio fue un año convulso. A nivel internacional la gente pudo ver en vivo y en directo la explosión del Challenger, tan solo 73 segundos después de su lanzamiento. El mundo contuvo el aliento y derramó lágrimas por los siete astronautas que fallecieron en la fallida misión.

Unos meses más tarde, el 26 de abril, el mundo entró de lleno a la era del cáncer: el terrible accidente en la planta nuclear de Chernóbil y el silencio criminal que mantuvo una parte del Gobierno de la Unión Soviética en los días inmediatos a la tragedia contaminaron al mundo.

Por esos días, Mijaíl Gorbachov, secretario general del Partido Comunista de la Unión Soviética, anunció dos grandes reformas: la perestroika y la glásnost, las cuales transformaron el sistema socialista soviético, abrieron la economía centralizada y permitieron la apertura política. Ambas reformas propiciaron el desmoronamiento del bloque socialista, el fin de la Guerra Fría y la desintegración de la Unión Soviética.

México aún no se levantaba por completo de su septiembre negro cuando el 25 de diciembre de 1985 se anunció que 140 piezas arqueológicas de valor incalculable habían sido robadas del Museo Nacional de Antropología —las cuales fueron recuperadas hasta 1989—.

En los siguientes meses, una nueva tragedia sacudió México: el 31 de marzo, el vuelo 940 de Mexicana de Aviación se estrelló cerca de Maravatío con 167 personas a bordo. No hubo sobrevivientes. La explosión del neumático derecho del tren de aterrizaje principal fue la causa del terrible accidente.

El 2 de abril los noticiarios anunciaron que Estados Unidos había entregado a las autoridades mexicanas al exjefe de la policía de la Ciudad de México, Arturo *el Negro* Durazo, símbolo de la corrupción y el abuso de poder durante el sexenio de José López Portillo. También recibió gran cobertura el escandaloso fraude electoral en Chihuahua, en el mes de julio, contra Acción Nacional, que cimbró al PRI y al sistema político mexicano porque la sociedad mostró el músculo con una campaña de resistencia cívica local.

A pesar de todo lo que había padecido el país en los meses recientes, en el ámbito deportivo y desde mucho tiempo antes, México tenía pactados tres eventos deportivos de talla internacional para el 86: el principal, la Copa del Mundo de Futbol en el mes de junio, el esperado regreso de la Fórmula 1 a México en octubre —después de 16 años de ausencia— y la famosa Copa Davis, torneo internacional de naciones en el tenis profesional, en series a ganar 3 de 5 juegos.

EL DEPORTE BLANCO

El tenis llegó a México de la mano de los ingleses que tenían sus empresas mineras en el estado de Hidalgo. La primera cancha formal se construyó en 1874, en Real del Monte, bajo el gobierno de Sebastián Lerdo de Tejada.

Una vez que Porfirio Díaz se hizo del poder en 1876 y la modernidad llegó para quedarse, la alta sociedad porfirista le encontró gusto al *deporte blanco* —llamado así porque los jugadores solo podían vestir de ese color— y en 1905 fue inaugurado el primer club de tenis, el cual se llamó Reforma.

El deporte blanco arraigó en la década de 1920, y en 1924 México empezó a competir en la Copa Davis. Durante varios años, los mexicanos jugaron con más enjundia y ánimo que con técnica, pero a partir de la década de 1950 algunos personajes comenzaron a poner en alto el nombre de México.

Nacido en 1938, Rafael *Pelón* Osuna fue un grande del tenis. Participó en 25 series de la Copa Davis y logró llegar a la final de 1962, aunque el equipo mexicano no pudo llevarse la corona. Sin embargo, sus logros fueron mayores que sus decepciones.

En 1960 y 1963, Osuna ganó el torneo de dobles de Wimbledon; en 1963 ganó el US Open, en *singles*; en los Juegos Olímpicos de

1968, cuando el tenis fue incluido como disciplina de exhibición, ganó la medalla de oro en dobles junto con otro mexicano destacado, Vicente Zarazúa, y se llevó también la de *singles*, con lo cual obtuvo dos preseas doradas.

El 4 de junio de 1969 a Rafael *Pelón* Osuna *le tocó bailar con la más fea*, pero no en la cancha de tenis. Tenía que llegar a Monterrey y compró su boleto para viajar en el vuelo 727 de Mexicana, el cual era piloteado por el capitán Guillermo García Ramos, expiloto de combate mexicano y miembro del Escuadrón 201, que había participado en la Segunda Guerra Mundial.

Para su desgracia y la de 71 personas más, en el avión viajaba el político Carlos A. Madrazo, quien años antes había intentado democratizar al PRI y era un crítico del sistema. El avión se estrelló en la sierra del Fraile, en el municipio de Abasolo, en Nuevo León, muy cerca de Monterrey. Nadie sobrevivió. Hasta la fecha corre el rumor de que no fue un accidente sino un atentado para acabar con Madrazo. Rafael *Pelón* Osuna tenía tan solo 30 años.

Otro gran tenista que hizo época fue Raúl Ramírez (1953), quien debutó en 1973. Su raqueta era tan buena que en distintos momentos derrotó a tenistas como Björn Borg, Arthur Ashe y Jimmy Connors, todos atletas de alto rendimiento muy conocidos. En 1976, ocupó el cuarto lugar en el *ranking* de la ATP en *singles* y el primer lugar en dobles. Es el único mexicano que ha logrado llegar a semifinales individuales en Wimbledon. Su mayor éxito fue llevarse el ATP 1 000 de Roma en 1975 y ganar en dobles el torneo Roland Garros.

MÉXICO VS. ALEMANIA

La presencia de Boris Becker en México causó gran expectación y los boletos para los cinco juegos de la Copa Davis volaron. Afortunadamente por entonces la televisión no era de paga, así que la gente pudo seguir los pormenores de la serie desde la comodidad de su hogar.

Del 7 al 10 de marzo, México volteó sus ojos al tenis y como el ingenio mexicano debe estar presente en los grandes eventos deportivos, el famosísimo grito «Culeeeeeeero, culeeeeeeero» fue adaptado a las circunstancias y de pronto en el Club Alemán se escuchó: «Leeeeeeeeo, Leeeeeeeo, Leeeeeeeo», grito de guerra para apoyar a nuestro jugador.

Boris Becker llegó a México con la seguridad y la confianza de un campeón. No parecía cargar con la presión de ser el pilar de un país que esperaba ganar sus dos puntos en *singles* y el punto de dobles, suficiente para que el equipo alemán se llevara la serie.

Sin embargo, no estaba preparado para el ensordecedor ruido que los mexicanos podían brindarle a las visitas. El público sabía comportarse, pero entre punto y punto disputado, se escuchaban el tradicional «¡México, México!», las porras, las mentadas de madre con chiflidos incluidos y los coros para molestar a las visitas. El público hizo lo que tenía que hacer: fastidiar a los alemanes.

México alineaba a Leonardo Lavalle, Fernando Pérez Pascal y Francisco Maciel. El capitán era Maciel, un estratega que sabía que la altitud del todavía Distrito Federal y la superficie de la cancha formaban parte del equipo mexicano.

El sorteo determinó que, en el primer partido de la serie, Leo Lavalle enfrentara a Boris Becker. Un duelo largamente esperado: el David mexicano contra el Goliat alemán; y es que Boris llegaba a tierras mexicanas como el campeón de Wimbledon del año anterior y repetiría el título en 1986.

A pesar de los gritos, el ruido, las porras y los «Leeeeeo» que de pronto camuflaban uno que otro «Culeeeeeero», Becker se impuso con facilidad sobre Lavalle y sin despeinarse lo despachó en tres *sets*.

La derrota de Lavalle cayó como balde de agua helada para los mexicanos aficionados al tenis de toda la vida y para los miles de villamelones que descubrieron que había un deporte llamado tenis. En el segundo punto de la serie, Francisco Maciel se enfrentó a Michael Westphal e hizo lo necesario para llevarse el triunfo: con un juego práctico y eficaz empató la serie.

La afición mexicana, siempre tan escasa de logros internacionales en el deporte, celebró como si no hubiera un mañana y esperó impaciente el sábado para el partido de dobles.

México alineó a Leonardo Lavalle y a Fernando Pérez Pascal. Alemania mandó a su mejor carta, Boris Becker, acompañado por Andreas Maurer. Diez mil espectadores gritaban eufóricos cada punto ganado por la dupla mexicana.

El partido fue un ejemplo de estrategia. Los mexicanos entendieron que no debían entrar en el juego de Boris Becker, sino en el de Maurer, y llevarlos de un lado a otro de la cancha hasta que resintieran los 2 240 m de altura de la Ciudad de México. Y lo lograron. El partido se fue a cinco *sets* con el sol de marzo pegando sobre la cancha principal del Club Alemán. El calor y el cansancio derritieron la gélida personalidad de los alemanes.

El triunfo de México en el tercer juego de la serie fue noticia mundial. El diario *El País* y agencias como Reuters comenzaron a enviar despachos urgentes: «El campeón de Wimbledon está contra las cuerdas en México». México ganó. La prensa internacional quedó sorprendida. *El País* escribió: «La dupla mexicana se impuso en un duelo intenso frente a Becker/Maurer».

—Le ganamos a los gigantes —recordaría Lavalle años después.

NO CULPES A LA NOCHE

Boris Becker regresó por sus fueros el domingo, le ganó a Francisco Maciel y empató la serie a dos victorias por equipo. El drama llevado al límite, la emoción incontenible, las esperanzas de un país… todo a un juego: Lavalle contra Westphal.

El quinto encuentro de la serie comenzó alrededor de las dos de la tarde. Leo se presentó en la cancha con el pie izquierdo: perdió los dos primeros *sets* contra el alemán. Casi era un hecho que los alemanes se llevarían el triunfo y la serie y México dejaría en la memoria de los aficionados una derrota más con la cara al sol.

El público que volvió a llenar el Club Alemán intentó animar a Leo con su famoso grito de guerra, pero este se notaba agotado luego del extenuante juego de dobles del día anterior. Sin embargo, había Leo para rato: el mexicano sacó fuerzas de hasta debajo de las piedras y regresó al partido con su mejor tenis, ganó el tercer *set* por 6-3 y luego le arrebató el cuarto *set* al alemán por 6-4.

El Club Alemán se caía de alegría. La gente no dejaba de gritar y de aplaudir: jugaban junto a Leo, le hacían ver su condición de local. Comenzó el último *set*, en el que se jugaba el pase a la siguiente ronda. Leo había derrotado al cansancio y el momento del encuentro estaba en sus manos. Westphal lucía desconcertado: había estado tan cerca de liquidar la serie y ahora física y mentalmente se veía derrotado.

Leo se fue arriba en el quinto *set*, por tres juegos a uno y sucedió lo inesperado: el partido fue suspendido porque había caído la tarde y, simple y llanamente, «no se veía la bola». Luego de cuatro horas y poco más de veinte minutos de juego, el juez de silla determinó que el partido concluyera al día siguiente, lunes 10 de marzo, por la mañana. **«¡Maldita sea!», pensamos muchos mexicanos. Leo tenía el juego en el bolsillo y la pausa de una noche entera podría afectar su rendimiento al día siguiente o le caería de perlas al alemán,** quien necesitaba un respiro para regresar al encuentro. Nada estaba escrito.

El país entero, los alemanes, los mexicanos y los asistentes con boleto pagado... todos se retiraron con la expectación a flor de piel y, a pesar de la ventaja de Leo, también con la sensación de que la moneda estaba en el aire. Nadie pudo dormir esa noche.

Los aficionados al deporte blanco y quienes asistieron el día anterior al Club Alemán se ausentaron del trabajo el lunes por la mañana. No podía ser de otra forma: primero era México, luego Leo Lavalle y finalmente las obligaciones cotidianas.

Los hechos demostraron que el descanso no le sirvió al jugador alemán; en cambio, Leo se presentó fresco y confiado: en treinta minutos acabó con Westphal. Fue el mejor lunes en muchos años: la victoria del equipo mexicano de tenis fue celebrada casi como un logro sexenal. Leo se convirtió en la nueva figura del deporte nacional y le dio al tenis nuevos bríos. En medio de la euforia, nadie imaginó que, unos meses más tarde, México y Alemania volverían a verse las caras, pero ahora en los cuartos de final de la Copa del Mundo de Futbol.

Para saber más de esta historia y revivir su momento, escanea el código QR.

SUB-17
CARLOS VELA, GOLEADOR DEL TORNEO
GIOVANI DOS SANTOS, MEJOR JUGADOR

F.J.

La generación dorada

SUB-17

PRIMER EQUIPO CAMPEÓN MUNDIAL MEXICANO DE LA HISTORIA EN CUALQUIER CATEGORÍA

Una nota minúscula publicada a principios de septiembre de 2005 en las últimas páginas del diario *Esto* parecía una broma. La selección de futbol sub-17 partía al Mundial de Perú y el periódico recogió la declaración del técnico del equipo, Jesús Ramírez, en un lugar poco destacado:

—Vamos a ser campeones —decía.

Todo mundo lo tiró de a loco. ¿Cómo se le ocurría?

La época de oro del futbol juvenil en México se había agotado.

Tras el éxito de las generaciones olímpicas de 1972 y 1976, en las que surgieron jugadores de gran calidad como Manuel Manzo y Leonardo Cuéllar, en la primera; y Hugo Sánchez y Víctor Rangel, en la segunda, la inercia duró solo un año más, cuando se jugó en Túnez el primer Mundial juvenil. México perdió la final en penales por 9-8 ante la Unión Soviética tras empatar a 2 tantos en el tiempo regular.

La categoría sub-16 (que se ajustó a sub-17 después de dos certámenes) se puso en marcha como torneo organizado por la FIFA apenas en 1983 con el Mundial de China. En los primeros diez torneos, la selección mexicana tuvo pobres actuaciones y su mayor logro consistió en avanzar a cuartos de final dos veces: en el torneo de Nueva Zelanda en 1999 y en el de Finlandia en 2003.

En cinco ocasiones la selección mexicana fue eliminada en la primera fase y en tres ni siquiera asistió. Una de esas ocasiones, por cierto, fue a causa del veto en el Mundial de Escocia en 1989 por el terrible caso de los cachirules.

El futbol formativo estaba lleno de telarañas, intereses y grillas.

En 2001, 24 años después de la última actuación memorable de esta selección, Alejandro Burillo Azcárraga tomó el mando de la comisión de selecciones nacionales y pidió a su equipo de trabajo un plan para empezar desde cero.

Desde temprana edad había ocupado cargos importantes en Televisa; entre ellos, director del comité de futbol de la empresa cuando era propietaria de América, Necaxa y Atlante. Tanto su capacidad comercial como su experiencia y pasión por el futbol lo hacían ideal para el cargo.

Por convicción o por compromiso, Burillo puso al frente del proyecto a Humberto Grondona, hijo de Julio Grondona, el presidente de la Asociación del Futbol Argentino y poderoso vicepresidente de la FIFA, aunque sus dotes como entrenador no estaban comprobadas y, francamente, tampoco había sido bienvenido a tierras mexicanas.

A diferencia del trabajo de las otras selecciones con límite de edad, Grondona fracasó rotundamente con la sub-20. Para clasificar al Mundial de Nueva Zelanda en 2015, le bastaba quedar entre los dos primeros lugares de cuatro participantes en un grupo que jugó en Honduras, pero perdió ante Canadá y los anfitriones, y venció solamente a Jamaica con un marcador de 1-0.

La eliminación puso de patitas en la calle tanto al Tri como al desafortunado Humbertito. (No es despectivo, así le decían).

Ese mismo año se jugó el Mundial sub-17 en Perú. Y, afortunadamente para México, se había trabajado de otra manera con este equipo. La mitad del plantel salió de los clubes de primera división, aunque la otra mitad salió de la nada.

Es aquí donde apareció un personaje crucial que visualizó el futuro: Jesús Ramírez.

Futbolista profesional de buen nivel durante veinte años, Ramírez había estudiado para técnico en Argentina, donde además trabajó para Boca Juniors como auxiliar de categorías juveniles. Burillo lo invitó a integrarse a su grupo de entrenadores y le asignó la sub-13 a finales de 2001.

El plan que Ramírez presentó tenía gran lógica: que las selecciones menores trabajaran el mayor tiempo posible; es decir, cambiar la costumbre de convocar a 23 chamacos tres semanas antes del mundial y llevarlos a competir.

Además de eso, debían buscar talento por todos los rincones de la República mexicana y no conformarse con lo que ofrecían las fuerzas básicas de los clubes.

El trabajo requirió esfuerzos sobrehumanos. Se formó una selección de cada estado del país: Guanajuato, Nuevo León, Jalisco —al principio reticente—, Aguascalientes... todos, en fin. De cada entidad se filtraban los doscientos mejores, y en la lista final podía quedar uno o ninguno.

Para ello, se observaron miles —sí, miles— de futbolistas de 12 y 13 años para retener a los más destacados y fusionarlos con los que habían sido seleccionados de los clubes.

Eso ocurrió en 2001. Todas las selecciones jugaron un torneo en un centro de alto rendimiento y se quedaron con lo mejor de lo mejor.

No existieron grandes presupuestos para un plan tan ambicioso. Ya formado el equipo, se concentró en una casa del Ajusco al sur de la capital con literas y condiciones mínimas para albergar a los jóvenes. El dueño era un amigo del equipo, Jorge Audifred, quien se la rentaba a un costo accesible. Hacía un frío tremendo y Jesús llevaba desde su casa una televisión con videocasetera para poder revisar partidos y jugadas.

Como podía, dado el bajo presupuesto con que contaba por parte de la Federación, Jesús completaba la comida para darles a los chavos una dieta básica pero balanceada.

El único sueldo que pagaba la Federación era el de Chucho, quien, además de los pilares de la técnica y la táctica, recurrió todos los días a una exhaustiva preparación mental.

Dados los fracasos continuos de las generaciones que les antecedían, era vital generar en los muchachos la autoestima suficiente, algo nada sencillo cuando no se ha ganado nada.

Pero si no había presupuesto para un mejor lugar de concentración, menos lo había para psicólogos, nutriólogos y especialistas que atendieran a los jugadores: Jesús y su cuerpo técnico se ocupaban de ello.

El cambio de mentalidad necesitó tiempo. No era algo que estuviera de moda en el deporte ni que los niños aceptaran a la primera, pero tenían que fijarse una meta clara y única: ser campeones del mundo. Ganar o perder no era cuestión de jugar bien o mal: era cuestión de vida.

Una manera de reforzar el compromiso de sus jugadores fue confiar ciegamente en ellos.

El técnico no podía viajar cada fin de semana para verlos jugar en sus respectivos equipos ni tenía gente suficiente para hacerlo.

La solución fue darle valor a la palabra de los propios futbolistas. Cada uno mandaba su reporte, evaluándose a sí mismo: qué hizo bien, qué hizo mal y qué necesitaba mejorar.

Se reforzó así el valor de la honestidad, puesto a prueba, involuntariamente, en el primer torneo internacional que jugó el equipo: una copa en la ciudad de Dallas.

Resulta que, en una tarde libre antes de comenzar la competencia, los chicos fueron llevados a un centro comercial y tres de ellos cometieron una falta… tal vez tomaron algo prestado de algún almacén.

Llegó la policía, reprendió a los infractores y el cuerpo técnico tomó la decisión de separarlos del equipo. Los regresó a México de inmediato y jamás volvieron a ser aceptados.

El suceso tuvo un gran impacto en sus compañeros, quienes a través del tiempo habían formado ya una familia. Se percataron de que toda acción tenía consecuencias, tal como les decía su entrenador.

Ahora tenían que resolver otro problema. Los registros para la Copa Dallas ya estaban cerrados y no podían inscribir a nadie más para cubrir esas tres bajas. Además de que el torneo era para jugadores un año mayor que ellos, se sumó otro imprevisto: Edgar Andrade, fino mediocampista del Cruz Azul y uno de los mejores jugadores del equipo, sufrió una fractura de clavícula durante una práctica. Silverio Rochi, arquero suplente, tuvo que jugar como centro delantero. Así, México encaró el torneo con 15 jugadores en lugar de 19. Aun así, se coronó: en ese viaje aprendió a ganar.

La lucha por un puesto era intensa. Se acercaba el Mundial de Perú y, por lo tanto, la elaboración de la lista definitiva. Era tan alto el nivel de calidad que Javier *Chicharito* Hernández quedó fuera en las últimas etapas pese a haber estado en todo el proceso.

Antes del viaje a Perú, la sub-17 hizo una gira por Argentina en la que derrotó a domicilio a las juveniles de Boca, River y Vélez Sarsfield.

Por eso, aquella declaración de Chucho Ramírez publicada en la notita de *Esto* tenía fundamento. No fue una declaración de cajón: era una convicción porque el equipo viajaba preparado, con todo un proceso mental asimilado y muy afilado en su futbol.

El primer rival en el Mundial fue Uruguay, la fábrica de futbolistas más eficiente del mundo. El pique comenzó en los pasillos del hotel en el que compartieron concentración. Se oyeron insultos mutuos en el comedor y se detuvo a tiempo algún intercambio de golpes. Fue una semana complicada porque la intimidación era un arma del combinado charrúa, pero el equipo mexicano no se dejó.

En la cancha, el Tri se impuso 2-0. A otra cosa. Luego se enfrentó a Australia por el pase: 3-0.

Con la calificación asegurada, Jesús Ramírez puso a jugar contra Turquía a quienes no lo habían hecho en los dos primeros partidos. Pese a tener ventaja tempranera con gol del canterano de Monarcas Morelia, Ever Guzmán, los turcos le dieron la vuelta al marcador en el minuto 91 para ganar 2-1, quitándole a México el invicto y el primer lugar del grupo.

Costa Rica fue el adversario en cuartos de final. El partido fue un reto mental porque, pese a estar jugando mejor, un autogol de Efraín Juárez puso a México contra las cuerdas cuando faltaban 23 minutos.

Todas las herramientas salieron de la cajita. Los jugadores tenían que recordar que dominaban una manera de jugar y no podían renunciar a ella. Aunque los minutos transcurrían vertiginosamente, nadie se volvió loco. Nada de centros sin sentido, nada de balonazos desesperados hacia el área.

La sub-17 mexicana mantuvo la calma en los momentos más difíciles y, a los 88 minutos, Efraín Juárez borró su pena moral: marcó el gol del empate con un disparo lejano que un defensa tico alcanzó a desviar. Curiosamente, el número 3 de nuestra selección tenía en la camiseta su segundo apellido, Valdez, por un error en el registro.

Los tiempos extra evidenciaron que México estaba preparado al cien en la parte física. Los ticos, desgastados, habían agotado sus cartas. Ever Guzmán y Carlos Vela establecieron el 3-1 final.

Cuatro días más tarde, el *ballet* tricolor destrozó a Países Bajos por 4-0 y corrió a su hotel para ver por televisión la otra semifinal.

La delegación había visualizado tan codiciosamente las cosas, que se le puso exigente al genio de la lámpara. No solo querían ser campeones, también querían a Brasil en la final para derrotarlo.

La otra semifinal fue de locura por dos motivos. El primero, porque los brasileños iban venciendo 3-0 a Turquía a la media hora, pero dejaron de acelerar. El bravo rival les empató a tres en el segundo tiempo. Hasta el minuto 90, un gol de Celso le dio a la verdeamarela el pase a la final.

La otra locura se vivió en la concentración mexicana: los jugadores festejaban cada gol de los brasileños como si fuera suyo. Los meseros preguntaban incrédulos:

—¿Sí saben que los de amarillo no son los turcos? ¿Le van a Brasil?

La tarde del 2 de octubre —no se olvida—, el vestidor mexicano se llenó de cantos, porras y risas. Los jugadores se abrazaban. Lo anormal fue que eso sucedió antes de saltar al campo para jugar la final. No existió esa tensión que paraliza.

La expectativa en México había crecido partido a partido y las televisoras, radios y periódicos se habían sumado a ella. El juego se transmitiría en vivo por ambas televisoras abiertas, Televisa y TV Azteca, narrado desde el estadio Nacional de Lima.

La charla de Jesús Ramírez antes de saltar a la cancha fue breve porque cada jugador ya sabía lo que tenía que hacer.

El entrenador había estado en mil vestidores antes de ese día, pero nunca había sentido una energía similar.

Vestía el traje gris claro que, desde antes del viaje, había elegido estrenar el día de la final.

Si acaso, tenía un apunte que le hizo a sus pupilos. Jugar a espaldas de Marcelo, que se iba al frente y dejaba espacio libre. Había que atacar por ahí. El futuro ganador de 26 trofeos con el Real Madrid, entre ellos cinco Champions, era un punto estratégico que vulnerar. Quien sustituiría a Roberto Carlos como lateral izquierdo del equipo merengue iba a ser puesto a prueba.

Empezó el partido con una velocidad vertiginosa. Eran dos fieros gallos de pelea. Ambos tuvieron llegadas peligrosas.

Muy temprano, a los 18 minutos, sucedió algo importante. Anderson, el jugador clave de los brasileños en la media cancha, alargó un poco el balón a las afueras del área mexicana. Su marcador, Christian Sánchez, se barrió para puntearlo.

—Todo balón dividido hay que pelearlo con fuerza, hay que hacernos sentir —había dicho Jesús.

Así lo hizo Christian. Se barrió con fuerza, tocó el esférico y, con la inercia de la jugada, le cayó encima del tobillo derecho a Anderson con todo su peso. No fue falta, pero el brasileño tuvo que pedir su cambio. La salida de uno de sus mejores elementos le afectó un rato al *miniscratch*: tenía que reacomodar sus piezas en plena batalla.

Brasil ya había estrellado un tiro libre en el travesaño cuando llegó el minuto 31. Jugada ensayada. Omar Esparza cobró un saque lateral desde la banda derecha hacia Giovani dos Santos. César Villaluz se atravesó, jalando una marca. Con su tremenda habilidad de cintura, se quitó a dos rivales y envió un centro a media altura. Carlos Vela, tirándose de palomita, anticipó al central que lo marcaba y anotó el primer gol del juego.

México volaba sobre un rival en *shock*. Pasaron dos minutos y los brasileños no se habían dado cuenta de la nueva conquista mexicana. Omar Esparza vio que Gio tenía el balón a media cancha y se lanzó al frente a toda velocidad, justo al espacio descubierto por Marcelo, para encontrar una diagonal aérea de unos 30 m que conectó de volea, con la derecha, hacia el segundo poste del arquero, quien no se lanzó ni para salir en la foto. Golazo.

El 2-0 sí que era cosa seria. El Tri jugó con la desesperación brasileña, cuyos jugadores empezaron a tirar más patadas. Tantas, que Chucho sacó a Gio del campo y lo sustituyó con Ever Guzmán, quien siempre entraba de cambio para hacer goles.

Nos mordimos las uñas y le soplamos a las manecillas del reloj para que avanzaran más rápido. Con Brasil, nunca se sabía.

Falta sobre la media cancha. Vela se avivó y cobró rápido, bombeadito, hacia Ever, quien salió a tiempo para evitar el fuera de lugar. Ever controló, y frente al portero Felipe, le hizo una finta hacia adentro y luego hacia fuera. Felipe se lanzó para tirar un manotazo que alejara el balón, pero no fue suficiente. Guzmán se levantó y lo recuperó. Apareció Marcelo, tras un carrerón desde medio campo. Entró al quite y trató de quitarle la pelota. Ever lo esquivó; se iba a caer de nuevo, pero resistió. Controló una vez más, se abrió a la izquierda y, sobre la presión del central y el portero, disparó de zurda a la puerta abierta.

Esa sí que fue la locura. El grito de «¡Gol!» salió por las ventanas de todo México. El estadio Nacional de Lima se le entregó al equipo tricolor. ¡Ah, qué bien jugaban esos chamacos!

Impotente, Marcelo tiró otra patada y fue expulsado para completar el saldo de la batalla: cuatro amonestaciones para México; tres y una roja para los brasileños. No importaba. Solamente quedaba festejar.

El equipo viajó a la Ciudad de México al día siguiente. Tuvieron que sacarlo del aeropuerto capitalino por una puerta lateral para subirlo a un turibús que lo llevó a Los Pinos, con el entonces presidente Vicente Fox.

Miles de personas les hicieron valla durante todo el camino: hasta ese momento fue que se dieron cuenta de lo que su triunfo había provocado.

¿Marcaría su tremendo éxito un cambio rotundo para las nuevas generaciones de jugadores y entrenadores mexicanos? ¿Podría este equipo soñar con dar el paso decisivo para acercarse a las potencias en el mundial mayor?

Era momento de disfrutar uno de los momentos más dulces. El tiempo, implacable, contestaría lo demás.

Para saber más de esta historia y revivir su momento, escanea el código QR.

CHECO PÉREZ
SUBCAMPEÓN MUNDIAL
DE PILOTOS 2023, FÓRMULA 1
AUTOMOVILISMO
PIRELLI
TAG HEUER
Mobil 1
RAUCH
BYBIT
Tezos
Red Bull

A.R.

Contra todo y contra todos

CHECO PÉREZ

LA VIDA ES LA RULETA DONDE APOSTAMOS TODOS

¿EL FIN DE UNA CARRERA?

El 6 de diciembre del 2020 se corrió el Gran Premio de Sakhir, la última carrera del Campeonato de Fórmula 1, en esa extraña temporada determinada por la pandemia de COVID-19 que paralizó al mundo.

Ese domingo por la mañana, los aficionados a la F1 en México despertamos apesadumbrados: parecía inminente que, luego de diez años compitiendo en la máxima categoría del automovilismo (2011-2020), la carrera de Checo Pérez llegaría a su fin, pero no por voluntad propia. Las intrigas, los rumores y una puñalada trapera dentro de Racing Point, la escudería en la que competía, propiciaron que el piloto mexicano no tuviera cabida en ningún equipo para el campeonato 2021.

Nadie le había regalado nada a Checo: en diez años corriendo para escuderías de media tabla —Sauber, Force India y Racing Point— sumó nueve podios y pudo haber obtenido más, pero la historia del deporte mexicano no se entiende sin su dosis de drama. En varias ocasiones con el podio en la mano algo sucedió: un despiste, un choque, la súbita llegada de la lluvia o la rotura de su motor.

Dicen «que mal empieza la semana para el que ahorcan en lunes» y para Checo el inicio del Gran Premio de Sakhir fue por lo menos desastroso. Luego de una largada prometedora en la que llegó hasta la tercera posición, la mala suerte le echó ojo: un alcance de Leclerc con su Ferrari lo sacó de la pista.

Sin embargo, pudo continuar y luego de pasar por los *pits* se reincorporó a la carrera en décima octava posición, que no era otra que la última tras el abandono del propio Leclerc y de Marx Verstappen, quien también fue tocado por el piloto de Ferrari.

Sin nada más que perder, pero sobre todo fiel a su mantra «nunca te rindas», Checo regresó a la pista a buscar su futuro en la F1. Condujo de una manera impecable y dio cuenta de sus rivales con paciencia y eficacia, de manera contundente y sin arriesgar de más. Con poco más de veinte vueltas para terminar el gran premio, la temporada y quizá su carrera, Checo ocupaba el tercer puesto.

El tercer lugar hubiera sido un triunfo para Checo, pero la suerte volvió a cambiar y la fortuna se vistió de tapatía ese domingo. Los dos Mercedes que iban delante llevaban una ventaja que parecía definitiva. Un percance provocó que el *safety car* entrara a la pista y los pilotos de Mercedes, Russell y Bottas entraran a *boxes* a cambiar neumáticos. Ambas detenciones fueron un desastre: a Russell le colocaron los neumáticos que le correspondían a Bottas y así lo regresaron a la pista; cuando ingresó Bottas el equipo se percató de su error y perdieron casi 30 segundos en preparar otro juego de llantas. Russell tuvo que regresar a los *pits* y Checo subió a la primera posición.

Como si fuera el gol de último minuto; el enceste con un segundo en el reloj; la pelota de tenis que toca la red y cae del lado correcto; el *home run* en la última entrada con tres bolas, dos *strikes* y dos *outs*; o el gol de campo en tiempo extra, así fue la carrera de Checo: una victoria inesperada, en el último gran premio de la temporada que podía ser el último de su carrera en la F1, pero al mismo tiempo era su primer triunfo en la máxima categoría. Ni siquiera Alfred Hitchcock se atrevió a tanto.

EL MINISTRO DE LA DEFENSA

Unos días después de la victoria en Sakhir, Red Bull anunció que había firmado al piloto mexicano para la siguiente temporada. Los aficionados fuimos muy felices. A Checo finalmente le hacía justicia la revolución: llegaba a un equipo de primera línea, a una escudería que competía en el Campeonato Mundial de Pilotos y el de Constructores.

La historia parecía corregir sus renglones torcidos. Al fin Checo podría demostrar su talento junto a otro histórico: Max Verstappen. Red Bull representaba la gran oportunidad para terminar su carrera en la cumbre y, ¿por qué no?, soñar con un mexicano como campeón del mundo de la F1.

En los siguientes meses se desató la checomanía. Si antes se podían conseguir boletos para el GP de México varios meses después de que salían a la venta, a partir del 2021 fue imposible: se agotaban en horas, gracias a las irritantes preventas de Ticketmaster, a su reventa disfrazada de negocio lícito y a los miles de nuevos aficionados que surgieron de la nada. Nadie quería perderse el GP de México 2021 para ver a Checo pilotear su Red Bull con el número 11 en el Autódromo Hermanos Rodríguez.

Checo aportó a Red Bull lo que necesitaba: estabilidad, experiencia y una capacidad quirúrgica para gestionar neumáticos; pero, sobre todo, la prudencia y la inteligencia para ser coequipero del divo de Países Bajos, Max Verstappen.

En la temporada 2021, Checo demostró por qué lo habían contratado: consiguió su segunda victoria (en Azerbaiyán) —la primera corriendo para Red Bull—, obtuvo su primer podio en el Gran Premio de México —ningún otro piloto mexicano de F1 lo había conseguido— y como coequipero apoyó a Verstappen para que consiguiera su primer título mundial.

En el Gran Premio de Abu Dabi del 2021, donde se definió el campeonato de pilotos, Checo se la rifó contra Hamilton para que Verstappen pudiera darle alcance y se ganó un sobrenombre excepcional: el Ministro de la Defensa. Al parecer, la relación entre ambos pilotos era inmejorablemente buena e incluso podíamos pensar que ya eran amiguis.

Para la temporada 2022, borrón y cuenta nueva. Checo estaba decidido a buscar el Campeonato Mundial de Pilotos y salió a competir como si no hubiera un mañana. Ese año se llevó dos grandes premios: el de Mónaco —la joya de la corona de la F1—, lo que molestó a Verstappen, que siempre consideró que lo merecía todo, y el Gran Premio de Singapur.

Max se llevó el título por segunda ocasión y en la última carrera de la temporada le negó su ayuda a Checo para que obtuviera el subcampeonato de pilotos. Corrió el rumor, muy fundamentado, de que Max no le perdonó a Checo su triunfo en Mónaco porque en la clasificación de ese gran premio se había despistado —como si lo hubiera hecho adrede—, lo que impidió al neerlandés alcanzar la *pole position.*

Después del trago amargo del final de la temporada, ambos pilotos limaron asperezas y regresaron para el campeonato 2023, en el cual Checo alcanzó sus últimas dos victorias con Red Bull (Arabia Saudita y Azerbaiyán) y por méritos propios obtuvo el subcampeonato en el Mundial de Pilotos. Pero ya se habían encendido los focos amarillos dentro de la escudería.

UN SOLO PILOTO

En 2023, Checo Pérez obtuvo el subcampeonato de pilotos, pero su temporada fue extrañamente inconsistente: podía subir al podio o quedar entre los mejores seis pilotos, y a la semana siguiente cruzar la meta en el lugar 19, o en el 10, o despistarse, como ocurrió en la arrancada del GP de México del 2023. No era normal lo que estaba sucediendo: su talento no estaba en duda y su auto, en teoría, era igual que el de Verstappen.

Aparentemente el bajo rendimiento que mostraba no tenía que ver con el auto, sino con temas personales según los rumores que difundía la prensa inglesa. Su crítica feroz no sorprendió a nadie, lo que resultó insólito fueron los ataques que, de buenas a primeras, surgieron al interior de la escudería.

Helmut Marko, el asesor de Red Bull durante años y cuyo favorito era Max, no perdía la oportunidad para hacer declaraciones en contra de Checo. Sus comentarios pasivo-agresivos eran sumamente ofensivos. En alguna ocasión mostró su mala leche y al mismo tiempo su ignorancia al decir que Checo era «sudamericano y no puede concentrarse tanto como Max Verstappen y Sebastian Vettel». Desde luego, tuvo que pedir disculpas públicas.

En un primer momento, la opinión pública responsabilizó a Checo de su bajo rendimiento, pero el tiempo demostró que Red Bull trabajaba exclusivamente a favor de Max y todos los esfuerzos del equipo, actualizaciones, mejoras, innovaciones y estrategias estaban encaminados a darle el auto que necesitaba para ser campeón. Para Red Bull solo existía un piloto: Max Verstappen.

La intromisión de Jos Verstappen —papá de Max— en las decisiones de la escudería, la guerra de baja intensidad contra Checo que sostuvo durante meses, las criticas semanales de Helmut Marko —aun cuando obtuviera un buen resultado— y la hipocresía del propio director de la escudería, Christian Horner, crearon un ambiente abiertamente hostil contra el mexicano que no había conocido en ninguna otra escudería.

Tiempo después, Checo reveló que la presión interna era constante: si se acercaba al ritmo de Verstappen, aumentaba la tensión; si quedaba atrás, las críticas eran feroces. Describió esos meses en Red Bull como «el peor trabajo en la Fórmula 1». Tenía un asiento en una escudería que le era desleal.

La temporada 2024 fue el acabose. Por más intentos que hizo Checo para regresar a los primeros lugares, todo fue inútil. Su auto era indomable, pero aun así logró varios podios: el último de su paso por Red Bull lo obtuvo en el Gran Premio de China.

El ambiente estaba enrarecido y al interior de la escudería había «muchos jefes y pocos apaches»: incluso la tenaz y perniciosa intromisión de Jos Verstappen y su complicidad con Helmut Marko comenzaron a debilitar la posición de Christian Horner dentro del equipo hasta que terminó por ser despedido en 2025.

Quizá por eso, en junio del 2024, de manera sorpresiva, Horner anunció una extensión del contrato de Checo Pérez con Red Bull por dos años más, hasta el final de la temporada 2026. El representante del mexicano fue muy cuidadoso antes de que el piloto firmara: revisó con lupa hasta el último detalle, leyó y releyó la letra chiquita y analizó las condiciones en caso de recisión de contrato. Una vez cubiertos todos los flancos legales, Checo firmó.

Abandonado a su suerte por su propia escudería, sin un auto competitivo, Checo no pudo regresar a los primeros lugares de la parrilla. A pesar de la extensión de su contrato, corrió el rumor de que saldría del equipo al finalizar la temporada, incluso se mencionaban nombres de posibles sustitutos.

El 18 de diciembre del 2024 Red Bull, de mutuo acuerdo con Checo Pérez, anunció la recisión del contrato. Días después, en una entrevista, el piloto tapatío dejó para la historia una frase lapidaria:

—Sentía que el segundo asiento de Red Bull ni siquiera debería existir para ellos.

Gracias a la rigurosa revisión que su representante hizo del contrato firmado en junio, el piloto mexicano dejó la escudería con una sonrisa de oreja a oreja. En cierto modo, se llevó una victoria más: había derrotado a su propia escudería. El destino da, el destino quita.

En una de las últimas conversaciones que Checo tuvo con Christian Horner, Checo le auguró que su reemplazo no soportaría la presión de formar parte de un equipo al que solo le importaba un auto. El tiempo le dio la razón: en 2025 su asiento fue ocupado por Liam Lawson, quien después de dos carreras fue sustituido por Yuki Tsunoda. El piloto japonés no lo hizo mejor: tuvo una de sus peores temporadas en la F1 y fue reemplazado para la temporada 2026. Tsunoda ni siquiera estuvo cerca de igualar el número de puntos que Checo alcanzó en 2024.

Los números no mienten: en cuatro temporadas con Red Bull, Checo obtuvo 29 podios, incluyendo sus cinco victorias.

EL TERCER ACTO

Checo sabía que su salida de Red Bull significaba que no correría en la F1 en 2025. Entonces se refugió en Guadalajara, en la calidez de su hogar, abrazado por su esposa y sus hijos, y reconfortado por los amigos. Viajó, disfrutó de la playa, jugó golf y dio algunas conferencias. Tras 15 años de llevar su vida al límite, pudo gozarla con la satisfacción del deber cumplido.

En sus palabras, parar durante un año fue «la mejor decisión de su carrera». Recuperó energía, claridad y una motivación que parecía haberse diluido entre la presión y las expectativas imposibles.

Nadie sabía a ciencia cierta si era el final de la carrera de Checo en la Formula 1, pero los rumores se oponían a su retiro y lo colocaron como piloto de una escudería norteamericana que debutaría en 2026: Cadillac de General Motors.

Dicen que «cuando el río suena, agua lleva» y en agosto del 2025 la noticia fue confirmada: Checo Pérez y Valtteri Bottas serían los pilotos de Cadillac para el 2026. Ha comenzado el tercer acto de su carrera en la Fórmula 1. El futuro toca a sus puertas una vez más y aún se divisa lejano el día en que escriba el punto final de su historia en la máxima categoría del automovilismo.

El motor del Cadillac ruge en la parrilla de salida de la F1. Con su mirada puesta hacia el horizonte que se pierde en la primera curva, con su ambición renacida y con la velocidad al límite, Checo Pérez maneja de nuevo para cumplir el sueño de toda una vida: ser el mejor piloto de Fórmula 1.

Para saber más de esta historia y revivir su momento, escanea el código QR.

ELSA ÁVILA
Y KARLA WHEELOCK
ALPINISMO
CONQUISTARON
LA CIMA DEL ÉVEREST

A.R.

En la cima del mundo

ELSA ÁVILA Y KARLA WHEELOCK

Dos mujeres a una altitud de 8 848 m s. n. m. por voluntad propia, por su propio esfuerzo, por su propia determinación. En mayo de 1999, Elsa Ávila (1963) y Karla Wheelock (1968) llegaron a la cima del Éverest con una diferencia de algunos días.

El 5 de mayo, Elsa lo hizo por la ruta sur (Nepal) y se convirtió en la primera latinoamericana y primera mexicana en llegar a la célebre y peligrosa cumbre. El 27 de mayo, Karla alcanzó la cima por la cara norte (Tíbet) y se convirtió en la primera latinoamericana y primera mexicana en lograrlo, por la que es considerada la ruta más difícil de todas.

En 1989, Elsa Ávila lo intentó por primera vez, pero cuando se encontraba a 98 m de alcanzar la cumbre sufrió de hipoxia. Continuar hasta la cima o iniciar el descenso fue una de las decisiones más difíciles de su vida, pero esos metros restantes podían significar la muerte y actuó con prudencia. El Éverest no la rechazó, simplemente no era el momento, según relató después la propia Elsa. Pero sin duda tenía que regresar, porque la montaña la llamaba.

—Muchas veces regresé frustrada de otros ascensos porque di lo mejor y no dependió de mí —comentó Elsa en una entrevista con *El Heraldo de México*, en 2023—, hay que saber tomar decisiones y dar la vuelta, y reconocer los errores para aprender. La vulnerabilidad expresada es la valentía más grande; es importante ser consciente de lo pequeño que eres.

En 1998, Karla Wheelock se quedó a 80 m de la cima: no por falta de oxígeno, ni por cansancio, el clima, o alguna de las complicaciones que pueden llegar a resentir los alpinistas a más de 8 000 m de altura. La razón fue un error humano: el equipo olvidó una cuerda fundamental para un descenso seguro, una cuerda que podía ser la diferencia entre la vida y la muerte, y por ello tuvieron que abortar el ataque final a la cumbre.

—Fue frustrante, y pasado el tiempo me di cuenta de que fue un aprendizaje, que más allá de la cuerda, de señalar a un culpable —porque lo había—, la montaña nos había dado una lección: el éxito no es individual, es colectivo, es un logro de equipo.

En ambos intentos, Elsa y Karla eran las únicas mujeres dentro de sus expediciones. A lo largo de su preparación, no solo tuvieron que acondicionar sus cuerpos, sino también entrenar con disciplina, someterse a una alimentación adecuada y preparar sus mentes para enfrentarlo todo. Padecieron lo que otras mujeres en otras disciplinas deportivas sufren: discriminación y recelo porque, al menos a finales del siglo XX, el montañismo era una actividad «para hombres».

En sus historias personales, Elsa y Karla no solo alcanzaron la cima del Éverest: también lograron demostrar que en la cumbre los prejuicios sexistas no tienen cabida.

ELSA

El Capitán en Yosemite es un monolito con una pared vertical de más de 900 m de altura. Escalarlo fue uno de los primeros logros de Elsa Ávila, quien a los 15 años encontró su pasión en los ascensos de grandes paredes. Antes de pensar en montañas, la roca fue su primera maestra, la que le permitió practicar dos virtudes: la paciencia y la concentración.

Luego de la experiencia con El Capitán, nada pudo detenerla. Siguieron las Rocallosas, los Alpes y los Andes. De pronto los Himalayas la *llamaron*: participó en ocho expediciones y en seis de ellas superó los 8 000 m de altitud. En 1987 fue la primera mujer latinoamericana y la más joven del mundo en escalar una cumbre de más de 8 000 m, el Shisha Pangma, la decimocuarta montaña más alta de la Tierra, con 8 047 m s. n. m. Tenía por entonces 23 años.

—Ahí te das cuenta del «sí puedo» —cuenta Elsa en una entrevista en Ladera Sur—, porque siempre están las voces que te dicen que no puedes. Que por ser mujer no se va a lograr, que falta experiencia... es romper todo eso y plantarte hasta allá arriba. A veces hay cierto celo, no solo conmigo, y se ve en diferentes deportes. Hay hombres celosos de sus compañeras y ven cómo obstruir su camino.

Después de su fallido intento por llegar a la cima del Éverest en 1989, Elsa quiso regresar casi de inmediato, pero no subió porque cayó el invierno y se le congelaron los dedos de la mano y las córneas. Elsa no adelantó vísperas: tuvo la paciencia necesaria, se preparó y esperó a que la montaña más alta del mundo la llamara de nuevo.

KARLA

—Siempre me llamaron la atención las montañas. Soñaba con montañas nevadas y me veía subiendo montañas —refiere Karla

Wheelock. Originaria de Saltillo, Coahuila, cuando era niña ingresó a los *scouts* porque le gustaba explorar, el aire libre, los senderos, los montes y el desierto de Coahuila.

Comenzaba la década de 1980 y era la «rara» porque le gustaba subir cerros, como a los niños. Desde entonces su carácter fue definido por tres factores: le gustaban los retos, amaba la naturaleza y disfrutaba el deporte. Lo que en un principio fueron solo cerros, con el tiempo se convirtieron en montañas.

Karla dejó de lado su verdadera pasión porque la convencieron de que para tener éxito en la vida debía estudiar, tener una carrera, cursar una maestría y obtener un buen trabajo. Siguió ese camino: terminó la carrera de Derecho, se mudó a la Ciudad de México y de pronto estaba laborando en la Oficina de la Presidencia de la República en tiempos de Salinas de Gortari.

No le iba mal, pero Karla no estaba complacida: quería regresar a donde estaba su corazón.

—Quiero ser feliz de lunes a domingo, y no nada más sábado y domingo mientras estoy en la montaña —solía decir. Y un buen día, luego de ahorrar unos meses, renunció a su trabajo y a su zona de confort… Y volvió a mirar las montañas.

En 1993 alcanzó la cima del Aconcagua (6 962 m s. n. m.), la montaña más alta de todo el continente americano. Ese fue uno de los momentos más felices de su vida por el aprendizaje, por la experiencia y por haber sentido en su cuerpo la montaña.

Regresó a Saltillo orgullosa, empoderada, imbatible y sintió la necesidad de compartir su éxito y transmitir su experiencia, por lo que asistió a un campamento de verano para niñas con el fin de hablarles sobre su primera gran hazaña. Su pasión era contagiosa y, luego de contar su historia, una de las pequeñas, de nombre Sofi, le preguntó cuál era la montaña más alta del mundo, a lo que Karla respondió:

—El Éverest.

Salieron a caminar y, tras llegar a lo alto de un cerro, la niña gritó:

—¡Esto es como el Éverest!

Karla le contó a su pequeña admiradora que nunca había subido al Éverest y la niña, sorprendida, no pudo ocultar cierta decepción. La montañista le explicó que el Éverest quedaba al otro lado del mundo y que era muy costoso viajar allá. Sofi se quedó pensativa y un rato después le dijo:

—Te voy a dar mis domingos para que puedas ir al Éverest.

Ese momento fue una revelación. En ese instante Karla decidió comenzar su preparación para el gran reto. En los años siguientes subió a los volcanes Chimborazo y Cotopaxi en los Andes ecuatorianos (1994) y el cerro Illimani en los Andes bolivianos (1995). Su primer *ocho mil* lo alcanzó en los Himalayas, el monte Cho Oyu (1996), hasta llegar a su primer intento por alcanzar la cima del Éverest en 1998.

Al igual que en el camino seguido por Elsa, Karla tuvo que luchar contra los prejuicios, sobre todo para conseguir patrocinadores, que en un principio le decían: «Ese no es deporte de mujeres», «Si voy a patrocinar, lo haré con alguien que pueda llegar a la cima. Tú no vas a llegar a ningún lado».

Karla comenzó a escribir artículos sobre montañismo y así le abrió un espacio en la prensa deportiva y despertó el interés de los lectores y los empresarios; de este modo, a la larga, mientras continuaba su preparación, su pluma fue su mejor carta de presentación para obtener el apoyo económico necesario. El Éverest también la esperaba.

ELSA EN LA CIMA DEL MUNDO

Desde su intento fallido por alcanzar la cumbre más alta de la Tierra en 1989 hasta su segundo intento, transcurrieron diez años. Aunque nunca abandonó el montañismo, la vida llevó a Elsa por otros derroteros igual de satisfactorios: en ese periodo se convirtió en mamá de Karina y Santiago.

—Hay llamados que hace la vida y este fue uno de ellos —cuenta Elsa en su entrevista para Ladera Este—. De repente, empezó a llegar el Éverest por muchos lados. Y dije: «Bueno, creo que quiero regresar...». Pero ahora tenía hijos. Sin embargo, era un llamado muy intenso. Entonces me propuse prepararme bien. Entrené como nunca en mi vida, con una motivación increíble. Cuando iba volando para allá y vi al Éverest por la ventana, solo volteé y dije: «Por favor, estoy atendiendo tu llamado, pero no me hables para morir. Tengo dos hijos».

Por entonces Elsa tenía 35 años; su hija Karina, 5; y su hijo Santiago, 3. Su condición física era perfecta, pues a la intensidad de su entrenamiento físico sumó también una profunda preparación emocional:

—La montaña más difícil de escalar es la de la mente —afirma Elsa.

Estaba tan decidida y tan bien preparada que quiso subir sin tanque de oxígeno, pero no se lo permitieron. No insistió y todo jugó a su favor. El 5 de mayo de 1999 fue un día claro y se abrió la ventana de buen tiempo. Elsa recorrió esos 98 m que le faltaron en 1989 y llegó a la cima del Éverest.

—Llegué hasta que no había más que pisar —cuenta.

El mundo estaba a sus pies: contuvo el aliento unos instantes, miró hacia los cuatro puntos cardinales y comenzó el descenso con su equipo. Sabía que la cumbre solo era la mitad del camino y que, para que la expedición fuera un éxito, era necesario llegar sana y salva hasta el campamento base. Al final, le agradeció a la montaña haberle permitido lograr su hazaña.

El destino le tenía reservado otros retos. Tiempo después tuvo problemas cardiacos, por lo que fue necesario que le pusieran un marcapasos. También tuvo varios infartos cerebrales sin consecuencias graves y algunos problemas físicos por los años en que desafió a las alturas.

Elsa nunca perdió la fortaleza ni el buen ánimo. Ahora se dedica a compartir sus experiencias y a motivar a la gente. Nunca buscó el récord que la colocó en la historia del montañismo porque nunca se trató de eso, sino de cómo la montaña y la vida se entrelazan para enseñar que los sueños se cumplen con disciplina, tesón, paciencia y humildad.

KARLA WHEELOCK: EL ABRAZO DE CUMBRE

—En su momento —recuerda Karla— pensé que llegar a la cumbre del Éverest era como la meta final de un proceso de preparación, obtención de recursos, entrenamiento y esfuerzo, pero lo cierto es que fue solo el principio.

Cuando Karla decidió llegar a la cima del Éverest estaba convencida de que nada la haría claudicar para lograr su propósito de viajar al Tíbet, pues su ascenso sería por la cara norte. En la búsqueda de patrocinadores se presentó ante más de cuatrocientas empresas que le dijeron que no, pero logró que cuatro confiaran en ella.

Conoció su cuerpo, aprendió a oxigenar mejor y la forma de aclimatarse, cambió su alimentación y su preparación mental fue profunda, pero partió de la gran enseñanza que le dejó su fallido ascenso: el éxito de la empresa dependía de hacerlo en equipo.

El año anterior había subido al Éverest con un grupo de ingleses, pero nunca existió una comunión entre ellos. Karla cuenta que apenas se hablaban y que no había la camaradería, la solidaridad ni la empatía requeridas para enfrentar un reto de esas dimensiones en el que la vida de todos estaba en riesgo. Parecía un grupo de individuos reunidos por la casualidad, por eso nadie prestó atención a la falta de una cuerda, porque nadie se interesaba en lo que les correspondía hacer como equipo.

Pero en 1999, la situación fue diferente: Karla se preparó para ser parte de un equipo al que le entregó su confianza, su fe, su esfuerzo y su responsabilidad individual y colectiva, y a cambio recibió lo mismo. En el ascenso, encordados, Karla concebía la cuerda como un vínculo, como una conexión espiritual con el resto de su equipo, donde cada uno era parte de los otros: si uno avanzaba, los otros avanzaban; si uno lo lograba, los otros lo lograban.

Aun así, antes de iniciar el ascenso se llevó una desagradable sorpresa. El reto lo haría con su pareja, de la cual estaba muy enamorada —de hecho, los patrocinios que obtuvo los consiguió para ambos—, e incluso llegó a imaginarse en la cima del mundo con su pareja en una escena que no podía ser más romántica.

Sin embargo, al llegar al Tíbet, su pareja le presentó a un *sherpa* y le dijo:

—Él será tu compañero durante el ascenso.

Karla se quedó estupefacta y más porque la persona a la que más quería, y en la que más confiaba, le dijo:

—Quiero ir en otro grupo, porque no vas a poder, no lo vas a lograr.

Sus palabras hubieran sido devastadoras para cualquier otra persona, pero no para Karla. Aunque su sueño de alcanzar la cima juntos se hizo añicos, no quiso darle mayor importancia y se concentró en su objetivo: llegar a la cima del Éverest y regresar con bien. Por más dolorosas que fueran las circunstancias, nada ni nadie la iba a detener. El destino da, el destino quita. Su pareja no alcanzó la cima y Karla recibió el abrazo de cumbre de otro compañero.

—De nada te sirve llegar solo, aunque llegues al punto más alto del planeta, si no tienes con quién compartirlo. El proceso que a mí me tocó fue el de vencer muchos desafíos, y al ser recibida con un abrazo fue el momento clave donde decidí que todo lo que yo había hecho tenía que servir para algo más.

El 27 de mayo de 1999, Karla Wheelock tocó la cima del mundo.

—El Éverest me permitió ver no solo ver la curvatura de la Tierra —señala—: me permitió ver la vida de otra forma.

Unos años después de alcanzar la cima del Éverest, Karla se convirtió en la primera mujer iberoamericana y mexicana en lograr el Gran Slam de alpinismo, el cual consiste en escalar las cumbres más altas de cada uno de los continentes de la Tierra: el Aconcagua

(6962 m s. n. m.) en América del Sur, el monte Elbrús (5642 m s. n. m.) en el Cáucaso ruso; el monte Éverest (8848 m s. n. m.) en Asia; la montaña Kilimanjaro (5893 m s. n. m.) en África; el monte Carstensz en Oceanía (4987 m s. n. m.); el monte McKinley (6198 m s. n. m.) en Alaska y el macizo Vinson (4892 m s. n. m.) en la Antártida a -56 °C y con visibilidad cero.

Elsa y Karla tocaron la inmortalidad a 8848 m de altura, pero su paso a la historia lo alcanzaron de otra forma: compartiendo al mundo sus experiencias, sus enseñanzas y demostrando que los sueños pueden alcanzarse.

ISAAC DEL TORO
PREMIO NACIONAL
DEL DEPORTE 2025
ENSENADA, BAJA CALIFORNIA,
27 DE NOVIEMBRE DE 2003
CICLISMO

F.J.

El niño que buscó la montaña

ISAAC DEL TORO

Una vez, en una charla sobre las novedades en la literatura deportiva, Jorge Valdano me dijo que él no era asiduo a las biografías de futbolistas que a los 25 años ya tenían un libro publicado.

El apunte tenía toda la lógica del mundo: **¿qué se puede contar cuando apenas se ha salido de la adolescencia?**

Por muy precoces que sean los éxitos, seguramente será más lo que está por venir que lo vivido. En otras palabras, los relatos tienen sentido cuando una obra está terminada y es vista con perspectiva, no cuando está empezando.

Isaac del Toro, a los 21 años, ya tenía muchos kilómetros en las piernas y, por lo tanto, cosas que compartir. No todas, claro, pero sí las suficientes para asombrarnos.

El Torito apostó contra la lógica, pues quiso ser ciclista habiendo nacido en un lugar en el que el terreno es plano: Ensenada, Baja California. Paraíso propicio para el surf, el futbol y el beisbol, no ofrece montañas ni pendientes. Pero en el caso de Isaac, sí tenía una herencia que continuar.

José del Toro, padre de Isaac, había sido ciclista y decidió iniciar a sus hijos en la práctica del deporte. Lo más sencillo, pese a todo, sería intentarlo con lo que él dominaba: el manubrio y los pedales.

Adrián, el hijo mayor, fue el primero al que le compró una bicicleta. Isaac, dos años más joven, lo vio pedalear con una curiosidad que luego se convirtió en interés.

Poco tiempo transcurrió cuando Isaac ya estaba totalmente enganchado al ciclismo. Veía por televisión el Tour de Francia en la época de Nairo Quintana y Chris Froome, dos ciclistas que volaban como el viento.

Después de ingresar a la escuela primaria, a los 7 años, pidió a sus padres que lo inscribieran a carreras de competencia.

Supo de inmediato que no era el más rápido, así que se puso a trabajar en ello. Todo el tiempo que no pasaba en la escuela o con sus amigos, que eran sagrados, lo entregó a mejorar.

Su interés por la bicicleta era creciente, pero Ensenada no era el lugar indicado para pensar en retos superiores. Isaac necesitaba probarse y entonces le pidió a su padre un viaje que le permitiera rodar el camino al Nevado de Toluca a más de 4 500 m s. n. m. y al Desierto de los Leones, a más de 3 000 m s. n. m. Quería saber cómo reaccionaba su cuerpo ante las exigencias de la altura y la máxima resistencia que le demandaba un hábitat tan diferente al suyo. Ese fue un punto de inflexión importante en su carrera. Allí supo que su cuerpo respondía, por lo que se sintió unido a su bicicleta para enfrentar retos más importantes. Los kilómetros recorridos eran ya buenos cimientos para continuar.

A los 15 años supo que, si quería ser ciclista profesional, tenía que irse a Europa.

Un conocido le acercó un anuncio en el periódico en el que AR Monex, una empresa mexicana con sede en San Marino, estaba reclutando pedalistas. Como si de ganar un *sprint* se tratara, Isaac envió su solicitud a toda velocidad.

Isaac pasó el proceso de selección y la buena noticia lo empujó a tomar una dura decisión: cambiar su vida. Se fue a Europa y se despidió de todo lo que tenía en este lado del charco: familia, escuela, amigos, comodidades…

El primer contacto con el ciclismo del Viejo Continente fue durísimo. Se percató de que el nivel era mucho mayor al que esperaba. Junto con su equipo vivía en una burbuja que estalló con la tragedia que puso en jaque al mundo entero: la pandemia.

La vida se interrumpió aquí y allá. Tuvo que volver a casa y rodar en solitario por las carreteras mexicanas, mientras la pesadilla terminaba.

Regresó a Europa en 2021. Participó en el Mundial Júnior de ruta y en una carrera contrarreloj en Bélgica. Parecía listo para correr el Tour del Porvenir, que es la versión juvenil del Tour de Francia, pero el destino le volvió a jugar en contra.

En una caída —frecuentes para él en ese entonces— se fracturó el fémur y tuvo que detenerse una vez más. Estuvo hospitalizado veinte días y no se pudo montar a la bicicleta en siete meses. Además de la recuperación física, tuvo que entablar una pelea contra los fantasmas que lo amenazaban mentalmente. Las noches eran muy largas. Todo lo que había construido con gran esfuerzo estaba en riesgo.

Tras la recuperación, tan dura como subir la cuesta más alta de los Pirineos, Isaac dio una señal definitiva. En 2023 no solamente pudo participar en el Tour del Porvenir, sino que lo ganó por goleada, como lo calificó el diario italiano *La Gazzetta dello Sport*. Fue líder de la clasificación general y ganó en los puntos y en la montaña, por lo que fue el mejor juvenil.

En los imposibles recorridos de las pruebas europeas, todo ciclista parece ir solo, pero la verdad es que siempre está siendo observado, pues los equipos profesionales buscan talento hasta por debajo de las piedras y tomaban nota de los progresos de Isaac.

Su triunfo fue recompensado con un contrato hasta 2029 que le ofreció el equipo de ciclismo profesional más importante del planeta: el de Emiratos Árabes Unidos, con un presupuesto anual de 60 millones de euros. Es un equipo muy poderoso: tan solo por ingresos de publicidad genera 400 millones de euros y tiene a varios de los más destacados pedalistas del orbe, incluyendo al fantástico esloveno Tadej Pogačar, el mejor de todos.

La primera competencia mayor en la que Isaac participó con ese *jersey* fue el Giro de Italia de 2025, que junto con el Tour y la Vuelta a España es una de las máximas citas ciclistas del mundo. Ahí supimos de sus sorprendentes hazañas, las cuales tomaron por sorpresa a todos, incluyendo al propio Isaac.

Portó la *maglia* rosa de líder desde la novena hasta la decimonovena etapa: 11 días en total, con lo cual ganó todos los superlativos que existen en la carretera; pero perdió el liderato en la penúltima, tras una cruenta batalla táctica contra el ecuatoriano Richard Carapaz.

Las opiniones se dividieron. Una versión indicaba que, en un pasaje del Giro, Carapaz le propuso al mexicano que se alternaran en la punta para ayudarse a cortar el aire e Isaac no accedió. Y ahora que estaban en la etapa decisiva del evento, el ecuatoriano no lo auxilió, cobrándose revancha.

Charly Wegelius, ciclista británico, escribió en su libro *Gregario*, en 2013, que el ciclista no puede confiar en nadie y debe cubrirse de los ataques que le llegan por todos lados.

—Cada pedalista —dice— está defendiendo su contrato etapa a etapa.

Carapaz declaró al término de esa penúltima etapa que Del Toro no supo ganar. Isaac aguantó a pie firme la afrenta verbal y no le respondió.

Una versión sobre el hecho es que el equipo técnico que acompaña a los ciclistas no le dio a Isaac la instrucción de atacar cuando debió hacerlo. Otras opiniones dijeron que hay momentos en que el ciclista siente por sí mismo cuál es el momento de arriesgar.

El caso es que el pique entre ambos ciclistas favoreció a un pedalista inesperado. El británico Simon Yates comentó que, por cuidarse, ninguno de los dos atacó la parte final de la etapa y él, viniendo de atrás, logró colocarse en el primer puesto de la clasificación.

Yates lo logró en la Vía Láctea, un brutal ascenso de montaña con meta en Sestriere, donde siete años antes Chris Froome, constituyéndose en su cruel verdugo, le había arrebatado de la misma manera el Giro al propio Simon.

Al culminar la última etapa al día siguiente, Isaac se quedó con el segundo lugar del Giro de Italia, con la *maglia bianca* como mejor ciclista menor de 25 años y la admiración de un mundo tan duro como el del ciclismo, uno que en México no terminamos de entender porque carecemos de cultura especializada en ello.

Los pedalistas profesionales son sometidos a dolores insoportables producidos por la carga física sobrehumana a la que están expuestos. Viven lastimados y duermen con los músculos gritándoles y con la esperanza de no sufrir una caída grave a la mañana siguiente. El insomnio es parte de la rutina. A eso hay que agregarle la lejanía de casa o la reducida posibilidad de tener amigos o tiempo libre.

Tras terminar el Giro habiéndose robado los titulares de prensa de toda Europa, Isaac advirtió que iba por más.

—No me consuela haber terminado en segundo. Es el lugar del primer perdedor y por lo que he hecho todos mis esfuerzos, es para ganar. Lo demás no me interesa.

En su descanso entre temporadas, Del Toro sintió el efecto de lo que su hazaña en el Giro había producido. Recibió el Premio Nacional de Deportes, realizó una gira de medios y se supo famoso en México. Tímido, desacostumbrado a las luces de las cámaras y las entrevistas, le sudaban las manos. No le gusta la exposición mediática. Su lugar feliz es sobre una bicicleta.

Hay ciclistas, miles de ellos, que nunca ganaron una etapa en el Tour de Francia, el Giro de Italia o la Vuelta a España, que no supieron lo que era pelear la punta y terminar en segundo lugar general.

Durante las tres semanas del Giro, Simon Yates recorrió las 21 etapas de la ruta en 82 horas, 31 minutos y 1 segundo. Isaac lo hizo con 3 minutos y 56 segundos más que él: esa fue la diferencia entre ganar y no hacerlo.

Por más que Isaac del Toro se sienta el primer perdedor de la clasificación general, ganó mucho. Tanto que podemos poner en duda la vieja idea de que a esa edad nadie puede publicar un libro con su biografía, o al menos el primer volumen de una colección.

Para saber más de esta historia y revivir su momento, escanea el código QR.